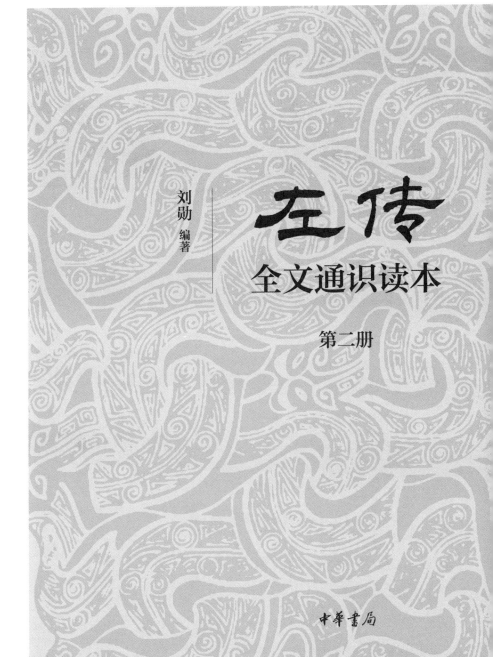

刘勋 编著

左传

全文通识读本

第二册

中华书局

第二册

第二册分年目录

僖　公

僖 公 ｜

扫描二维码，
阅读参考资料

僖公元年·一

地理 鲁见僖地理示意图1。

人物 鲁僖公(闵二·三·二)

春秋 元年,春,王正月。

左传 "元年,春。"[《春秋》]不称[公]即位,公鲁僖公出故也。公出复入,[《春秋》]不书,讳之也。讳国恶,礼也。

【不称即位,公出故也】正 补 《春秋》没有记载[鲁僖公]即位,这是由于鲁君曾出奔的缘故。闵二年八月鲁闵公卒,公子申(鲁僖公)奔邾。闵二年九月共仲奔莒之后,公子申(鲁僖公)已自邾归于鲁。这里所谓"公出",是指公子申(鲁僖公)出而后归,即位之礼有阙,而不是指即位时鲁僖公身处国外。

僖公元年·二

地理 齐、宋、曹见僖地理示意图1。齐、宋、曹、邢1、邢2(夷仪)、聂见僖地理示意图3。

春秋 齐师、宋师、曹师次于聂北,救邢。

【聂】杨 补 在今山东聊城茌平区西北。齐地。参见《图集》26—27③2。

夏,六月,邢迁于夷仪。

【夷仪】杨 见闵二·八·一。

○正 《春秋》不据实书"诸侯迁邢于夷仪",而书"邢迁于夷仪",以邢人自迁为辞,是因为此次迁都是诸侯帮助邢人躲避狄人侵害,邢人迁都就像回家一样。若是大国强行迁走小国民众而占领其地,则《春秋》书"某大国人迁某小国",如庄八—庄九—庄十·春秋"宋人迁宿"、闵二·一·春秋"齐人迁阳"。

齐师、宋师、曹师城邢。

左传【一】诸侯救邢。邢人溃,出奔师。师遂逐狄人,具邢器用而迁之,师无私焉。

【出奔师】正〔刑人〕出逃到〔诸侯〕军中。

【狄】补晋东狄,主力应为赤狄,见宣三·六·春秋。

【二】夏,"邢迁于夷仪"。诸侯城之,救患也。凡侯伯,救患、分灾、讨罪,礼也。

【侯伯】杨补诸侯之长,即霸主。庄二十七年冬,周王室任命齐桓公为春秋时期第一位侯伯(庄二十七—庄二十八·二)。

【分灾】杨补分财物救灾。文十八·三·二"不分孤寡,不恤穷匮"、昭十四·四"分贫,振穷"之"分"与此处用法相同。杨注则认为是"分担灾祸"的意思,与成元—成二·八"吾以分谤也"的"分"同义。

○补传世文献对读:据《国语·齐语》,"狄人攻邢,桓公筑夷仪以封之。男女不淫,牛马选具"。据《管子·大匡》,"狄人伐邢,邢君出,致于齐。桓公筑夷仪以封之,予车百乘,卒千人"。

僖公元年·三

地理鲁、齐见僖地理示意图1。鲁、齐、夷见僖地理示意图4。

人物哀姜(庄二十四·三·春秋)

春秋秋,七月戊辰二十六日,夫人姜氏哀姜薨于夷,齐人以〔尸〕归〔于齐〕。

○ 正 哀姜被齐人所杀之事详见闵二·三·三。《春秋》书"夫人姜氏

薨",而不书"齐人杀夫人姜氏",是为齐人隐讳。夫人之薨,依例不书

地,此处书"于夷",是表明哀姜薨于鲁都之外。整句表面看来,如同

夫人自行至夷,遇疾而薨,齐人取其尸归于齐。

○ 补 下启本年哀姜之丧至自齐(僖元·七·春秋)。

僖公元年·四

地理 楚、郑、鲁、齐、宋、曹见僖地理示意图 1。郑、鲁、齐、宋、曹、邾、

柽见僖地理示意图 3。

人物 鲁僖公(闵二·三·二)、齐桓公(庄八—庄九—庄十·春秋)、

宋桓公(庄十一·二·二·二)、郑文公(庄十九—庄二十一—庄二十

二·十一·二)、曹昭公

春秋 楚人伐郑。

○ 正 补 自此《春秋》不再称"荆",而称"楚",参见庄十·二·春秋。

八月,公鲁僖公会齐侯齐桓公、宋公宋桓公、郑伯郑文公、曹伯曹昭公、邾

人于柽 chēng。

【曹伯】补 曹昭公。姬姓,名班,谥昭。曹僖公(庄二十四·六·春

秋)之子。闵元年即位,在位九年。僖七年卒。【柽】正 杨 补 在今

河南周口淮阳区劳桥村附近。宋地。参见《图集》24—25⑤5。

左传 〔一〕秋,"楚人伐郑",郑即齐故也。

【即】杨 就,亲附。

〔二〕盟于荦 luò,谋救郑也。

【荦】正 即柽。

僖公元年·五

地理 鲁见僖地理示意图1。鲁、邾、偃、虚丘见僖地理示意图4。

人物 鲁僖公（闵二·三·二）

春秋 九月，公鲁僖公败邾师于偃。

【偃】 正 杨 补 在今山东费县南。参见《图集》26—27④4。

左传 "九月，公败邾师于偃"，虚丘之戍将归者也。

【虚丘】 杨 补 在今山东费县境。应为鲁地，详见下文分析。参见《图集》26—27④4。

○ 补 根据上下文推测，这支邾师原本戍守虚丘，应该是在返回邾、途经偃地时被鲁僖公率领参加荦之盟的鲁师击败。关于此事原委，服虔、杜预各有推测，然而都不能让人信服。这里笔者尝试作一分析。

一、邾师戍守的虚丘是鲁地还是邾地？

首先，穷举《春秋》《左传》中除本年之外的二十二次戍守之事，十九次为戍守他国之地，三次为戍守本国/内乱中本派势力之地。也就是说，纯粹从概率来看，邾师戍守的是鲁地的可能性更大。此外，如果邾师戍守邾地虚丘以防备鲁乱，本年返回国都，则途经的偃也必然是邾地。鲁僖公如果刚在荦与邾人结盟，就入侵邾国，还截击戍守邾地的邾师，无理已甚，不像是刚稳定君位的鲁僖公所敢为之事。《春秋》书"九月，公败邾师于偃"，对鲁僖公也没有任何贬斥之意，似乎这是一次光明正大的胜利。综上所述，笔者认为虚丘应是鲁地。

二、鲁僖公为何要在这时截击邾师？

鲁内乱期间，邾曾为成季、公子申（即鲁僖公）提供短暂庇护，莒曾在收取鲁人财礼后（或是得到鲁人送财礼许诺后）送回内乱首恶共仲，两国都对鲁僖公有恩。邾人可能在此时出兵戍守邾、鲁边境地区的鲁邑虚丘,表面上是协助鲁平定动乱,实际上可能有了赖着不走、侵占虚丘的迹象。莒人则可能在财礼数量上与鲁人有分歧,认为自己有权利讨要更多财礼(或是拿到鲁人许诺却没有交付的财礼)。鲁僖公即位后,对邾、莒二国实有不满,但在君位尚未稳定之时不敢有所行动。

　　闵二年冬,齐卿高敬仲来鲁结盟,帮助鲁僖公在国内层面稳定君位。僖元年八月,鲁僖公参与有齐桓公、宋桓公、郑文公、曹昭公、邾大夫参与的荦之盟,在国际上获得了承认,至此鲁僖公君位在国际、国内两个层面都得以稳固,接下来就开始清算鲁内乱期间与周边小国的纠纷。僖元年九月,鲁僖公率会盟所带的鲁师在偃地与从虚丘撤回的邾师交战,击败邾师,惩罚邾人试图趁鲁内乱霸占虚丘、扩张疆土的作为。僖元年十月,成季率鲁师在郦地击败前来求赂的莒人,惩罚莒人趁火打劫、贪得无厌的作为。对邾、对莒两场反击战胜利后,鲁僖公可以说摆脱了鲁内乱时求靠小国的阴影,使鲁邾、鲁莒关系回到正常轨道。

僖公元年·六

[地理] 鲁见僖地理示意图 1。鲁、莒、费、汶水见僖地理示意图 4。

[人物] 成季(庄二十五·六·春秋)、公子挐

[春秋] 冬,十月壬午十二日,公子友成季帅师败莒jǔ于郦lì,获莒挐rú,公子挐。

【郦】[正] 鲁地。

【挐】[正][补] 公子挐。己姓,名挐。莒子之弟。僖元年被鲁成季所获。详见传文。

[左传] 冬,莒jǔ人来求赂。公子友成季败诸(之于)郦,获莒子之弟挐。[莒挐] 非卿也,[《春秋》书之,] 嘉[公子友] 获之也。公鲁僖公赐季友成季

汶阳之田及费 bì。

【冬,莒人来求赂】 正 杨 据闵二·三·二,"[我]以赂求共仲于莒,莒人归之"。一种可能性是,莒人遣返共仲后已得鲁财赂,但嫌不够,如今又来求赂。另一种可能性是,鲁人仅许诺财赂而未尝真实给予,故本年莒人前来要求兑现。无论如何,共仲是鲁国乱臣,莒人不能秉持道义将其主动送归,而一定要得到财赂之后才肯送归,而且在求财期望没有得到满足时还主动来求取,已属不义,因此《春秋》对成季击败莒师表示嘉许。

【非卿也,嘉获之也】 正 《春秋》常例,不记载卿以下人物之名。莒挐非卿,而《春秋》记载了他的名,是嘉奖成季抓获莒挐的功劳。

【汶阳之田】 正 补 汶水以北的土田。后地入于齐。成二年晋使齐归之于鲁。成八年晋又使鲁归之于齐。定十年齐归汶阳之郓、谨、龟阴于鲁。**【汶】** 正 补 水名,今名大汶河,发源于山东旋崮山北麓,上游称牟汶河,汇泰山山脉、蒙山支脉诸水,流经济南市莱芜区、新泰市至大汶口纳柴汶河后称大汶河。自东向西流经莱芜区、新泰市、泰山区、岱岳区、肥城县、宁阳县、汶上县、东平县等地,又经东平湖流入黄河。春秋时汶水参见《图集》26—27③4—④3。

【费】 杨 补 在今山东费县西北上冶镇古城村已发现其遗址(详见下)。鲁邑。僖元年赐予成季,从此为季氏邑。参见《图集》26—27④4。

○ 补 **上冶古城遗址**:遗址先后是春秋时期费邑、汉代费县县城。浚河从遗址南面、东面流过。城址分内外城,外城东墙长 2 150 余米,西墙长 2 420 米,南墙长 900 米,北墙长 870 余米。遗址内出土了春秋晚期至汉代的遗物。

僖公元年·七

地理 齐、鲁见僖地理示意图1。

人物 哀姜（庄二十四·三·春秋）

春秋 十有(又)二月丁巳 十八日，夫人氏 哀姜 之丧至自齐。

　　○ 正 此前 僖元·三·春秋有"夫人姜氏薨于夷"，此后 僖二·二·春秋有"葬我小君 哀姜"，可见鲁人是以夫人之礼对待哀姜，并无贬低，因此，此处《春秋》书"夫人氏"而不是"夫人姜氏"，应是原文有"姜"而今文阙，并非有所贬低。

左传 〔一〕"夫人氏之丧至自齐。"

〔二〕君子以齐人之杀 哀姜 也为已甚矣。女子，从人者也。

【已甚】杨 补 太过分。

　　○ 正 女子有所谓"三从"之义，即未嫁从父，既嫁从夫，夫死从子。因此，哀姜既已嫁鲁君，在夫家(鲁)有罪，则非其母家(齐)所宜讨杀，故君子曰"已甚"。

僖公二年·一

地理 卫1(曹)、卫2(楚丘)见僖地理示意图1。

春秋 二年，春，王正月，[诸侯]城楚丘。

【楚丘】杨 见闵二·八·一。

○正 僖元年诸侯城夷仪而《春秋》书"城邢"，是因为筑城之时，邢已迁于夷仪。此处《春秋》书"城楚丘"而不书"城卫"，是因为筑城之时卫人仍寄居于曹，尚未迁徙过来。

左传 二年，春，诸侯城楚丘而封卫焉。[《春秋》]不书所会，[我]后也。

【不书所会，后也】正 《春秋》不书诸侯会见而独书筑城，是因为鲁人迟到，《春秋》讳之而不书。

○补 下启僖十二年诸侯城卫都之郛(僖十二·一)。

○补 传世文献对读：《国语·齐语》叙齐桓公存亡继绝之事，可扫码阅读。

僖公二年·二

地理 鲁见僖地理示意图1。

人物 哀姜(庄二十四·三·春秋)

春秋 夏，五月辛巳[十四日]，葬我小君哀姜。

【小君】见庄二十二·二·春秋。

僖公二年·三

地理 晋见僖地理示意图1。虞、晋、虢(西虢)、冀、下阳、颠軨、郇见僖地理示意图2小图。

人物 荀息、晋献公（庄十八·一·一）、宫之奇、虞公、里克（闵二·七·一）

春秋 虞师、晋师灭下阳。

【下阳】正 杨 补 在今山西平陆张村镇太阳渡村南之金鸡堡与门里自然村已发现其遗址（详见下）。西虢陪都。僖二年地入于晋，之后曾为吕甥采邑。参见《图集》22—23⑪16。《图集》标注不准确，本书示意图依据考证成果标注。

○补 **下阳故城遗址**：遗址南北长约 3 500 米，东西宽约 2 000 米，城垣附近曾发现春秋墓群，有铜器出土。

左传【一】晋荀息请以屈产之乘 shèng 与垂棘之璧假道于虞，以伐虢 guó。

【荀息】正 杨 补 姬姓，荀氏，出自原氏，名黯，字息，排行叔。周文王之子原叔之后。晋大夫，官至卿位。僖九年被里克所杀。食采于荀。

【屈产之乘】正 杨 补 北屈出产的驾车马。【屈】补 见庄二十八·二·二。

【垂棘】杨 补 在今山西潞城北。晋地。【璧】见桓元·一·春秋。

【假道】正 补 借道。春秋时聘问、征伐经过他国必须以礼借道。聘问过程中借道之礼参见隐七·四·春秋。

○正 补 晋都在山西翼城东南（《图集》22—23⑩16），虞都在山西平陆东北（《图集》22—23⑪16），西虢都上阳在河南三门峡东南部。因此，晋在虞北，虞在西虢北，晋伐西虢，须向虞借道。晋向虞所借之道，后人称为虞阪颠轵道，详见下。

○补 据《史记·秦本纪》，秦穆公在即位当年（僖元年）亲自率师讨伐西虢国境内的茅津戎（茅津见文三·四·一，在西虢国都城附近），取得胜利。从进军路线看,秦穆公此次东征应该是沿着殽函道(僖五·八·四)从西而来,其目的应该是为控制殽函道、东进中原做战略试探。晋献公在僖二年决定要借道伐西虢,可能受到了秦穆公伐茅津戎的刺激。

○杨补传世文献对读:据《史记·晋世家》,则"[晋献公]十九年,献公曰:'始吾先君庄伯、武公之诛晋乱,而虢常助晋伐我,又匿晋亡公子,果为乱。弗诛,后遗子孙忧。'乃使荀息以屈产之乘假道于虞。虞假道,遂伐虢,取其下阳以归",录以备参。

公晋献公曰:"是吾宝也。"

[荀息]对曰:"若得道于虞,犹外府也。"

【犹外府也】补[财宝给了虞,]如同[暂时存放在晋公宫]外面的库房。府,库。

公曰:"宫之奇存焉。"

【宫之奇】正补宫氏,名奇。之,语助词。虞贤大夫。僖五年出奔。

[荀息]对曰:"宫之奇之为人也,懦而不能强谏。且[宫之奇]少长 zhǎng 于君虞公,君昵之。[宫之奇]虽谏,[君]将不听。"

【且少长于君】杨补而且[宫之奇]年龄比虞公稍大。

○补传世文献对读:《穀梁传·僖公二年》叙荀息之言更详,可扫码阅读。

【二】[公]乃使荀息假道于虞,曰:

"冀为不道，入自颠軨 líng，伐鄍 míng 三门。冀之既病，则亦唯君_{虞公}故。

【冀】 正 杨 补 本商时国，始封君为傅说之后。周时续封，姬姓。在山西稷山北。僖十年前已被晋所灭，之后曾为郤氏采邑。参见《图集》22—23①15。**【不道】** 补 无道。

【颠軨】 正 杨 补 从山西平陆张店镇軨桥村南坡口至圣人涧镇太宽村"太宽壕"南出口，全长约四千米。虞地。《图集》标注不准确，本书示意图依据考证成果标注。

【鄍】 正 杨 补 在今山西平陆圣人涧镇槐下村境内已发现其遗址。虞邑。《图集》标注不准确，本书示意图依据考证成果标注。

【冀之……君故】 正 杨 补 杨注引于鬯说，认为此句应解为，"冀后来［被晋击退而］困苦，［晋当年这样做］也是为了您（虞公）的缘故"。晋自武公以来，一直在攻打四周小国开疆拓土，击败冀本是为了晋自己的利益。荀息在此处说成是为了给虞报仇，将其作为筹码，要求虞以借道作为回报。杜注、孔疏则认为，这句应解为，"冀后来［被虞击败而］困苦，这都是您［英明神武］的缘故"，想通过奉承虞君抵抗冀入侵的业绩，来说服虞借道给晋，帮助晋反击西虢。

今虢为不道，保于逆旅，以侵敝邑之南鄙。敢请假道，以请罪于虢。"

【今虢……南鄙】 正 杨 补 如今虢无道，固守在［虢、晋边境的］客舍之中，侵犯我国南部边境。逆旅，客舍。逆，迎。旅，客。由此可推知，晋、西虢本有接境，但晋国若想大举攻打虢都，则从虞借道较为便利。庄二十六·三"秋，虢人侵晋。冬，虢人又侵晋"，可能就是此事。

【以请罪于虢】 正 补 此为外交辞令，表面意思是"到虢请教晋有什么罪因而被侵伐"，实际意思是兴师讨伐西虢国。

虞公许之，且请先伐虢。宫之奇谏，［虞公］不听，遂起师。

【宫之奇谏】 补 据《穀梁传》，则宫之奇谏言为"晋国之使者，其辞卑而币重,必不便于虞"。

> ○ 补 郪邑遗址:遗址南北长约四百五十米,东西宽约四百米,东北约三千米的尧店村滑里自然村东南发现了春秋墓群。
>
> ○ 补 虞阪颠軨道:晋人向虞所借伐西虢之道,是翻越中条山、沟通晋国南部和河水茅津渡口的重要古道。这条古道因虞阪和颠軨两段相对难行而著名,因此被学者称为"虞阪颠軨道"。这一道路极有可能在史前时期就已经存在,夏、商时期已为通途,位于道路中段的虞是道路的一个重要控制点。春秋时期,晋人经此道南下翻越中条山到达茅津,从茅津向南渡过河水之后,再沿着殽函道中的殽山道东行,即可到达东周王畿。僖公三十三年晋人出兵南下在殽山道上截击西归的秦师(参见僖三十三·三),走的应该就是这条道。文三年秦穆公伐晋(参见文三·四),袭扰晋南地区后,也应该是通过这条道南下翻越中条山至茅津,再渡过河水前往殽之战战场。相关地理形势参见僖地形示意图1(可扫码阅读)及僖地形示意图6(僖二十七—僖二十八·十四·二,可扫码阅读)。

【三】夏,晋里克、荀息帅师会虞师伐虢,灭下阳。[《春秋》]先书虞,贿故也。

【先书虞,贿故也】 正 补 《春秋》先书虞师,是讥刺虞人接受贿赂。此次伐西虢,晋实主兵,故《左传》列晋师于虞师之前。
○ 补 下启僖五年晋灭西虢(僖五·八)。

僖公二年·四

地理 齐、宋见僖地理示意图1。齐、宋、贯、多鱼见僖地理示意图3。宋、江、黄见僖地理示意图5。

人物 齐桓公(庄八—庄九—庄十·春秋)、宋桓公(庄十一·二·

二·二)、寺人貂

春秋 秋，九月，齐侯齐桓公、宋公宋桓公、江人、黄人盟于贯。

【江】杨 补 周时国，嬴姓。始封君为伯益之后。在今河南正阳大林镇涂店村东北已经发现其遗址（详见下）。文四年被楚所灭。参见《图集》17—18③5、29—30④6。《图集》标注不准确，本书示意图依据《图志》标注。

【黄】补 见桓八·二·二。

【贯】正 杨 补 在今山东曹县西南十里。宋地。参见《图集》24—25④6。

○正 齐桓公霸业稍盛，江、黄这两个附楚小国前来归服，齐桓公谦以接远，因此与宋桓公共同会见两国代表。

○补 **江国故城遗址**：遗址位于淮河北岸，东西长两千米，南北宽一千二百米。遗址范围内出土了商周时期的遗物。

左传 【一】秋，"盟于贯"，服江、黄也。

【二】齐寺人貂始漏师于多鱼。

【寺人】正 杨 补 内朝官，由阉人担任，相当于后世的宦官，其职掌事务有：一、掌传达君主命令；二、为国君、太子、后宫妃嫔、及卿大夫家庭生活起居承担各种杂役。《左传》所见，除齐之外，晋（僖五·二·二·二）、宋（襄二十六·六·二·一）、卫（哀十五—哀十六·二）皆有寺人。另外，郑有侍者（襄七·八·二·二），齐（襄二十五·一·二·二）、宋（昭二十一·四·二）、鲁（昭二十五·五·二·一）、卫有侍人（哀二十五·一·一·二），可能就是寺人。卫卿大夫家亦有侍人（哀十一·五·一·一）。

【漏师】正 泄漏军事机密。

【多鱼】 正 杨 补 在今河南虞城东北。宋地。参见《图集》24—25④6。

○ 正 补 齐桓公多嬖宠,内宠则如夫人者六人,外宠则有寺人貂、易牙之辈,终以此乱国。《左传》以"始"字点明貂从这时开始专擅贵宠,漏泄齐国军事机密,下启僖十七年齐桓公身死国乱(僖十七—僖十八)。

僖公二年·五

地理 晋见僖地理示意图1。虢(西虢)、晋、桑田见僖地理示意图2。

人物 虢公丑(庄十八·一·一)、卜偃(闵元·四·一·二)

左传【一】虢 guó 公虢公丑败戎于桑田。

【戎】 补 此应为犬戎,参见闵二·一·一。【桑田】 正 杨 补 在今河南灵宝稠桑村西。西虢地,后入于晋。参见《图集》22—23⑦7。

【二】晋卜偃曰:"虢必亡矣。亡下阳不惧,而又有功,是天夺之鉴,而益其疾也。[虢]必易晋而不抚其民矣,不可以五稔 rěn。"

【卜】 补 见闵元·四·一·二。

【鉴】 正 补 铜镜或水鉴(参见庄十九—庄二十一庄二十一·十一·二),用以照见面容。

【易】 杨 轻视。

【五稔】 正 杨 五年。稔,本义为谷熟,春秋时谷一年一熟,所以引申为年岁。

○ 正 下启僖五年晋灭西虢(僖五·八)。

僖公二年·六

地理 鲁见僖地理示意图1。

春秋 冬,十月,[我]不雨。

　　○ 正 对应《左传》在僖三·一。

僖公二年·七

　　地理 楚、郑见僖地理示意图 1。

　　人物 斗章、聃伯

春秋 楚人侵郑。

左传 冬,楚人伐郑。斗章囚郑聃_{nán}伯。

　　【斗章】 杨 补 芈姓,斗氏(若敖氏大宗),名章。楚大夫。

　　【聃伯】 补 聃氏,排行伯。郑大夫。

　　○ 正 下启僖三年诸侯会于阳谷,谋伐郑(僖三—僖四)。

僖公三年·一

地理 鲁、徐见僖地理示意图 1。鲁、徐、舒见僖地理示意图 5。

春秋 三年,春,王正月,[我]不雨。

夏,四月,[我]不雨。

徐人取舒。

【取】正《春秋》书"取",言易也。参见襄十三·二。【舒】正 杨 补
周时国,子爵,偃姓。始封君为皋陶之后。在今安徽庐江城池村附
近。僖三年,徐人取舒。后复国。至文十二年,楚人获舒子平。后被
楚所灭。
○正 此条《春秋》无对应《左传》。

六月,[我]雨。

左传 三年,春,"不雨"。夏,"六月,雨"。自十月不雨,至于五月。
[《春秋》]不曰"旱",不为灾也。

僖公三年—僖公四年(僖公四年·一)

地理 齐、宋、鲁、楚、郑、陈、卫2、曹、蔡见僖地理示意图1。齐、宋、鲁、郑、陈、卫2、许、曹、蔡、阳谷、虎牢见僖地理示意图3。宋、江、黄、鲁、楚、郑、陈、卫2、许、曹、蔡、陉、召陵、方城、汉水见僖地理示意图5。

人物 齐桓公(庄八—庄九—庄十·春秋)、宋桓公(庄十一·二·二·二)、成季(庄二十五·六·春秋)、鲁僖公(闵二·三·二)、陈宣公(庄四·三·春秋)、卫文公(闵二·五·四·一)、郑文公(庄十九—庄二十一庄二十一·十一·二)、许穆公(隐十一·二·五)、曹昭公(僖元·四·春秋)、屈完、辕宣仲、叔孙戴伯、孔叔、蔡姬、楚成王(庄十四·三·二)、管敬仲(庄八—庄九—庄十·三)、召康公、齐太公、周昭王、申侯

春秋 秋,齐侯齐桓公、宋公宋桓公、江人、黄人会于阳谷。

【阳谷】 正 杨 补 在今山东东平王古店村东已发现其遗址。齐邑。昭二十九年齐景公曾将其赐予鲁昭公为邑。参见《图集》26—27③3。

冬,公子友成季如齐莅盟。

【莅盟】 补 见隐七·七·一·二。

楚人伐郑。

四年,春,王正月,公鲁僖公会齐侯齐桓公、宋公宋桓公、陈侯陈宣公、卫侯卫文公、郑伯郑文公、许男许穆公、曹伯曹昭公侵蔡。蔡溃,遂伐楚,次于陉。

【溃】 正 据文三·一,则民众逃离抛弃其君,《春秋》书"溃"。
【陉】 杨 补 召陵以南,在今河南漯河召陵区岗赵村附近。参见《图

集》29—30③6。

夏,许男新臣许穆公卒。

○正许穆公卒于军中。

楚屈完来盟于师,盟于召陵。

【屈完】正补芈姓,屈氏,名完。屈重(庄四·二·二)之子,屈瑕(桓十一·二)之孙。楚大夫。

【召陵】正杨补在今河南漯河召陵区召陵镇已发现其遗址(详见下)。楚邑。参见《图集》29—30③6。

○补**召陵故城遗址**:城址分外城和内城,外城平面呈正方形,周长六千米;内城位于外城西北隅,南北长约一百二十米,东西宽约一百米。

齐人执陈辕涛涂辕宣仲。

【辕涛涂】正杨补辕宣仲。妫姓,辕氏,名涛涂,谥宣,排行仲。陈公子有(食采于辕)之后。陈大夫,官至卿位。僖四年被齐人所执。同年归于陈。

秋,[我]及江人、黄人伐陈。

○正据宣七·二,鲁若参与战前谋划,则《春秋》书"及"。此次伐陈,齐未参与,而使鲁为主,鲁与江、黄谋划后共伐陈。

八月,公鲁僖公至自伐楚。

○正此条《春秋》无对应《左传》。

葬许穆公。

冬,十有(又)二月,**公孙兹**_{叔孙戴伯}帅师会齐人、宋人、卫人、郑人、许人、曹人侵陈。

【公孙兹】正 杨 补 叔孙戴伯。姬姓,叔孙氏(应为后代追认),名兹,谥戴,排行伯。僖叔(<u>庄三十二·四·春秋</u>)之子,鲁桓公(<u>隐元·二·一</u>)之孙。鲁大夫,官至卿位。僖十六年卒。

左传【一】秋,"会于阳谷",谋伐楚也。

○补 据《公羊传》,在此次大会上,齐桓公提出一系列倡议各同盟国遵守的国际行为准则,可总称为"阳谷倡议",包括"无障谷,无贮粟,无易树子,无以妾为妻",可译为"不要阻断河谷,不要囤积粮食,不要把已立为太子的儿子换掉,不要把妾当成正妻"。

【二】齐侯_{齐桓公}为阳谷之会来寻盟。"冬,**公子友**如齐莅盟。"

【寻盟】补 重温旧盟。
○正 阳谷之会,鲁未参与,故齐桓公遣人来寻盟。

【三】"楚人伐郑。"郑伯_{郑文公}欲成。**孔叔**不可,曰:"齐方勤我。弃德,不祥。"

【欲成】补 想要求和。
【孔叔】正 补 孔氏,排行叔。郑大夫,官至卿位。
【勤我】正 杨 为我劳累。

【四·一】齐侯_{齐桓公}与**蔡姬**乘舟于囿,[_{蔡姬}]荡公_{齐桓公}。公惧,变色,禁之,[_{蔡姬}]不可。公怒,归之_{蔡姬},未之绝也。蔡人嫁之_{蔡姬}。

【蔡姬】正 杨 补 蔡女,姬姓。蔡哀侯(<u>桓十七·四·春秋</u>)之女,蔡穆侯(<u>僖六—僖七·三</u>)之妹,齐桓公(<u>庄八—庄九—庄十·春秋</u>)夫人。僖三年被遣归于蔡,蔡人嫁之。

【囿】补见庄十九—庄二十—庄二十一·一。

【公怒……绝也】杨补齐桓公发怒，把蔡姬送回蔡，但并未与蔡姬断绝关系。《韩非子·外储说左上》作"怒而出之，乃且复召之"，正可解此处"未之绝"之义。齐桓公如此处理，既可能是因为喜爱蔡姬，也可能是因为重视联姻对蔡国的笼络作用，应该是兼而有之。

【蔡人嫁之】杨补据马王堆帛书《春秋事语》载此事，引士说语云"今听女辞而嫁之"，则再嫁可能出于蔡姬本人之意。蔡人的判断可能是，蔡姬生性如此，如今又怨恨齐桓公，即使日后齐桓公让她再回齐，也很可能会再生事端，不如嫁掉以绝后患。

○补**传世文献对读**：《论语·阳货》："子曰：'唯女子与小人为难养也，近之则不孙，远之则怨。'"蔡姬仗着齐桓公宠爱而胡闹，是"近之则不孙"；被送回母家后又决然要求嫁人，为"远之则怨"。

【四·二】四年，春，齐侯以诸侯之师侵蔡。

【五】"蔡溃，遂伐楚。"

楚子楚成王使与师言曰："君齐桓公处北海，寡人处南海，唯是风马牛不相及也。不虞君之涉吾地也，何故？"

【君处……及也】正补一说"风"是"牲畜发情时公母相诱"的意思，整句话可译为"您位于北方，我位于南方，[两国互不相干，]就像牛和马即使在发情时也不会相互追逐"。一说"风"是"走失"的意思，整句话可译为"您位于北方，我位于南方，[两国相隔遥远，]就算是一国马牛走失了也不会跑到另一国"。

【北海】【南海】杨先秦时人认为中国四周的远地为"海"。北海、南海，犹言极北、极南。《荀子·王制》："北海则有走马、吠犬焉，然而中国得而畜使之；南海则有羽翮、齿革、曾青、丹干焉，然而中国得而财之；东海则有紫紶、鱼盐焉，然而中国得而衣食之；西海则有皮革、文旄焉，然而中国得而用之。"《尔雅·释地》："九夷、八狄、七戎、六蛮谓之四海。"

【不虞】⬚杨⬚补不料。虞，度。

管仲管敬仲对曰：

"昔召康公命我先君<u>大</u>(太)公齐太公曰：'五侯九伯，女(汝)实征之，以夹辅周室。'赐我先君履，东至于海，西至于河，南至于穆陵，北至于无棣dì。

【召康公】⬚正⬚补召氏，名奭，号康。周王室支族之后。周王室太保。食采于召。后封于(北)燕，使其长子克就封，而己仍留佐王室。【大公】⬚杨⬚补齐太公。姜姓，吕氏，名望，字尚。周王室太师，后为齐始封君。

【五侯九伯】⬚正⬚补五侯为公、侯、伯、子、男五等诸侯，九伯为九州方伯。九州参见襄四·八。

【赐我先君履】⬚杨⬚补赐给我国先君可以践履征伐的范围。参见下引《史记·齐太公世家》。

【河】⬚补见闵二·五·三。

【穆陵】⬚杨即今湖北麻城北一百里与河南光山县、新县交界处的穆陵关。此时为楚地。

【无棣】⬚杨在今河北卢龙一带。

"尔贡苞茅不入，王祭不共(供)，无以缩酒，寡人齐桓公是征；<u>昭王</u>周昭王南征而不复，寡人是问。"

【苞茅】⬚正⬚杨即包茅。茅为菁茅，产于楚地。拔茅捆扎成束，故曰"包茅"。

【缩酒】⬚正⬚杨⬚补旧说，"缩酒"一则指平时用包茅滤酒去渣；一则指祭祀时，束茅立之，以酒自上浇下，糟留茅中，酒液则渗透下流，象神饮酒状。有学者认为(参见襄九·五·五)，"缩酒"描述的是裸祭时祭器"同"中酒液面下降的状态,在这里是指代"祼祭"这一仪式;而苞茅的作用则是插在"同"中,帮助稳定柄形玉器。

【寡人是征】 杨 补 即"寡人征是",可译为"寡人为此前来征讨"。据《史记·楚世家》(引文见庄二十三·四),则楚成王刚即位之时,曾经模仿中原霸主齐桓公"尊王",向周惠王进献过贡赋,应该就是这里所提到的"苞茅"。然而后来齐桓公、楚成王之间围绕郑展开争夺,关系恶化,楚遂停止向任命齐桓公为中原霸主的周惠王纳贡。由于楚成王想要竞争中原霸主,而停止纳贡即是不尊王,所以管敬仲将其作为讨伐楚的第一条理由。

【昭王南征而不复】 正 杨 补 据古本《竹书纪年》记载,周昭王曾两次南征伐楚。第一次南征伐楚在十六年,此次"伐楚荆,涉汉,遇大兕"。第二次南征伐楚在十九年,此次"天大曀,雉兔皆震,丧六师于汉","王南巡不返"。也就是说,昭王在第二次南征伐楚时死在汉水旁。所以下文使者对曰"君其问诸水滨"。【昭王】 正 补 周昭王。姬姓,名瑕,谥(一说生号)昭。周康王(昭四·三·一)之子。在位十九年。

【寡人是问】 补 即"寡人问是",可译为"寡人为此前来问罪"。由于楚成王在即位初期曾经"尊王",也就是说,他承认楚国是周王分封的一个诸侯国。如果楚成王说周昭王之死是楚人所为,那楚先君就犯了杀周王这种极度不尊王的罪行;如果楚成王说周昭王之死不是楚人所为,那等于亲口否认了一场长期以来都默认是楚人取得的重大胜利。由于无论楚人如何回答,都可以起到羞辱楚人的效果,所以管敬仲将其作为讨伐楚国的第二条理由。

○补 **传世文献对读**:据《史记·齐太公世家》,则"太公至国,修政,因其俗,简其礼,通商工之业,便鱼盐之利,而人民多归齐,齐为大国。及周成王少时,管、蔡作乱,淮夷畔周,乃使召康公命太公曰:'东至海,西至河,南至穆陵,北至无棣,五侯九伯,实得征之。'齐由此得征伐,为大国,都营丘"。

○补 杜甫《承闻河北诸道节度使入朝欢喜口号绝句十二首》"苞茅重入归关内"、《秋日荆南述怀三十韵》"昭王问不回"、《夔府书怀四十韵》"楚贡何年绝"典出于此。

[楚使]对曰："贡之不入，寡君楚成王之罪也，敢不共(供)给？ 昭王周昭王之不复，君齐桓公其问诸(之于)水滨。"

【昭王……水滨】 补 周昭王没有回去[的原因]，国君还是到[汉]水边去问吧。详见下文分析。

○补 停贡苞茅是无可抵赖的事实，而楚在当时并没有决定要放弃"先称霸后称王"的策略；并且，齐桓公为了这么一件小事大举讨伐楚反而显得齐荒谬，于是楚人决定认罪。杀周昭王、灭周六师一则实非楚人所为(详见下)，二则杀周王是极度"不尊王"的大罪，三则此事又长期被楚人当作是一场上天护佑的重大胜利，无论如何回答都不合适，所以楚人决定不正面回答。

○补 周昭王二次南征伐楚之时，为何在汉水边会发生周昭王身死、周六师覆灭的惨剧，是西周历史的谜团之一。《吕氏春秋·音初》认为是由于周昭王过汉水时桥梁突然毁坏，《史记正义》引《帝王世纪》的记载认为是周昭王乘坐了一条当地人进献的胶粘的船，船行至汉水中流时分解，但这些说法虽可说明周昭王之死，却无法解释为何周六师也全军覆没。从管敬仲和楚使的对答来看，似乎中原人士也没有把楚人与周昭王之死关联起来的过硬证据。有学者在分析了汉水流域气候水文、周昭王行军路线等因素后认为，周昭王及其六师在汉水边遭遇的并不是楚人/楚蛮的毁灭性军事打击(楚人/楚蛮无此实力)，而可能是一场真正的"灭顶之灾"，也就是一场由汉水上游暴雨引起的、突如其来的大洪水。笔者对于周昭王南征有详细分析，请见专著《不服周：楚国的奋斗与沉沦》(出版中，暂定书名)相关篇章。

［诸侯之］师进，"次于陉"。

○ 正 补 此次言辞交锋，楚人态度不屈，回答巧妙，没有让齐人占到什么便宜，因此齐桓公率诸侯继续进兵。

【六】夏，楚子楚成王使屈完如师。师退，次于召陵。

○ 正 补 屈完前来请盟，态度缓和，因此齐桓公率诸侯后退。

齐侯齐桓公陈诸侯之师，与屈完乘 chéng 而观之。

齐侯曰："岂不榖是为？先君之好是继。［楚君］与不榖同好，如何？"

【岂不……是继】 正 补 即"岂为不榖？继先君之好"，可译为"这次起兵，难道是为了我个人？而是为了继承先君建立的友好关系"。

【不榖】 杨 补 "不榖"本是周王自我贬损的称呼，参见僖二十四·五·二。本次齐桓公代表周王讨伐楚，所以自称"不榖"。

［屈完］对曰："君齐桓公惠徼 yāo 福于敝邑之社稷，辱收寡君楚成王，寡君之愿也。"

【徼】 杨 求。【辱】 杨 补 表敬副词，相当于"屈尊"。

齐侯曰："以此众战，谁能御之？以此攻城，何城不克？"

【御】 补 抵抗。

［屈完］对曰："君若以德绥诸侯，谁敢不服？君若以力，楚国方城以为城，汉水以为池，虽众，无所用之。"

【绥】 补 安抚。

【方城】 正 杨 补 传世文献中的"方城"所指为何，有多种说法。一、早期楚长城说：认为"方城"是指春秋时楚人依托天然山脉建成的防御体系,其建筑方式是在山间孔道建筑关隘,把天然山脉连接起来,其走向大体是从河南鲁山东南开始,循伏牛山余脉沿东南方向而下,经过方城县、叶县之间的隘口,再循桐柏山余脉继续沿东南而下,到达泌阳县以东。战国时楚人对方城进行进一步增修,成为楚长城。《图集》采用的就是这种说法,参见《图集》29—30③5至④5。二、山名说:认为"方城"是指上述早期楚长城所依托的伏牛山余脉和桐柏山余脉。三、城塞说:认为"方城"为一军事要塞,对应今河南叶县独树镇杨武岗一带的古城遗址,地处伏牛山余脉与桐柏山余脉接合部之隘口,控扼南阳盆地北进中原的孔道,形势险要。上文《左传》"方城""汉水"为对文,汉水不是"池"(护城河)而是天然河流,则方城应该不是"城"(城墙)而是天然山脉。因此,此处之"方城"应该是指方城山。有学者认为,方城山的"方城"之名源于方城塞,后来楚人筑起一条以方城塞为主要关隘、依托天然山脉的防御体系,人们也就将这条防御体系所依托的天然山脉命名为方城山了。本书示意图仍采用《图集》观点,同时提供相关地理形势示意图(僖地形示意图 2,可扫码阅读)供读者参考。【城】补城墙。

【汉水】补见桓六·二·二。【池】补护城河。

屈完及诸侯盟。

〔七〕陈辕涛涂辕宣仲谓郑申侯曰:"〔齐〕师出于陈、郑之间,国必甚病。若出于东方,观兵于东夷,循海而归,其可也。"申侯曰:"善"。涛涂辕宣仲以告齐侯齐桓公,〔齐侯〕许之。申侯见〔齐侯〕,曰:"师老矣,若出于东方而遇敌,惧不可用也。若出于陈、郑之间,〔陈、郑〕共(供)其资粮、扉 fēi 屦 jù,其可也。"齐侯说(悦),与之申侯虎牢。〔齐人〕执辕涛涂。秋,"伐陈",讨不忠也。

【申侯】正补姜姓,申氏,名侯。本为申(隐元·四·一)公室成员,后入于楚。庄十七年奔郑,为郑大夫,官至卿位。僖七年被郑人所杀。

【病】杨 补困苦。

【出于……可也】正 补如果［让齐师］向东行进，向东夷诸国炫耀武力，然后沿着海边回国，大概可以吧。观兵，检阅炫耀兵力。东夷，指郯、莒、徐等东夷国。

【资粮】杨 补近义词连用，都是粮食的意思。【扉屦】正 杨 补近义词连用，扉为草鞋，屦为麻鞋。屦见桓元—桓二·三·二。

【与之虎牢】杨齐桓公将郑邑虎牢赐予申侯，应是强迫郑文公所为。【虎牢】补见庄十九—庄二十一—庄二十一·九·一。

○补下启僖五年辕宣仲谮申侯（僖五·五·一·二）。

○杨 补**传世文献对读**：《公羊传·僖公四年》叙袁涛涂（即辕涛涂）被执之事与《左传》不同，可扫码阅读。

[八] 许穆公卒于师，葬之以侯，礼也。凡诸侯薨于朝、会，加一等；死王事，加二等，于是有以衮 gǔn 敛。

【葬之以侯】杨许穆公为男爵，死王事，加二等，以侯爵礼安葬。齐桓公以周王室名义伐楚，而许穆公卒于军中，为王事而死明矣。据《左传》文，则应是加二等而葬。春秋时王爵等级众说纷纭，《左传》此处似用《孟子·万章下》说法，以"天子一位，公一位，侯一位，伯一位，子男同一位，凡五等也"。许为男爵，加二等则正为侯爵。

【于是有以衮敛】正 补在［加二等］这种情况下才可以用衮服入殓。衮参见桓元—桓二·三·二。

[九] 冬，叔孙戴伯帅师会诸侯之师侵陈。陈成，［齐人］归辕涛涂辕宣仲。

【成】补求和。

僖公四年·二

[地理] 晋见僖地理示意图 1。晋、曲沃、蒲、屈见僖地理示意图 2。

[人物] 晋献公(庄十八·一·一)、骊姬(庄二十八·二·一)、卜人、公子奚齐(庄二十八·二·一)、骊姬之娣(庄二十八·二·一)、公子卓(庄二十八·二·一)、共太子申生(庄二十八·二·一)、齐姜(庄二十八·二·一)、小臣、杜原款、公子重耳(庄二十八·二·一)、公子夷吾(庄二十八·二·一)

[左传][一] 初,晋献公欲以骊 lí 姬为夫人。卜之,不吉;筮 shì 之,吉。公晋献公曰:"从筮。"卜人曰:"筮短龟长,不如从长。且其繇 zhòu 曰'专之渝,攘公之羭 yú。一薰一莸 yóu,十年尚犹有臭',必不可。"[公]弗听,立之,[骊姬]生奚齐公子奚齐,其骊姬娣 dì 生卓子公子卓。

【卜】【筮】[补] 见《知识准备》"卜""筮"。

【卜人】[补] 见闵元·四·一·二。

【筮短龟长】[正][杨][补] 所谓"短长",是指灵验程度的高低。僖十五·八·一·九韩定伯论曰"龟,象也;筮,数也。物生而后有象,象而后有滋,滋而后有数"。也就是说,龟卜可以在事物刚萌生有"象"时就探测到它,而著筮需要事物的象滋长到有"数"之后才能探测到,由此可以理解为何"筮短龟长"。春秋时代卜、筮呈现两个特征:一、先卜后筮。《左传》所载既卜又筮之例,除哀十七年卫后庄公卜筮例外,皆为先卜后筮。二、卜尊于筮。除此处外,诸侯国如遇迁国这类头等大事,则只卜不筮。

【繇】[正][补] 卜之占辞。

【专之渝,攘公之羭】[正][杨][补] 专宠[骊姬]则将生变,将夺去国君的公羊(共太子申生)。渝,变。攘,夺。

【一薰……有臭】[正][杨][补] 香草杂着臭草放在一起,过了十年还有臭味。香喻善,臭喻恶,此句意谓善恶最初相当,但善易消,而恶难除,故长久之后,善尽而恶存。薰,香草。莸,形似薰草的臭草。臭,本为气味总名,如"今譬于草木,寡君在君,君之臭味也"(襄八·八·二)。但由于善气为"香",故又专以恶气为"臭"。

【娣】补 参见隐四·二·一·一。

【二】及[姬]将立奚齐公子奚齐,既与中大夫成谋,姬骊姬谓大(太)子共太子申生曰:"君晋献公梦齐姜,[女]必速祭之!"大(太)子祭于曲沃,归胙 zuò 于公晋献公。公田,姬置诸(之于)宫。

【及将立奚齐】杨 补 等到夫人骊姬准备要立公子奚齐为太子的时候。

【既与中大夫成谋】杨 补《韩非子·外储说左上》:"中大夫,晋重列也。"《韩非子·外储说左下》:"故晋国之法,上大夫二舆二乘,中大夫二舆一乘,下大夫专乘,此明等级也。"所以,"中大夫"是指级别居中、但握有政治运作实权的大夫。一说中大夫是指掌管"中",也就是国君内廷事务的大夫。骊姬与中大夫里克成谋之事详见下引《国语·晋语二》。

【君梦齐姜,必速祭之】正 补 国君梦到齐姜,[你]赶快去祭祀她!齐姜为共太子申生之母,当时已经去世。骊姬意谓,齐姜之鬼托梦于晋献公以求食,故命其子速以食祭之。《礼记·礼运》:"夫礼之初,始诸饮食。"用食物祭祀祖先的本义就是向先人之鬼提供饮食,鬼求食参见宣四·五·一、襄二十·八。

【大子……于公】正 杨 补 胙,祭祀所用酒肉。臣有祭祀,必致祭酒祭肉于君,称为"归胙"。晋献公祖庙(曲沃庄伯庙)在曲沃(参见僖二十三—僖二十四·九·三),晋献公之妻齐姜死后祔于祖姑,故共大子申生祭于曲沃,然后将酒肉归于晋献公。

【田】补 打猎。

六日,公至,[姬]毒[胙]而献之。公[以胙]祭之地,地坟。[以胙]与犬,犬毙。[以胙]与小臣,小臣亦毙。姬泣曰:"贼由大(太)子。"

大(太)子奔新城。公杀其傅杜原款。

【地坟】杨地面突起如坟头。

【毙】补倒地而死。

【小臣】补晋内朝官,承担与国君日常相关的各种杂役。

【新城】正杨即曲沃,见隐五·二。因闵元年晋献公为共太子申生新修曲沃城墙,故名"新城"。

【傅】补太子傅,晋内朝官,职掌教育太子。【杜原款】补杜氏,名原款。晋大夫,任共太子申生傅。僖四年被晋献公所杀。

○补杜甫《八哀诗·赠秘书监江夏李公邕》"事近小臣毙"典出于此。

〖三〗或谓大(太)子共太子申生:"子辞,君晋献公必辩焉。"

【或】杨补有人。《穀梁传》版本中,此人为里克;而《礼记·檀弓上》版本中,此人为公子重耳。

【辞】杨补解说。

【辩】补弄清是非。

大(太)子曰:"君非姬氏骊姬,居不安,食不饱。我辞,姬骊姬必有罪。君老矣,吾又不乐。"

【君老矣,吾又不乐】杨共太子申生的意思是,君父老了,如果因为我的申辩而杀了骊姬,必然居不安、食不饱。我看到君父生活得不快乐,也一定不快乐。

曰:"子其行乎!"

大(太)子曰:"君实不察其罪,被(披)此名也以出,人谁纳我?"

【此名】杨指杀父恶名。

十二月戊申,〔大子〕缢于新城。

○补 传世文献对读：《中庸》："子路问强。子曰：'……故君子和而不流，强哉矫！中立而不倚，强哉矫！国有道，不变塞焉，强哉矫！国无道，至死不变，强哉矫！'"共太子申生舍命固守孝道的表现，可谓是"国无道，至死不变，强哉矫"的典型事例。

【四】姬骊姬遂谮 zèn 二公子，曰"[二公子]皆知之"。重 chóng 耳公子重耳奔蒲，夷吾公子夷吾奔屈。

【姬遂……知之"】 杨 补 骊姬于是诬陷[公子重耳、公子夷吾]两位公子，说"他们都知道"。据《史记·晋世家》："此时重耳、夷吾来朝。人或告骊姬曰：'二公子怨骊姬谮杀太子。'骊姬恐，因谮二公子：'申生之药胙，二公子知之。'"

【重耳奔蒲，夷吾奔屈】 杨 补 庄二十八年晋献公使公子重耳居蒲，公子夷吾居屈（庄二十八·二），因此本年二公子受骊姬之谮后，奔蒲与屈以自保。

○正 杨 补 传世文献对读：《国语·晋语二》载骊姬谮杀共太子申生之事甚详，其中骊姬党与中大夫（里克、丕郑）成谋、杜原款死前嘱咐共太子申生、骊姬哭闹逼共太子申生、共太子申生死前传话给狐突等内容为《左传》所无，其他共有内容的细节也多有不同，可扫码阅读。

笔者对晋"国无公族"的后果有详细分析，请见专著《称霸：春秋国际新秩序的建立》（中华书局 2019 年版）相关章节。

○补 传世文献对读：《穀梁传·僖公十年》载骊姬杀共太子申生之事与《左传》亦不同，可扫码阅读。

僖公五年·一

地理 鲁见僖地理示意图1。

人物 鲁僖公（闵二·三·二）

左传 五年，春，王正月辛亥朔﹝初一﹞，日南至。公﹝鲁僖公﹞既视朔，遂登
观 guàn 台以望﹝云物﹞，而书﹝云物﹞，礼也。凡分、至、启、闭，必书
云物，为备故也。

【朔】补 见桓三·五·春秋。

【日南至】正 补 冬至。其日太阳直射点向南运行至极点，北半球昼
最短，夜最长，故称"日南至"。

【视朔】杨 每年秋、冬之交，周王室向诸侯颁布第二年历法，历法重
点在于每月朔日（初一）为何日，以及有无闰月，称为"颁朔"。春秋时
期，周王室衰微，未必能颁行历法，而由各诸侯国自行推定。诸侯在
每月朔日，必以特羊（一只羊）告于太庙，称为"告朔"。告朔之后，仍
在太庙听治本月政事，称为"视朔"，又称为"听朔"。

【观台】杨 又称为"灵台"，在太庙中，登于其上，可以望云气云色。

【分】正 杨 春分、秋分。其日昼夜平分，故谓之"分"。

【至】正 杨 冬至、夏至。其日昼极长或极短，故谓之"至"。至，极。

【启】正 杨 立春、立夏。春生夏长，阳气用事，故谓之"启"。启，开。

【闭】正 杨 立秋、立冬。秋收冬藏，阴气用事，故谓之"闭"。

【云物】正 杨 一说云物即云色。《周礼·春官·保章氏》："以五云
之物，辨吉凶、水旱降丰荒之祲象。"郑玄注："物，色也。视日旁云气
之色。"一说云、物为二，《太平御览》引《左传》旧注："云，五云也；物，
风、气、日、月、星、辰也。"

【为备故也】正 补 这是由于要﹝为灾害﹞作准备的缘故。

僖公五年·二

地理 晋、鲁见僖地理示意图1。晋、蒲、屈见僖地理示意图2。

[人物] 晋献公(庄十八・一・一)、共太子申生(庄二十八・二・一)、士蒍(庄二十三・七)、公子重耳(庄二十八・二・一)、公子夷吾(庄二十八・二・一)、寺人勃鞮

[春秋] 五年,春,晋侯晋献公杀其世子申生共太子申生。

○ [正] [杨]《春秋》书"晋侯杀其世子申生",直言其父子相残,表明罪在晋侯。参见襄三十・六・一・三"书曰'天王杀其弟佞夫',罪在王也"。此事,《春秋》在五年春,而《左传》在四年冬十二月。杨注认为,《春秋》用周正,《左传》沿袭晋国史料用夏正,两者相差两月。杜注认为,《春秋》所据为晋人通告上所书时间,《左传》所据为实际发生时间。未知孰是。

[左传]【一】晋侯晋献公使以杀大(太)子申生共太子申生之故来告。

【二・一】初,晋侯晋献公使士蒍 wěi 为二公子筑蒲与屈,不慎,置薪焉。夷吾公子夷吾诉之。公晋献公使让之。士蒍稽 qǐ 首而对曰:

【二公子】 [补] 公子重耳、公子夷吾。
【蒲】【屈】 [补] 见庄二十八・二・二。
【置薪焉】 [补] 在城墙里放入了木柴。【让】 [正] [补] 责备。
【稽首】 [正] [杨] 春秋时拜礼分拜手(空手)、稽首、顿首(稽颡)。古人席地而坐,类似于现在的跪。跪坐之后,拱手,头俯至于手,与心平,称为"拜手",简称为"拜"。也称为"空首",因为手不着地,头悬空。这是常拜,通于尊卑。拜手之后,拱手着地,头也跟着往下贴近地面,手不分散,头低,腰高,臀更高,称为"稽首"。稽首是吉拜中最敬的礼。臣见君行礼,常需行稽首礼两次,也就是"再拜稽首"。拜手之后,拱手着地,头也跟着往下贴近地面,手分散,额头扣触地面,称为"顿首",又称"稽颡"。稽颡是居丧时行的凶礼,作为吉礼仅在有非常重大请求时使用。

"臣闻之,'无丧而戚,忧必雠焉。无戎而城,仇必保焉'。寇雠之保,又何慎焉!

【忧必雠焉】 正 杨 补忧愁定会应和。雠,对,应。

守官废命,不敬;固雠之保,不忠。失忠与敬,何以事君?

【守官……不忠】 杨 补身居[掌管土木工程的司空]官位而废弃君命[不去筑城],是不敬;[尽心修筑,则是]为仇敌巩固据点,是不忠。士蒍一方面服从君命去筑城,一方面又故意在城墙中掺入木柴使其不够坚固,是试图尽量兼顾敬与忠的举动,符合儒家中庸之道。

《诗》云:'怀德惟宁,宗子惟城。'君晋献公其修德而固宗子,何城如之?[若不修德而固宗子,]三年将寻师焉,焉用慎?"

【怀德惟宁,宗子惟城】 杨 补《毛诗·大雅·板》有此句,而"惟"作"维"。可译为"心怀美德就是安宁,大宗嗣子就是坚城"。"怀德惟宁",是讽谏晋献公宠爱骊姬,非要骊姬才得安宁。"宗子惟城",是讽谏晋献公听信谗言,疏远共太子申生。

【何城如之】 补有哪个城能比得上美德和宗子呢?

【寻】 正用。

[士蒍]退而赋曰:"狐裘龙 méng 茸,一国三公,吾谁适 dí 从?"

【龙茸】 正 杨皮毛乱貌。

【一国三公】 正 补"三公"应指晋献公、公子重耳、公子夷吾。晋献公为国君,重耳、夷吾分别为蒲、屈守主,都是筑城工程负责人士蒍需要听命的人。

【吾谁适从】 杨 补我该专一听从谁? 适,专,主。

○补杜甫《草堂》"一国实三公"典出于此。

【二·二】及难 nàn，公晋献公使寺人披寺人勃鞮伐蒲。重 chóng 耳公子重
耳曰："君父之命不校 jiào。"乃徇 xùn 曰："校者，吾雠也。"[重耳]
逾垣 yuán 而走，披寺人勃鞮斩其袪 qū。[重耳]遂出奔翟(狄)。

【公使寺人披伐蒲】 补 僖四年公子重耳奔蒲，今年晋献公使寺人勃
鞮伐之。【寺人披】 杨 补 寺人勃鞮。名勃鞮，快读为披，字楚，排行
伯。晋寺人。【寺人】 补 晋内朝官，相当于后世的宦官。

【校】 杨 抵抗。【徇】 杨 补 巡行宣示。

【走】 补 跑。【袪】 正 杨 袖口。

【翟】 补 此处之狄是晋西白狄（见庄二十八·二·二），参见成十
三·一·四"白狄及君同州，君之仇雠，而我昏姻也"。

○ 补 传世文献对读：《史记·晋世家》："[献公]二十二年，献公
怒二子不辞而去，果有谋矣，乃使兵伐蒲。"

僖公五年·三

地理 鲁见僖地理示意图 1。杞 1、鲁见僖地理示意图 4。

人物 杞伯姬（庄二十五·四·春秋）、杞伯姬之子

春秋 杞伯姬来朝其子。

【朝】 补 见隐四·二·七·一。

○ 杨 即"杞伯姬使其子来朝"，意思是杞伯姬（鲁女，庄二十五年归于
杞）使其子（应为杞国太子）来鲁朝见。参见桓九—桓十"曹伯使其世
子射姑来朝"。

僖公五年·四

地理 鲁见僖地理示意图 1。鲁、牟见僖地理示意图 4。

人物 叔孙戴伯(僖三—僖四·二)

春秋 夏,公孙兹叔孙戴伯如牟。

左传 "夏,公孙兹如牟",〔为己〕娶焉。

僖公五年·五

地理 鲁、齐、宋、陈、卫2、郑、曹、周、楚、晋见僖地理示意图1。鲁、齐、宋、陈、卫2、郑、曹、周、晋、首止见僖地理示意图3。

人物 鲁僖公(闵二·三·二)、齐桓公(庄八—庄九—庄十·春秋)、宋桓公(庄十一·二·二·二)、陈宣公(庄四·三·春秋)、卫文公(闵二·五·四·一)、郑文公(庄十九—庄二十一—庄二十一·十一·二)、许僖公、曹昭公(僖元·四·春秋)、王太子郑、辕宣仲(僖三—僖四·春秋)、申侯(僖三—僖四·七)、周惠王(庄十六·六·二)、周公忌父(庄十六·六·二)、孔叔(僖三—僖四·三)

春秋 公鲁僖公及齐侯齐桓公、宋公宋桓公、陈侯陈宣公、卫侯卫文公、郑伯郑文公、许男许僖公、曹伯曹昭公会王世子王太子郑于首止。

【许男】补 许僖公。姜姓,名业,谥僖,许穆公(隐十一·二·五)之子。僖五年立,在位三十四年。文五年卒。

【王世子】杨 补 王太子郑,后为周襄王。姬姓,名郑,谥襄。周惠王(庄十六·六·二)嫡长子,陈妫(庄十八·一·二)所生。僖八年即位。僖二十四年,甘昭公作乱,周襄王出居郑。僖二十五年,晋文公护送周襄王返回京师,杀甘昭公。在位共三十四年。文八年卒。

【首止】杨 见桓十八·二·一。

秋,八月,诸侯盟于首止。郑伯郑文公逃归不盟。

左传【一·一】会于首止,会王大(太)子郑王太子郑,谋宁周也。

○正杨补据本章及僖二十四·二·四,周惠王后陈妫不爱长子郑而宠爱少子带(甘昭公),并使得周惠王也有了同样的想法,二人想要废王太子郑而改立王子带。齐桓公召集首止之会,践行其在阳谷之会上提出的"无易树子"(不要把已立为太子的嫡长子换掉)准则,尊奉王太子郑,要求周王室带头遵守周礼,希望以此稳定周王室内政。

【一·二】陈辕宣仲怨郑申侯之反己于召陵,故劝之城其赐邑,曰:"美城之,大名也,子孙不忘。吾助子请。"[辕宣仲]乃为之请于诸侯而城之,美。[辕宣仲]遂谮 zèn 诸(之于)郑伯郑文公,曰:"[申侯]美城其赐邑,将以叛也。"申侯由是得罪。

【郑申……召陵】杨事见僖三—僖四·七。
【赐邑】正补指虎牢。齐桓公赐申侯虎牢之事见僖三—僖四·七。
【谮】补诬陷,中伤。
○正下启僖七年郑杀申侯(僖六—僖七·四·三)。

○补**传世文献对读**:《论语·公冶长》:"匿怨而友其人,左丘明耻之,丘亦耻之。"辕宣仲所作所为即是孔子所谓"匿怨而友其人"。

【二·一】秋,诸侯盟。

【二·二】王周惠王使周公周公忌父召郑伯郑文公,曰:"吾抚女(汝)以从楚,辅之以晋,可以少安。"郑伯喜于王命,而惧其不朝于齐也,故逃归不盟。孔叔止之曰:"国君不可以轻,轻则失亲。失亲,患必至。病而乞盟,所丧多矣。君必悔之。"[郑伯]弗听,逃其师而归。

【王使……少安】正 补周惠王使周公忌父召见郑文公,说:"我安抚你去跟随楚,还有晋作为辅助,这样可以得到些许安定了。"周惠王怨齐桓公定王太子郑之位,因此召郑文公,想要使郑叛齐,转而服从与齐作对的楚。晋长期游离于中原体系之外,尚未服齐,因此周惠王又拉上晋使郑安心。

【而惧其不朝于齐也】杨庄十七年齐曾因郑厉公不朝而扣留叔詹。自庄十七年至此已二十二年,而郑君仍未朝于齐,因此郑文公惧怕齐在此次盟会上将对郑进行惩罚。

【轻】杨轻举妄动。

【病而乞盟,所丧多矣】补日后国家困苦再去乞求盟会,那时丧失的东西就多了。

【逃其师而归】杨 补[郑文公]丢下随从军队而逃归郑。定三一定四·五·四"君行,师从;卿行,旅从"。春秋时国君及卿大夫出席盟会,都有军队随行。

○补"尊王"是齐桓公霸道政治的核心理念,但"尊王"可以有两种解释,一种是"尊当今周王",一种是"尊先王正礼"。此处齐桓公率领诸侯逼迫周惠王改弦更张的行动表明,齐桓公所秉持的"尊王",更多的是"尊先王正礼",也就是尊崇西周全盛时期的周王室制定的,以宗法制、分封制、国野制为基石的周代礼制。如果当今周王带好头遵守周礼,那么"尊先王正礼"自然涵盖"尊当今周王",因为按照周礼规定,在正常情况下,周王本来就是天下政治体系中地位最高的共主;但如果当今周王带坏头违背周礼,那么齐桓公就会为了捍卫先王正礼的尊严而反对当今周王,因为按照周礼规定,分封诸侯的一个重要目的就是在王室自身发生内乱时能够群起勤王,匡正王政。

僖公五年·六

地理楚、齐见僖地理示意图 1。楚、弦、黄、江、道、柏见僖地理示意图 5。

[人物] 弦子、斗穀於菟（庄三十·二）

[春秋] 楚人灭弦,弦子奔黄。

【弦】[正][杨][补] 周时国,子爵,隗姓。始封君应为北方隗姓狄人之后。在湖北黄冈浠水县西北四十里。僖五年被楚所灭。后曾复国。参见《图集》29—30④6。《图集》标注不准确,本书示意图依据相关考证标注。

【黄】[补] 见桓八·二·二。

[左传]【一】 楚斗穀 gòu 於 wū 菟 tú 灭弦,"弦子奔黄"。

【二】 于是江、黄、道、柏方睦于齐,皆弦姻也。弦子恃之而不事楚,又不设备,故亡。

【道】[正][杨][补] 周时国,姬姓。在今河南驻马店驿城区古城乡古城村已发现其遗址(详见下)。昭十一年楚灵王迁道于荆。昭十三年楚平王复其国。春秋末年被楚所灭。参见《图集》29—30④6。【柏】[正][杨][补] 周时国。始封君为黄帝臣柏高之后。在今河南舞钢尹集镇谢古洞村一带已发现其遗址(详见下)。僖十八年至文元年间被楚所灭。参见《图集》29—30③5。

【姻】[杨][补] 婿家。也就是说,江、黄、道、柏都有公子娶弦国公室之女。

○[补]**道国故城遗址**：遗址先后为春秋时期道国都城、汉代阳安县。城址平面呈不规则方形,长三百米,宽二百七十米。遗址内出土了春秋、战国时期遗物。

○[补]**柏国故城遗址**：城址平面呈长方形,长两千米,宽一千米。

僖公五年·七

[春秋] 九月戊申朔初一,日有食之。

【朔】见桓三·五·春秋。

【日有食之】见隐三·一·春秋。

僖公五年·八

[地理] 晋、周、秦见僖地理示意图 1。晋、虞、虢（西虢）、周（京师）、秦见僖地理示意图 2。

[人物] 虞公、晋献公（庄十八·一·一）、宫之奇（僖二·三·一）、吴太伯（闵元·四·一·二）、虞仲雍、周太王、虢仲、虢叔、周文王、曲沃桓叔（桓二—桓三·一·一）、曲沃庄伯（隐五·二）、卜偃（闵元·四·一·二）、虢公丑（庄十八·一·一）、井伯、秦穆姬（庄二十八·二·一）

[春秋] 冬，晋人执虞公。

[左传]【一】晋侯晋献公复假道于虞以伐虢 guó。

○[杨] 僖二年晋献公首次假道于虞以伐西虢，灭下阳。本年晋再次假道于虞而伐之。

宫之奇谏曰："虢，虞之表也。虢亡，虞必从之。晋不可启，寇不可玩。一之谓甚，其可再乎？谚所谓'辅车相依，唇亡齿寒'者，其虞、虢之谓也。"

【宫之奇】[补] 见僖二·三·一。

【晋不可启，寇不可玩】[正][杨][补] 晋国［的野心］不可开启，外来军队不可玩忽。寇，兵。玩，习，狎。

【辅车相依】[杨][补] 辅，固定在车轮外侧的两条直木，能够增强辐条的载重力。大车载物必须有辅支持，因此辅与车是相互依存的关系。出土车辅实物见僖器物图 1。

【齿】[补] 门牙。参见隐五·一"齿"。

○补 杜甫《赠李八秘书别三十韵》"战连唇齿国"典出于此。

公虞公曰："晋，吾宗也，岂害我哉？"

【晋，吾宗也】补 晋与我国同宗。详见下文。

［宫之奇］对曰：

"大(太)伯吴太伯、虞仲虞仲雍，大(太)王周太王之昭也。大(太)伯不从，是以不嗣。虢仲、虢叔，王季之穆也。为文王周文王卿士，勋在王室，藏于盟府。［晋］将虢是灭，何爱于虞？

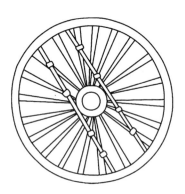

僖器物图 1　河北辉县琉璃阁遗址出土车辅复原图《弓檠与弓柲考辨》，2019 年）

【大伯……昭也】正 杨 补 吴太伯（吴始祖）、虞仲雍（虞始祖）是周太王长子、次子。周王室以后稷为始祖，之后第一代为昭，第二代为穆，以此类推。太王为后稷第十二代孙，为穆。太伯、虞仲、王季为太王之子，后稷第十三代孙，为昭。昭、穆见《知识准备》"宗庙"。【虞仲】正 补 虞仲雍。姬姓，名雍，排行仲。周太王次子，吴太伯（闵元·四·一·二）之弟。吴早期君主，其后代为虞始封君，故称"虞仲"。

【大王】补 周太王。姬姓，名或字亶。亚圉（昭七·八·三）之孙。

【大伯不从，是以不嗣】正 杨 补 太伯［和仲雍］不跟从［在周太王身边，而是逃走到荆蛮］，因此不得嗣位［为君］。最终周太王三子季历立，是为王季。

【虢仲……穆也】正 杨 虢仲、虢叔为王季之子，西、东两虢始封君。王季为昭，故其子虢仲、虢叔为穆。【王季】正 补 姬姓，名历，排行季。周太王之子。

【文王】 补 周文王。姬姓，名昌，谥(一说生号)文。王季之子。在位五十年。【卿士】 补 见隐三·四·一。

【盟府】 杨 存放盟书副本及功勋典策的府库。

【将虢是灭，何爱于虞】 补 如今[晋]既然连[亲缘关系更近、功勋卓著的]虢都要灭掉，对[亲缘关系更远、没有什么功勋的]虞又有什么值得爱惜的？晋始封君唐叔虞为王季曾孙，周太王玄孙。二虢始封君虢仲、虢叔为王季之子。虞先祖虞仲雍为周太王之子。因此，西虢、晋共有祖先为王季及以上，而虞、晋共有祖先为周太王及以上。这样说来，西虢—晋亲缘关系要比虞—晋亲缘关系更近。虞先祖虞仲雍出奔蛮夷，谈不上有什么功勋；二虢始封君为周文王卿士，功勋卓著。这样说来，西虢国功勋要远大于虞国。

且虞能亲于桓曲沃桓叔、庄曲沃庄伯乎？其爱之也？桓、庄之族何罪，而以为戮，不唯逼乎？亲以宠逼，犹尚害之，况以国乎？"

【且虞能亲于桓、庄乎】 杨 而且虞能比曲沃桓叔、曲沃庄伯[和晋君]更亲么？曲沃桓叔为晋献公曾祖，曲沃庄伯为晋献公祖。晋与虞，则不过同为周太王后裔。

【其爱之也？】[晋君]难道爱他的亲人吗？其，语气副词。

【桓、庄……逼乎？】 杨 补 桓叔、庄伯的家族有什么罪过，才会被[晋君]屠戮，难道不仅仅是因为[两族势力]胁逼[晋君]么？晋献公灭桓、庄二族之事见庄二十三·七、庄二十四·四、庄二十五—庄二十六。

公曰："吾享祀丰洁，神必据我。"

【据】 杨 依。

[宫之奇]对曰：

"臣闻之，'鬼神非人实亲，惟德是依'。故《周书》曰'皇天无亲,惟德是辅',又曰'黍稷非馨,明德惟馨',又曰'民不易物,惟德繄 yī 物.'如是,则非德,民不和,神不享矣。

【鬼神……是依】 杨 补 即"鬼神非亲人,惟依德",可译为"鬼神并不亲近哪一个人,而只是依从德行"。

【皇天无亲,惟德是辅】 杨 补 此为逸《书》。可译为"上天没有私亲,只辅助有德行的人"。

【黍稷非馨,明德惟馨】 杨 补 此为逸《书》。可译为"祭祀黍稷不馨香,光明之德才馨香"。**【黍】** 补 即现在的黍子(糯性)或糜子(非糯性),拉丁学名 *Panicum miliaceum*,禾本科一年生草本植物,脱壳加工后的籽实今天称为"黄米"。据农业考古学者的研究,黍是从野黍驯化而来,最早起源于中国北方,是周代主要粮食作物之一。**【稷】** 补 即现在的谷子、粟,拉丁学名 *Setaria italica* Beauv,禾本科一年生草本植物,植株在周代称为"禾",籽实在周代称为"粟",脱壳加工后的籽实今天称为"小米"。据农业考古学者的研究,稷是从莠(襄三十·九·十一)驯化而来,最早起源于中国北方黄河流域,在距今一万年左右开始驯化。稷是周代首要粮食作物,与之相呼应的是,周人传说中的始祖为后稷,周人祭拜的谷神为"稷","社稷"(土地神和谷神)在周代被视为国家政权的象征;"粟"在周代不仅作为稷实的专名(参见僖十三·二),还是粮食籽实的通称;"禾"在周代不仅作为稷植株的专名,还是粮食作物植株的通称(参见隐三·四·二)。

【民不易物,惟德繄物】 杨 补 此为逸《书》。可译为"民众不能变更祭祀之物,只有德行才可以充当祭祀之物"。繄,系动词。

神所冯(凭)依,将在德矣。若晋取虞,而明德以荐馨香,神其吐之乎?"

○ 补 杜甫《望岳》"在德非馨香"典出于此。

[虞公]弗听,许晋使。

宫之奇以其族行，曰："虞不腊矣。在此行也，晋不更 gèng
举矣。"

【腊】正杨 岁终大祭，春秋时在夏正十月、周正十二月举行。秦以
后在夏正十二月举行。

○正杨补 传世文献对读：《国语·晋语二》载宫之奇出行之
事，可扫码阅读。

○补 传世文献对读：《论语·泰伯》："子曰：'……危邦不入，乱
邦不居……'"正可为宫之奇行为作注脚。

[二]八月甲午 周正十月十七日，晋侯 晋献公围上阳。

【上阳】正杨补 在今河南三门峡市区青龙涧河北岸李家窑村已发
现其遗址（详见下）。西虢都。参见《图集》22—23⑪16。

○补 上阳虢国故城遗址：遗址北依上村岭，南临青龙涧河，包括
古城址、夯土建筑基址、粮库遗址、手工业作坊遗址，使用年代从西
周晚期至春秋中期。城址平面大致呈东西长方形，东西长 1 000 至
1 050 米，南北残宽 560 至 610 米。宫城位于城内西南部，呈长方
形，东西长 310 米至 405 米，南北宽 315 米。手工业作坊遗址包括
制陶、制骨、冶铜作坊。在遗址以北九里的上村岭发现了虢国墓
地，年代从西周晚期至春秋中期，其中 M2001、M2009 为无墓道长
方形大墓，墓主人分别为国君虢季和国君虢仲。

[公]问于卜偃曰："吾其济乎？"

【卜】补 见闵元·四·一·二。

【济】补 成。

[卜偃]对曰："克之。"

公晋献公曰:"何时?"

[卜偃]对曰:

"童谣云:

'丙[子]之晨,龙尾伏辰。

【龙尾】正 杨即尾宿,东方青龙七宿之第六宿。【辰】正 杨日月之
会,即日月合朔,参见桓三·五及昭七·十一·一。
○正 杨 补丙子日清晨,[太阳在夜里日月合朔之处附近,与尾宿的
位置吻合,]尾宿的星光隐伏于日月合朔处太阳的阳光之下。

均服振 zhēn 振,取虢之旂 qí。

【均服】正 杨或作"袀服",黑色戎服。春秋时戎服,君臣无别,故
称"均服"。成二年鞌之役(成元一成二·十一),逢丑父与齐顷公
易位,致使在二人身后追赶的韩献子误认逢丑父为齐顷公,可为
例证。
【振振】正盛貌。
【旂】杨 补带有众铃、用以号令兵众的军旗。
○杨 补戎服威武美好,夺取虢师旗帜。春秋之时,战胜则以获旗为
荣,参见哀二·二·四·四"获其蜂旗"及哀十三·三·二·一"弥庸
见姑蔑之旗"。

鹑之贲 bēn 贲,天策焞 tūn 焞。

【鹑】正 杨鹑火星,此处指柳宿,南方朱鸟七宿之第三宿。鹑火星
所在的星次亦称为"鹑火"(参见襄九·五·五)。
【贲贲】正 杨描述柳宿形状。
【天策】正 杨 补天策星,又名傅说星,在尾宿末端,奎宿王良五星

之前,像王良(古之善驾马车之人,与造父齐名)打马之策。

【煇煇】正无光耀貌。

○正杨补鹑火星像只大鸟,天策星[被日光所掩盖,变得]暗淡无光。

火中成军,虢公其奔。'

○杨补鹑火星出现在南方之时集结军队,虢公将要奔逃。

其九月周正十一月、十月周正十二月之交乎。丙子旦,日在尾,月在策,鹑火中,必是时也。"

【丙子……火中】正杨丙子清晨,日在尾宿,月到了天策星,鹑火星出现在南方。当夜日月合朔在尾宿,月运行较快,因此到了清晨已到天策星处。

[三] 冬,十二月丙子朔初一,晋灭虢。虢公丑奔京师。

【朔】补见桓三·五·春秋。

【京师】补见隐六·七。

○正杨晋用夏正,鲁用周正,《左传》叙述晋史时常混用。此段叙述,"八月甲午"及"九月、十月之交"用夏正,而"十二月丙子朔"用周正。夏正九月、十月之交,正相当于周正十一月、十二月之交。

[四] [晋]师还,馆于虞,遂袭虞,灭之。[晋人]执虞公及其大夫井伯以媵 ying 秦穆姬,而修虞祀,且归其职贡于王。故[《春秋》]书曰"晋人执虞公",罪虞,且言易也。

【执虞……于王】正杨补[晋人]抓住了虞公和他的大夫井伯,作为秦穆姬(晋献公女)的陪嫁[随从]。[晋人]保留并继续供奉虞国山川之祀,而且不占有虞国贡赋,而是将其归于周王。媵见庄十九—庄二十一庄二十一·春秋。晋人命虞公、井伯作为陪嫁随从,是羞辱无道之君及其大臣。虞祀，指周王室规定的、虞国所祭祀的境内山川之神。职贡，指诸侯应交纳给周王室的贡赋。晋献公这一系列"尊王"行动表明，他有志参与中原争霸。本段"修虞祀"正呼应上文宫之奇谏言"若晋取虞，而明德以荐馨香，神其吐之乎"。

【故书……易也】 正 补 因此《春秋》书"晋人执虞公"，是归罪于虞，而且表明[晋人灭虞的]容易。据成十五·三·一，则《春秋》书"晋人执虞公"，表明虞公无道，所以说"罪虞"。《春秋》不书"灭虞"，而直接写"执虞公"，若执一匹夫，所以说"言易"。

○ 补 **殽函道**：晋吞并(西)虢，除了扩张疆土之外，最为重要的军事地理意义就在于控制了殽函道。西周建立后，定都在宗周镐京(陕西西安)，但为了控制东方中原地区，又建立了成周雒邑(河南洛阳)。两都体系的交通对于周朝统治天下至关重要，因此周人在前人探索开发的基础上，在宗周和成周之间修建了可供马车通行的高标准周道。这条周道从陕西潼关到河南新安/洛宁的区段被后人称为"殽函道"，其中，从陕西潼关到河南三门峡的区段由于古代通称"函谷"，后又有秦函谷关，可称为"函谷道"；从河南三门峡到新安县或洛宁县的区段穿越殽山山区，可称为"殽山道"。

函谷道：东出潼关之后，古道沿黄河南岸而行，途经河南灵宝阌乡村、秦函谷关遗址，到达河南三门峡。其间经常穿行于涧谷之中，春秋时期晋在这段古道上设桃林塞(文十三·一·一)扼守，战国时秦又在这段古道最险要处设函谷关扼守。

殽山道：古道东出函谷关，到达三门峡以后，在三门峡交口乡分为两支穿过殽山山区：一条为殽山北道，主要利用交口河、涧河(古谷水)河谷，经三门峡的张茅乡、硖石乡、石壕村、渑池县、义马市，到达洛阳新安县，最终到达洛阳；另一条为殽山南道，主要利用雁翎关河、永昌河、连昌河、洛河(古雒水)的河谷，经三门峡菜园乡、雁翎关村、宫前乡,洛阳洛宁县刀环村、三乡镇,洛阳宜阳县,最终到达洛阳。

函谷、崤山都位于(西)虢境内。西周灭亡后,秦人占据了宗周旧地。如今晋占领了(西)虢,控制了崤函道,也就是扼住了秦东进中原的必经之路。到了僖三十三年,晋人就是在崤山地区以逸待劳,大败秦军,让秦穆公断了争霸中原的念头。直到今天,我国东西铁路大动脉陇海线的潼关—三门峡—新安段仍然沿用函谷道—崤山北道的路线。

崤函道示意图见僖地形示意图 3,可扫码阅读。崤函道地理形势见僖地形示意图 6,可扫码阅读。

僖公六年·一

地理 晋、秦见僖地理示意图 1。晋、梁、秦、屈见僖地理示意图 2。

人物 晋献公(庄十八·一·一)、贾华、公子夷吾(庄二十八·二·一)、郤芮

春秋 六年,春,王正月。

左传 六年,春,晋侯晋献公使贾华伐屈。夷吾公子夷吾不能守,盟而行。[夷吾]将奔狄。郤xì芮曰:"后出同走,罪也。不如之梁。梁近秦,而幸焉。"[夷吾]乃之梁。

【六年……伐屈】杨 据《史记·晋世家》,则"[周惠王]二十二年,使人伐屈,屈城守,不可下。二十三年,献公遂发贾华等伐屈,屈溃"。若依司马迁之言,则本年为第二次伐屈。

【屈】补 见庄二十八·二·二。

【夷吾不能守,盟而行】正 杨 补 公子夷吾守不住屈邑,[与屈人]盟誓[约定日后相助],然后出走。据僖五·二·二·二,则晋献公使寺人披伐蒲时,公子重耳以"君父之命不校"为由主动放弃抵抗而奔狄。此处公子夷吾无尊父之心,仅因抵抗不住而出奔,其格局不及重耳明矣。

【狄】补 应为晋东狄。参见僖五·二·二·二。

【郤芮】杨 补 姬姓,郤氏,又为冀氏,名芮,字公。郤豹之子。晋大夫,官至卿位。僖六年随公子夷吾奔梁,遂至秦。僖九年随公子夷吾自秦归于晋。僖二十四年被秦穆公所诱杀。食采于郤、冀。【郤】补 在山西沁河下游。晋邑,郤氏初封采邑。

【后出同走,罪也】正 杨 补 郤芮意谓,如果在公子重耳之后出奔,而同样逃到狄地,则正印证了僖四年骊姬称二公子知情而有罪的谗言。

【之】补 至。

【梁近秦,而幸焉】正 补 梁邻近秦,而又[得秦]亲幸。

○杨 补 传世文献对读:《国语·晋语二》叙邰芮之言较详,可扫码阅读。

僖公六年—僖公七年(僖公七年·一)

地理 鲁、齐、宋、陈、卫2、曹、郑、楚见僖地理示意图1。鲁、齐、宋、陈、卫2、曹、郑、许、小邾、新城、宁母、武城、申见僖地理示意图3。

人物 鲁僖公(闵二·三·二)、齐桓公(庄八—庄九—庄十·春秋)、宋桓公(庄十一·二·二·二)、陈宣公(庄四·三·春秋)、卫文公(闵二·五·四·一)、曹昭公(僖元·四·春秋)、小邾子(郳犁来,庄五·三·春秋)、申侯(僖三—僖四·七)、太子款、太子华、楚成王(庄十四·三·二)、蔡穆侯、许僖公(僖五·五·春秋)、逢伯、周武王(桓元—桓二·三·二)、微子启、孔叔(僖三—僖四·三)、郑文公(庄十九—庄二十一—庄二十一·十一·二)、辕宣仲(僖三—僖四·春秋)、楚文王(庄六·二·一)、郑厉公(隐五·四·二·一)、斗毂於菟(庄三十·二)、管敬仲(庄八—庄九—庄十·三)、叔詹(庄十七·一·春秋)、堵俞弥

春秋 夏,公鲁僖公会齐侯齐桓公、宋公宋桓公、陈侯陈宣公、卫侯卫文公、曹伯曹昭公伐郑,围新城。

【新城】正 杨 补 即新密。本为密国,姬姓,在今河南新密大隗镇大隗村已发现其遗址。僖六年前已为郑邑。参见《图集》24—25④4。

秋,楚人围许。诸侯遂救许。

冬,公鲁僖公至自伐郑。

○正 此条《春秋》无对应《左传》。

七年,春,齐人伐郑。

夏,小邾子来朝。

【朝】⟨补⟩见隐四·二·七·一。

○⟨正⟩⟨杨⟩小邾子应即庄五年来朝的郳犁来。此时已得王命为诸侯,国号"小邾",子爵,故《春秋》书"小邾子"。

○⟨正⟩此条《春秋》无对应《左传》。

郑杀其大夫申侯。

○⟨正⟩⟨补⟩据文六·四·三及文七·二·三,则《春秋》书国杀,又书被杀卿大夫之名氏,表明申侯有罪。

秋,七月,公鲁僖公会齐侯齐桓公、宋公宋桓公、陈世子款太子款、郑世子华太子华盟于宁母。

【世子款】⟨补⟩太子款,后为陈穆公。妫姓,名款,谥穆。陈宣公(庄四·三·春秋)之子。僖十三年即位,在位十六年。僖二十八年卒。

【世子华】⟨补⟩太子华。姬姓,名华。郑文公(庄十九—庄二十一—庄二十一·十一·二)之子。僖十六年被郑文公使人所杀。

【宁母】⟨正⟩⟨杨⟩⟨补⟩在今山东鱼台境。鲁地。参见《图集》26—27⑤3。

⟨左传⟩〔一〕夏,诸侯伐郑,以其逃首止之盟故也,围新密——郑所以不时城也。

【逃首止之盟】⟨正⟩事在僖五·五·二。

【新密】⟨杨⟩即新城。

【郑所以不时城也】⟨杨⟩这就是郑在不宜动土筑城的农忙时节筑新密城的原因。郑文公僖五年逃盟之后,预料到诸侯将有征伐,故有此应急举动。

〔二〕秋,楚子楚成王围许以救郑。诸侯救许,〔楚子〕乃还。

【三】冬,<u>蔡穆侯</u>将 jiàng <u>许僖公</u>以见<u>楚子</u>楚成王于<u>武城</u>。

【蔡穆侯】补 姬姓,名肸,谥穆。蔡哀侯(<u>桓十七·四·春秋</u>)之子。庄二十年即位,在位二十九年。僖十四年卒。

【武城】正 杨 补 在今河南南阳南召县东南鸭河口水库库区内,楚邑。参见《图集》29—30③4。

○正 楚成王围许不得志,退舍武城。此时诸侯已罢兵,而楚犹有忿志,蔡穆侯于是带领许僖公归服于楚。

<u>许男</u>许僖公<u>面缚</u>、<u>衔璧</u>,大夫衰 cuī 绖 dié,士舆榇 chèn。

【许男面缚】正 补 许僖公双手反绑于背,前方唯见其面,表示投降。一说"面缚"实为"面縛"之讹,"面縛"指用白色丝绢遮住面部,是丧礼仪节。杜甫《青丝》"未如面缚归金阙"典出于此。

【衔璧】杨 补 嘴里衔着玉璧,表示自认为有罪将被刑杀,因此自带陪葬器物。璧见桓元·一·春秋。

【大夫衰绖】正 杨 补 大夫们穿丧服(衰)、系丧带(绖),表示认为其君将伏罪受死,因此事先作好服丧准备。【衰】补 丧服,有斩衰、齐衰之分。斩衰用极粗生麻布制作,不缝边,衣边参差不齐。齐衰用熟麻布制作,缝边,故衣边整齐。参见襄十七·六。【绖】补 麻布丧带,系于首者为首绖,系于腰间者为腰绖。

【士舆榇】正 杨 补 士人抬棺而行,表示君主若死,即用此棺收葬。舆,举而行之。

<u>楚子</u>问诸(之于)<u>逢伯</u>。[逢伯]对曰:"昔<u>武王</u>周武王<u>克殷</u>,<u>微子启</u>如是。<u>武王亲释其缚,受其璧而被</u> fú <u>之,焚其榇</u>,礼而命之,使复其所。"

【逢伯】正 补 逢氏,排行伯。楚大夫。

【微子启】正 补 商亡前为微国君主,西周时为宋始封君。子姓,名启。商帝乙(<u>文二·五·二·一</u>)庶长子,商纣(<u>庄十一·二·二·二</u>)庶兄。据《吕氏春秋·仲冬纪》,则微子启实际上是商纣的同母兄,不过启出生时,他的母亲还是商帝乙的妾,后来才被立为正妻,然后生了纣。所以帝乙去世后,纣嗣立,而启不得立。【微】补商时国,子姓。始封君为商帝乙之子启。

【受其璧而祓之】正补祓,扫除凶恶之礼。当年微子启以丧礼出降,其口中所衔璧亦为陪葬之物,有凶恶。周武王收下后祓除其凶,则此璧转而成为见面礼。

【使复其所】杨补指使微子启回到微国复为君。微国本在殷王畿内。

楚子从之。

[四·一]"七年,春,齐人伐郑。"

[四·二]孔叔言于郑伯郑文公曰:"谚有之曰:'心则不竞,何惮于病。'既不能强,又不能弱,所以毙也。国危矣,请下齐以救国。"

【则】杨若。【竞】正强。【病】杨屈辱。

【下齐】杨向齐屈服。

公郑文公曰:"吾知其所由来矣。姑少待我。"

[孔叔]对曰:"朝zhāo不及夕,何以待君?"

夏,郑杀申侯以说于齐,且用陈辕涛涂辕宣仲之谮zèn也。

【郑杀申侯以说于齐】补郑人杀了申侯来向齐解说。郑人归于申侯的罪名应该是:申侯虽然已为郑大夫,却仍在为楚游说,就是他教唆引诱郑高层不顺服于齐。

【辕涛涂之谮】正事见僖五·五·一·二。

【四·三】初,申侯,申出也,有宠于楚文王。文王将死,与之璧,使行,曰:"唯我知女(汝)。女(汝)专利而不厌,予取予求,不女(汝)疵瑕也。后之人将求多于女(汝),女(汝)必不免[于难]。我死,女(汝)必速行。无适小国,将不女(汝)容焉。"[文王]既葬,[申侯]出奔郑,又有宠于厉公郑厉公。

【申出】补出于申国(隐元·四·一)公室。参见僖三—僖四·七"申侯"。

【文王将死】杨楚文王死于庄十九年。

【璧】补见桓元·一·春秋。

【女专……不免】正杨补你专擅利益而不知满足,我从你这里取得我想要的,而不计较你的缺点瑕疵。[我]以后的君主将对你有更多的要求,你一定不能免于祸难。

子文斗榖於菟闻其死也,曰:"古人有言曰'知臣莫若君',弗可改也已。"

【五·一】秋,盟于宁母,谋郑故也。

【五·二】管仲管敬仲言于齐侯齐桓公曰:"臣闻之,'招携以礼,怀远以德。德、礼不易,无人不怀'。"齐侯修礼于诸侯,诸侯官受方物。

【携】正杨离,这里指离心离德之国,亦即郑。

【易】杨补改易,违背。

【怀】杨思念。

【诸侯官受方物】正补各诸侯国官吏[从齐]领受[政令,确定]该国应向周王室交纳的贡赋[种类和数量]。方物,指各方土地所出产之贡物。周王室强盛之时,各国贡赋有常职。周王既衰,诸侯怠慢,贡赋之事,无复定准。故霸主尊崇周王,总帅诸侯,量各国地域、爵位、实力,规定所应出贡赋。

【五·三】郑伯_{郑文公}使大(太)子华听命于会。_[大子华]言于齐侯_{齐桓}公曰:"泄氏、孔氏、子人氏三族实违君_{齐桓公}命。君_{齐桓公}若去之以为成,我以郑为_[齐之]内臣,君亦无所不利焉。"

【泄氏】 补 此时在朝当权者疑为泄驾(僖三十一·六)。

【孔氏】 补 此时在朝当权者为孔叔。

【子人氏】 补 此时在朝当权者疑为子人九(僖二十七—僖二十八·十九)。

【君若……内臣】 正 补 国君如果能除掉这三族而与我国媾和,则我将让郑成为[齐的]属国,如同]齐封疆内的臣下。

齐侯将许之。管仲_{管敬仲}曰:"君以礼与信属 zhǔ 诸侯,而以奸终之,无乃不可乎? 子父不奸 gān 之谓礼,守命共(供)时之谓信。违此二者,奸莫大焉。"

【属】 杨 会合。

【子父不奸】 杨 补 儿子与父亲不互相冒犯。奸,犯。

【守命共时】 正 守君命,供时事。

【违此二者,奸莫大焉】 补 [太子华的言行]违背了["礼"和"信"]这两条,没有比这更大的冒犯了。

公_{齐桓公}曰:"诸侯有讨于郑,未捷。今_[郑]苟有衅,从之,不亦可乎?"

【衅】 正 补 瑕隙,空子。此处指太子华犯父命。

[管仲]对曰:

"君若绥之以德,加之以训,_[郑]辞,而帅诸侯以讨郑。郑将覆亡之不暇，岂敢不惧？[君]若摠 zǒng 其罪人以临之，郑有辞矣，何惧？

【绥】｜补｜安抚。

【辞】｜杨｜[如果郑仍然]推辞[不接受]。

【郑将覆亡之不暇】｜补｜郑国将很快覆灭败亡。

【若摠其罪人以临之】｜正｜｜杨｜｜补｜[国君]如果领着郑的罪人（太子华）去攻伐郑。摠，领。临，居高视下，引申为攻伐。

【有辞】｜补｜有理。

且夫合诸侯，以崇德也。会而列奸，何以示后嗣？夫诸侯之会，其德、刑、礼、义，无国不记。记奸之位，君盟替矣。作而不记，非盛德也。

【会而列奸】｜正｜｜补｜《春秋》书"郑世子华"，则太子华已列于会。管敬仲意谓，只有齐桓公采用太子华奸谋，太子华才会成为奸人，如此才算"会而列奸"；如果齐桓公拒绝太子华奸谋，则不算"会而列奸"。

【记奸之位，君盟替矣】｜正｜｜补｜[如果简册上]记载了奸人[在盟会现场占有]的位置，国君的盟约就要废弃了。替，废。

君其勿许，郑必受盟。夫子华太子华既为大（太）子，而求介于大国以弱其国，亦必不免[于难]。郑有叔詹、堵叔堵俞弥、师叔三良为政，未可间 jiàn 也。"

【介】｜正｜｜杨｜因，藉。

【堵叔】｜杨｜｜补｜堵俞弥。堵氏，名俞弥，字寇，排行叔。郑大夫，官至卿位。"三良"之一。即下引清华简六《郑文公问太伯》所说的"堵之俞弥"。

【师叔】｜补｜师氏，排行叔。郑大夫，官至卿位。"三良"之一。疑即下引清华简六《郑文公问太伯》所说的"师之伛鹿"。

【间】 补 钻空子。

> ○补**出土文献对读**：清华简六《郑文公问太伯》甲本记载太伯临终前对郑文公的劝告，与此处所叙"三良"相关，可扫码阅读。

齐侯辞焉。子华由是得罪于郑。

【**齐侯辞焉**】 杨 补 齐桓公［听从管仲劝阻，］回绝了太子华。

○补 下启僖十六年郑杀太子华（僖十六·六）。

【六】冬，郑伯_{郑文公}请盟于齐。

僖公七年·二

地理 曹见僖地理示意图 1。

人物 曹昭公（僖元·四·春秋）

春秋 曹伯班_{曹昭公}卒。

僖公七年·三

地理 鲁、齐见僖地理示意图 1。

人物 成季（庄二十五·六·春秋）

春秋 公子友_{成季}如齐。

僖公七年·四

地理 曹见僖地理示意图 1。

人物 曹昭公(僖元·四·春秋)

春秋 冬,葬曹昭公。

僖公七年—僖公八年(僖公八年·一)

地理 鲁、周、齐、宋、卫 2、曹、陈、郑见僖地理示意图 1。鲁、周、齐、宋、卫 2、许、曹、陈、郑、洮见僖地理示意图 3。

人物 鲁僖公(闵二·三·二)、齐桓公(庄八—庄九—庄十·春秋)、宋桓公(庄十一·二·二·二)、卫文公(闵二·五·四·一)、许僖公(僖五·五·春秋)、曹共公,太子款(僖六—僖七·春秋)、郑文公(庄十九—庄二十—庄二十一·十一·二)、周惠王(庄十六·六·二)、周襄王(僖五·五·春秋)、甘昭公

春秋 八年,春,王正月,公鲁僖公会王人、齐侯齐桓公、宋公宋桓公、卫侯卫文公、许男许僖公、曹伯曹共公、陈世子款太子款盟于洮。郑伯郑文公乞盟。

【曹伯】补曹共公。姬姓,名襄,谥共。曹昭公(僖元·四·春秋)之子。僖八年即位,在位三十五年。文九年卒。【洮】正杨补在今河南濮阳县白堽乡西南。曹地。参见《图集》24—25③6。

○正郑文公新来顺服,未参与洮之盟,而是事后别与齐盟,故《春秋》不序郑于诸侯之列,而别书“乞盟”。

左传 [一]闰月,惠王周惠王崩。襄王周襄王恶wù大(太)叔带甘昭公之难,惧不立,不发丧,而告难于齐。

【大叔带之难】正补周惠王后宠爱甘昭公,欲立其为太子,未及立而周惠王死,周襄王即位。此时周惠王新死,甘昭公之党蠢蠢欲动,故曰“大叔带之难”。僖十一年甘昭公召戎人伐京师,是祸乱公开化的起点。【大叔带】杨补甘昭公。姬姓,甘氏,名带,谥昭,排行叔。周惠王(庄十六·六·二)之子,周襄王(僖五·五·春秋)太叔,陈妫(庄十八·一·二)所生。僖十二年奔齐。僖二十二年自齐归于京师。僖二十五年被周襄王所杀。食采于甘。太叔参见隐元·四·二。

【二】八年,春,"盟于洮",谋王室也。"郑伯乞盟",请服也。<u>襄王</u>_{周襄王}定位,而后发丧。

僖公八年·二

地理 晋见僖地理示意图 1。白狄、晋、采桑见僖地理示意图 2。

人物 <u>里克</u>(闵二·七·一)、<u>梁由靡</u>、<u>虢射</u>

春秋 夏,狄伐晋。

【狄】补 晋西白狄,见<u>僖三十三·五·一·一</u>。

左传【一】晋<u>里克</u>帅师,<u>梁由靡</u>御,<u>虢</u>_{guó}射为右,以败狄于采桑。

【梁由靡】杨 补 嬴姓,梁氏,名由靡。晋大夫,僖八年任御者。

【御】【为右】见《知识准备》"车马"。

【采桑】正 杨 补 津渡名,在今山西乡宁西。参见《图集》22—23⑤7。

<u>梁由靡</u>曰:"狄无耻,从之,必大克。"

【狄无耻】杨 狄人不以逃走为耻。

<u>里克</u>曰:"惧之而已,无速众狄。"

【速】补 招致。

<u>虢射</u>曰:"期_{jī}年,狄必至,示之弱矣。"

【期年】正 一年之内。

○补 以上皆为追叙僖七年之事。

【二】"夏,狄伐晋",报采桑之役也。复期月。

【复】杨预言应验。【期月】正杨即期年，一年之内。

僖公八年·三

地理鲁见僖地理示意图1。

人物哀姜（庄二十四·三·春秋）

春秋秋，七月，［我］禘dì 于大(太)庙，用致夫人哀姜。

【禘于大庙，用致夫人】正补［鲁］在太庙（周公旦庙）举行禘祭，因而［在太庙］安放夫人的神主牌位。用，因。【禘】正补此应是为鲁闵公举行的第三次禘祭、第二次常禘，参见闵二·二·春秋。

左传秋，［我］禘，而致哀姜焉，非礼也。凡夫人不薨hōng 于寝，不殡于庙，不赴(讣)于同，不祔fù 于姑，则弗致也。

○正僖元·三·春秋称哀姜为"夫人"，僖二·二·春秋又书"葬我小君哀姜"，据隐三·三，则应已殡于庙、赴于同、祔于姑。因此，《左传》称致哀姜神主为非礼，应是由于哀姜不薨于鲁国寝宫，而被杀于国外。可能正由于此事为非礼，所以鲁僖公拖延至即位八年之后方才借禘祭的机会将其完成。

僖公八年·四

地理周、鲁见僖地理示意图1。

人物周惠王（庄十六·六·二）

春秋冬，十有(又)二月丁未十八日，天王周惠王崩。

○正此事，《左传》为僖七年闰月，《春秋》为僖八年十有二月丁未，应

　　该前者为实际发生时间，而后者为周王室来告文书中所记载时间。据上文《左传》，周襄王定位之后，方才发其父之丧。

　　⃞左传 冬，王人来告丧。难 nàn 故也，是以缓。

僖公八年—僖公九年(僖公九年·一)

[地理] 宋、鲁、周、齐、卫 2、郑、曹、北戎、楚见僖地理示意图 1。鲁、周、齐、宋、卫 2、郑、许、曹、葵丘见僖地理示意图 3。

[人物] 宋桓公(庄十一·二·二·二)、鲁僖公(闵二·三·二)、周公孔、齐桓公(庄八—庄九—庄十·春秋)、太子兹父/宋襄公、卫文公(闵二·五·四·一)、郑文公(庄十九—庄二十一—庄二十一·十一·二)、许僖公(僖五·五·春秋)、曹共公(僖七—僖八·春秋)、伯姬、公子目夷、周襄王(僖五·五·春秋)、周文王(僖五·八·一)、周武王(桓元—桓二·三·二)、晋献公(庄十八·一·一)

[春秋] 九年,春,王三月丁丑十九日,宋公御说 yuè,宋桓公 卒。

夏,公鲁僖公会宰周公周公孔、齐侯齐桓公、宋子宋襄公、卫侯卫文公、郑伯郑文公、许男许僖公、曹伯曹共公于葵丘。

【宰周公】[正][补] 周公孔。姬姓,周氏,名孔。周桓公(隐六·八)之后。周王室卿大夫,任太宰。【宰】[正][杨][补] 太宰,也称冢宰,周内朝官,所职掌的事务主要是:一、主持朝政,二、礼仪事务,例如册命诸侯、主持祭祀、主持盟会以及聘问诸侯。

【宋子】[正][补] 宋襄公,即位前为太子兹父。子姓,名或字兹,谥襄。宋桓公(庄十一·二·二·二)嫡长子,公子目夷之弟,宋桓夫人(闵二·五·四·一)所生。僖十年即位,在位十四年。僖二十一年被楚人所执,同年释放。僖二十三年因泓之战伤发作而卒。

【葵丘】[正][杨][补] 在今河南兰考东。宋地。参见《图集》24—25④6。

秋,七月乙酉二十九日,伯姬卒。

【伯姬】[补] 鲁女,姬姓,排行伯。僖九年卒。

○[正] 此条《春秋》无对应《左传》。

○[正] 伯姬已许嫁而尚未前往,因此以成人之礼书于《春秋》,而又不称"某伯姬",也就是不在称谓中写明许嫁之国。

九月戊辰[十三日],诸侯盟于葵丘。

[左传]【一】宋公[宋桓公]疾。大[太]子兹父[fǔ]固请曰:"目夷[公子目夷]长[zhǎng],且仁,君其立之!"公[宋桓公]命子鱼[公子目夷]。子鱼辞,曰:"[大子]能以国让,仁孰大焉? 臣不及也,且又不顺。"遂走而退。

【目夷】[正][补]公子目夷。子姓,名目夷,字鱼。宋桓公(庄十一·二·二·二)庶子,太子兹父/宋襄公庶兄。宋大夫,官至执政卿。僖九年任左师(卿职),僖十九年前任司马(卿职)。其后为鱼氏。

【辞】[补]辞让。

【且又不顺】[正][补]太子兹父为嫡子,公子目夷为庶子,废嫡立庶,于礼为不顺。

【走】[补]奔跑。

【二】九年,春,宋桓公卒。[桓公]未葬而襄公[宋襄公]会诸侯,故[《春秋》书]曰"子"。凡在丧,王曰"小童",公侯曰"子"。

【凡在……童"】[杨]周王称"小童",传世文献没有句例。《礼记·曲礼下》云,"天子未除丧曰'予小子'",然而从传世文献的句例来看,"予小子"乃天子谦称,未除丧、已除丧都可用。

【公侯曰"子"】[正][补]在丧,是指旧君未下葬。遍检《春秋》,则对于诸侯而言,旧君未下葬、新君称"某子"在绝大多数情况下是成立的,但有例外:宣十年陈灵公卒,至宣十一年辰陵之盟时仍未葬,而《春秋》称新君为"陈侯";成二年宋文公、卫穆公卒,至成三年诸侯伐郑时,二旧君仍未葬,而《春秋》称新君为"宋公""卫侯"。

○[正][杨][补]如果不仅要探讨新君何时称"某子",还要探讨新君何时可以不再称"某子"而称爵位,则综合孔疏、杨注说法,笔者总结出一个例外情况最少的常例:旧君死,新君立,如果旧君未葬,而且未跨年,则《春秋》称新君为"某子";如果旧君已葬,或者旧君未葬而已跨年改元,则《春秋》称新君爵位。此常例只有一个例外,那就是僖二十五年,卫文公卒,已葬,而同年《春秋》仍称新君卫成公为"卫子"。

【三·一】夏,会于葵丘。寻盟,且修好,礼也。

【寻盟】补重温旧盟。

【三·二】王周襄王使宰孔周公孔赐齐侯齐桓公胙 zuò,曰:"天子有事于文周文王、武周武王,使孔周公孔赐伯舅齐桓公胙——"

【胙】正祭肉。

【有事】正有祭祀之事。

【伯舅】正杨补周王对异姓诸侯尊称"伯舅",表明周王室与异姓诸侯的姻亲关系;对同姓诸侯尊称"伯父"或"叔父",表明周王室与同姓诸侯的宗亲关系。

齐侯将下、拜,孔曰:"——且有后命。天子使孔曰:'以伯舅耋 dié 老,加劳,赐一级,无下拜!'"

【下、拜】杨补下到[两阶之间],[北面向周公孔(周襄王代表)]再拜[稽首]。再拜稽首参见僖五·二·二·一。

【赐一级】正即赐加礼一等。诸侯见天子,礼当下、拜。加一等,则可不下、拜。

[齐侯]对曰:"天威不违颜咫尺,小白齐桓公余敢贪天子之命无下拜? [小白]恐陨越于下,以遗 wèi 天子羞。[小白]敢不下拜?"

【天威不违颜咫尺】正补上天的鉴察不远,威严常在脸面之前。违,离。颜,面。咫尺,八寸,言其近。杜甫《两当县吴十侍御江上宅》"丹陛实咫尺"典出于此。

【小白余】正杨"小白"与"余"为同位语,相当于"小白我……"。

【陨越】正补颠坠,跌倒。一说,"陨"是陨坠礼法,"越"是僭越,"陨越"是"坠礼僭越"的意思,与《尚书·盘庚》"其有颠越不恭"的"颠越"意思相近。

【以遗天子羞】 补 给天子带来羞辱。遗,给予。

[齐侯]下,拜,登,受。

○ 正 杨 [齐桓公]下堂,再拜稽首,升堂,[再拜稽首,]然后接受[祭肉]。
○ 补 据《周礼·大宗伯》及僖二十四·四,周王祭祀事毕分祭肉,应限于同姓诸侯以及商王室之后宋。此次周王赐胙于异姓诸侯齐桓公,应是表示特别尊宠。另,《国语·齐语》(详见下)谓齐侯下拜是出于管敬仲之谋划。

【四·一】秋,齐侯齐桓公盟诸侯于葵丘,曰:"凡我同盟之人,既盟之后,言归于好。"

○ 补 笔者认为,隐十一·二·五描述的那种上天厌弃姬姓、眷顾姜姓的"天命论"观点在本年葵丘之盟时达到了顶点。此时齐桓公企图僭越称王,很可能就是相信天命已经转移至姜姓头上,而管仲也正是用一套"天命"未至的说辞劝住了齐桓公。

○ 杨 补 **传世文献对读:**《孟子·告子下》记载了葵丘之盟的过程和盟约的主要内容。葵丘盟约是在"阳谷倡议"(参见僖三—僖四·一)的基础上制定的,是齐桓公要求各同盟国遵守的一揽子内政外交准则,可以说是齐桓霸业大成的纲领性文件,可扫码阅读。

○ 补 **传世文献对读:**《国语·齐语》《管子·小匡》《史记·齐太公世家》记载此事与《左传》不同。按其所述,齐桓公曾想要不下拜,在管仲劝谏之后才上演了《左传》中的下拜一幕。《管子·小匡》在《国语·齐语》版本的基础上增加了一大段齐桓公辩解和管仲劝谏的记载。《史记·齐太公世家》版本中,齐桓公想要称王的自我夸赞之言与《管子·小匡》相比更加张扬。可扫码阅读。

【四・二】宰孔周公孔先归，遇晋侯晋献公曰："可无会也。齐侯齐桓公不务德而勤远略，故北伐山戎，南伐楚，西为此会也。东略之不知，西则否矣。〔君忧〕其在乱乎？君晋献公务靖乱，无勤于行。"晋侯乃还。

【北伐山戎】正见庄三十一—庄三十一・二。

【南伐楚】正见僖三—僖四。

【东略……否矣】正 杨 是否将经略东方还不知道；〔经略〕西方是不可能了。晋在齐西方。

【其在乱乎】正 补〔您的忧患〕会是〔国内的〕祸乱吧？此时共太子申生已死，公子奚齐已被立为太子，国人不服，晋内乱征兆已经出现。

○补 **传世文献对读**：据《国语・晋语二》，周公孔在上述言论之后又论晋献公将死，可扫码阅读。

僖公九年・二

地理 晋、秦、齐见僖地理示意图 1。晋、齐、高梁见僖地理示意图 3。

人物 晋献公（庄十八・一・一）、里克（闵二・七・一）、太子奚齐（庄二十八・二・一）、丕郑、公子重耳/晋文公（庄二十八・二・一）、共太子申生（庄二十八・二・一）、公子夷吾/晋惠公（庄二十八・二・一）、荀息（僖二・三・一）、公子卓（庄二十八・二・一）、齐桓公（庄八—庄九—庄十・春秋）、郤芮（僖六・一）、隰成子、秦穆公、公孙枝、周文王（僖五・八・一）

春秋 甲子，晋侯佹 guǐ 诸晋献公卒。

○正 杨 补本条《春秋》列在"九月戊辰，诸侯盟于葵丘"之后，《左传》亦曰"九月，晋献公卒"。此外，下条《春秋》始书"冬"，则本条应在秋季，也就是七、八、九三个月。从表面上看，此"甲子"应为"九月甲子"。然而，九月甲子在九月戊辰前五日，按常例，应先书甲子之事，后书戊辰之事，为何此处颠倒？杜注、孔疏分析说，之所以会这样，是因为晋人通告在九月戊辰之后到达鲁国，通告上只书"甲子"而无月份，鲁史没有再追查这个甲子是哪个月的甲子，既然通告到达日期在九月戊辰之后，便将此条放在九月戊辰之后。

杨注则认为，《春秋》依礼用周正，而《左传》"九月，晋献公卒"用夏正，夏正九月相当于周正十一月。若如此，据王韬所推算的春秋历，则此处之"甲子"应为十一月十日。这样的话，本条《春秋》列在九月戊辰条之后则可理解。那么，为何此处不书"十一月甲午"？杨伯峻分析说，这是由于晋人通告上只书"甲子"而无月份，鲁史没有再追查这个甲子是哪个月的甲子，只是照通告记录。然而，鲁史不可能不知道九月戊辰后的第一个甲子已在十一月，既然鲁史不认为本条《春秋》里的甲子是九月戊辰前的甲子，那么他不可能推不出来这条《春秋》只可能发生在冬季。如果这样的话，为什么本条《春秋》不书"冬"，而在下一条才书"冬"？因此，本书取杜注、孔疏说法。

冬，晋里克杀其君之子奚齐太子奚齐。

○正补晋献公未葬，奚齐未成君，故《春秋》书"君之子奚齐"。据宣四·三·一·二，臣弑君，《春秋》称臣之名（里克），表明里克有罪。此处虽非弑君，而为杀君之子，但义理应无不同。

左传【一·一】九月，晋献公卒。里克、丕pī郑欲纳文公公子重耳/晋文公，故以三公子之徒作乱。

【九月】杨此处及下文"十月""十一月"可能皆为夏正，分别对应周正十一月、十二月、明年一月。

【丕郑】正补丕氏，名或字郑。晋大夫，官至卿位。僖十一年被郤芮所杀。【纳】 补 见隐四·二·四·一。

【三公子】 正 共太子申生、公子重耳、公子夷吾。

【一·二】 初,献公_{晋献公}使荀息傅奚齐_{太子奚齐}。

公_{晋献公}疾,召之,曰:"以是藐 miǎo 诸孤辱在大夫_{荀息},其若之何?"

【以是藐诸孤】 杨 补 把这个弱小的孤儿(太子奚齐)托付给大夫。藐,弱小貌。诸,者。辱,表敬副词。

[荀息]稽 qǐ 首而对曰:"臣竭其股肱之力,加之以忠贞。其济,君之灵也;不济,则以死继之。"

【稽首】 补 见僖五·二·二·一。

【股肱】 补 股,大腿;肱,大臂。引申为辅佐。

【其济,君之灵也】 补 如果能成功,那是托您的福。济,成功。灵,福。

公曰:"何谓忠贞?"

[荀息]对曰:"公家之利,知无不为,忠也。送往事居,耦俱无猜,贞也。"

【送往……贞也】 正 杨 补 送走逝去的[旧君],事奉在位的[新君],两位[对我]都没有猜疑,这就是"贞"。耦,两。《国语·晋语二》作"葬死者,养生者,死人复生不悔,生人不愧,贞也"。

【一·三】 及里克将杀奚齐_{太子奚齐},先告荀息曰:"三怨将作,秦、晋辅之,子将何如?"

【三怨】 正 指三公子之徒。

【秦、晋辅之】 杨 一说应为"秦、齐辅之",从下文所述秦、齐纳晋惠公可知。

荀息曰:"将死之。"

里克曰:"无益也。"

荀叔荀息曰:"吾与先君晋献公言矣,不可以贰。[吾]能欲复言而爱身乎? 虽无益也,[吾]将焉辟(避)之? 且人之欲善,谁不如我? 我欲无贰,而能谓人已乎?"

【复言】|杨|实践诺言。

【我欲……已乎】|正||补|我既不愿[对太子奚齐]有二心,又怎能叫其他人(实指里克)停止[效忠公子重耳]? 已,止。

○|补|**传世文献对读**:《国语·晋语二》在此处详叙里克、丕郑合谋之事,可扫码阅读。

【一·四】 冬,十月,里克杀奚齐太子奚齐于次。——[《春秋》]书曰"杀其君之子",[君]未葬也。——荀息将死之。人曰:"不如立卓子公子卓而辅之。"荀息立公子卓以葬[献公]。

【次】|正||杨|即丧次,服丧者所居茅屋,倚木为之,以草夹障,不涂泥。

【一·五】 十一月,里克杀公子卓于朝,荀息死之。

○|杨|据上引《国语·晋语二》,则此次骊姬亦被杀。

【一·六】 君子曰:"诗所谓'白圭之玷 diàn,尚可磨也;斯言之玷,不可为也',荀息有焉。"

【圭】|补|又作"珪",玉/石器名,赐命、朝聘、祭祀、丧葬时用。考古报

告中的"圭"指一类长条形片状且一端有三角形尖首的玉/石器。考古发现春秋时期圭实例见僖器物图 2。

○ 补 "白圭之玷,尚可磨也;斯言之玷,不可为也",《毛诗·大雅·抑》有此句,可译为"白玉圭上的斑点,还可以磨掉;说话有了毛病,就不可以追回了"。据《论语·公冶长》"子谓南容,'邦有道,不废;邦无道,免于刑戮',以其兄之子妻之",以及《论语·先进》"南容三复《白圭》,孔子以其兄之子妻之",可见当时人认为这是一首劝诫人出言谨慎的诗。君子说荀息与这首诗相合,说明君子认为荀息的言语有毛病。荀息言语的毛病在于,明知公子奚齐的太子之位得来不正,三公子之徒的诉求有其合理性,却不论是非曲直,而只以死忠国君为正道,最终自己身死而无济于事。《国语·晋语二》也记载了一句君子对此事的评价,说"君子曰:'不食其言矣。'"其立论角度与《左传》不同。

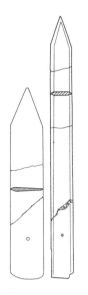  

僖器物图 2.1　陕西韩城梁带村芮国墓地 M28 出土玉圭,春秋早期后段（《梁带村芮国墓地——二〇〇七年度发掘报告》,2010 年）

僖器物图 2.2　山西侯马上马墓地 M1287、M4078 出土玉圭。春秋早期（《上马墓地》,1994 年）

僖器物图 2.3　河南光山宝相寺黄君孟夫妇墓出土石圭（灰白色砂岩）,春秋早期（《春秋早期黄君孟夫妇墓发掘报告》,1984 年）

【二】齐侯_{齐桓公}以诸侯之师伐晋，及高梁而还，讨晋乱也。令不及鲁，故〖《春秋》〗不书。

【高梁】[正][杨][补]在今山西临汾东北十里。晋邑，曾为知氏采邑。参见《图集》22—23⑤8。

○[杨][补]**传世文献对读**：据《史记·晋世家》，"……秦缪公乃发兵送夷吾于晋。齐桓公闻晋内乱，亦率诸侯如晋。秦兵与夷吾亦至晋，齐乃使隰朋会秦俱入夷吾，立为晋君，是为惠公。齐桓公至晋之高梁而还归"。按《史记》说法，则秦国、齐国之前并未共谋，而是各自前往。齐桓公担心秦独得送夷吾入晋的全部功劳，而自己作为霸主则无所作为，因此派隰成子在诸侯军队之前赶往晋国，与秦师共同送夷吾入晋。齐桓公所率诸侯之师行至高梁之时，晋惠公君位已定，齐桓公所率诸侯之师已失去讨伐对象，于是罢兵返回。

○[补]**高梁故城遗址（疑似）**：今临汾东北的樊店、梁村、店头村附近有古城址，破坏较为严重，出土物中春秋时期的陶片较多，可能就是高梁故城所在。

【三·一】晋郤芮使夷吾_{公子夷吾}重 zhòng 赂秦以求入，曰："人实有国，我何爱焉？入而能民，土于何有？"〖夷吾〗从之。

【爱】[补]惜。

【入而能民，土于何有】[正][杨][补]即"入而得民，何有于土"，可译为"如能进入晋都即位，获得民众，[损失些]土地又算得了什么？"能，得。据僖十五·八·一·一，公子夷吾许诺给予秦的割地包括"东尽虢略，南及华山"的"河外列城五"，以及"内及解梁城"的河内之地。清华简二《系年》曰："惠公赂秦公曰：'我苟果入，使君涉河，至于梁城'。""梁城"即解梁城。

【三·二】齐隰 xí 朋隰成子帅师会秦师，纳晋惠公。

【隰朋】　正　补　隰成子。姜姓，隰氏，名朋，谥成。隰戴仲之子，齐前庄公曾孙。齐大夫。僖十五年卒。**【纳】**　补　见隐四·二·四·一。○　补　齐桓公派出隰成子离开诸侯联军大部队，先行与秦师会合，想方设法要占上"拥立晋惠公"的坑位，表现出将晋拉入齐联盟、干预晋内政的强烈兴趣，这就为日后公子重耳离开狄地前往齐寻求支持（僖二十三—僖二十四·一·三）埋下伏笔。

秦伯秦穆公谓郤芮曰："公子公子夷吾谁恃[于晋]？"[郤芮]对曰："臣闻亡人无党，有党必有仇。夷吾公子夷吾弱不好弄，能斗不过，长 zhǎng 亦不改，不识其他。"

【秦伯】　补　秦穆公。嬴姓，名任好，谥穆。秦德公之子，秦成公之弟。僖元年即位，在位三十九年。文六年卒。

【公子谁恃】　杨　公子[在晋国]仰仗谁？

【亡人】　补　流亡出外的人。

【弱不好弄，能斗不过】　正　杨　补　小时候不喜欢玩耍，能够争斗而不过分。

公秦穆公谓公孙枝曰："夷吾公子夷吾其定乎？"

【公孙枝】　正　补　名枝，字桑。秦大夫。其名（枝）、字（桑）相应，桑树有枝。

[子桑]对曰："臣闻之，'唯则定国'。《诗》曰'不识不知，顺帝之则'，文王周文王之谓也；又曰'不僭 jiàn 不贼，鲜不为则'，无好 hào 无恶 wù，不忌不克之谓也。今其言多忌克，难哉！"

【唯则定国】　补　唯有准则能够安定国家。

【不识不知，顺帝之则】　正　杨　《毛诗·大雅·皇矣》有此句，可译为

"不假借后天的知识,自然顺应天帝的法则"。

【不僭不贼,鲜不为则】 正 杨 补《毛诗·大雅·抑》有此句,可译为
"待人以信,不害他人,很少不会被作为他人效仿的准则"。僭,不信。
贼,害。

【不忌不克】 补 不猜忌,不好胜。

公曰:"忌则多怨,又焉能克? 是吾利也。"

○ 补 郤芮的话为何被公孙枝解读为"猜忌而又好胜"? 这是因为,
郤芮的回答是根据他们对秦君臣的"猜忌",或者说是分析揣测而
编造的,而之所以要这样编造,正是因为"好胜",也就是为了抓住
晋献公去世、君位悬空的宝贵窗口期,笼络和稳住秦,以便顺利夺
取政权。

郤芮精心编造的回答中,"我听说流亡的人在国内没有党羽"是
核心信息,其目的是让秦相信,公子夷吾在国内根基薄弱,因此无论
是夺取政权、还是日后执政,都将高度依赖秦的支持,秦从而可以预
期获得长期的战略利益作为交换。值得注意的是,为了便于日后赖
账,郤芮并没有用"公子夷吾在国内没有党羽"这样不可抵赖的话,而
是用了一个含糊其词的"我听说流亡的人在国内没有党羽",其小心
猜忌可见一斑。为了让这个核心信息看起来更可信,郤芮在后面还
提供了两条理由:第一,"有党羽就会有仇人",也就是说公子夷吾在
国内没有党羽对他自己也并非都是坏处;第二,公子夷吾的性情从小
"不喜好玩耍,能够争斗而不过分",这种性情自然会导致"无党无仇"
的结果。

实际上,晋惠公回国后一年内的种种作为,比如筑墙防备秦、背
弃割地承诺、杀权臣里克、丕郑、祁举、七舆大夫等,已经很清楚地表
明郤芮现在这番话完全是刻意编造的谎言:如果不好争斗、没有仇
人,为什么一上台就杀那么多人? 如果国内没有党羽、没有势力,怎
么能杀那么多人还不被推翻?

生怕夺权之事会再生变故的公子夷吾集团精心编造了这段话

来迎合秦国,而一心想要图强图霸的秦穆公/公孙枝则通过分析这段话来掂量公子夷吾集团的意图和格局。从下面所引《国语·晋语二》内容可知,秦穆公曾先后试探过公子重耳、公子夷吾这两个候选人,在被公子重耳婉拒之后,已经决定要拥立"顺服的"公子夷吾作为晋新君,从而将晋从秦称霸路上的障碍转变成自己"威服诸侯"的政绩。郤芮在归国途中的这段话,正是在顺着秦的思路,把公子夷吾描述成一个势单力薄、容易被操纵的傀儡,让秦能坚定地拥立他,待回国掌权之后再实施自己的真实政纲;而对秦穆公/公孙枝而言,虽然已经看出来这番话充满猜忌和好胜之心,却也一方面确认至少当下公子夷吾集团愿意低眉下眼服事秦,另一方面还掂量出公子夷吾集团狐疑猜忌、急功近利,格局不高,即使日后翻脸也不足以与秦争霸。秦穆公一句"猜忌就会招致很多怨恨,又怎能真正成功",就已经显示出他对于人性的认识远在公子夷吾集团之上。秦穆公与公子夷吾集团双方从一开始就各有打算、互相试探,这种尔虞我诈的开始也为之后双方关系破裂、兵戎相见的结局埋下了伏笔。

○ 杨 补 **传世文献对读:**《国语·晋语二》叙秦穆公派人试探公子重耳、公子夷吾二人,最终公子重耳选择放弃,而秦穆公决定拥立公子夷吾,大量情节为《左传》所无,可扫码阅读。

僖公九年·三

地理 宋见僖地理示意图 1。

人物 宋襄公(僖八—僖九·春秋)、公子目夷(僖八—僖九·一)

左传 宋襄公即位,以公子目夷为仁,使为左师以听政,于是宋治。故鱼氏世为左师。

【左师】 补 宋外朝官,卿职,职掌教育国君,并与右师掌管国都的不同区域。鲁亦有左师(昭二十五·五·七),而职掌不详。

【鱼氏】 杨 公子目夷字鱼,其后为鱼氏。

僖公十年·一

地理 鲁、齐见僖地理示意图1。

春秋 十年,春,王正月,公鲁僖公如齐。

僖公十年·二

地理 卫2、周见僖地理示意图1。温(苏)、卫2、周见僖地理示意图3。

人物 苏子(庄十九—庄二十—庄二十一·二)、周惠王(庄十六·六·二)、周襄王(僖五·五·春秋)

春秋 狄灭温。温子苏子奔卫。

【狄】补 晋东狄,主力应为赤狄,见宣三·六·春秋。

【温】补 见隐三·四·二。本年苏子(温子)奔卫,地复入于周。

【温子】正 补 即苏子。称其国名则为"苏子",称其所居都邑名则为"温子"。

左传 十年,春,"狄灭温",苏子无信也。苏子叛王周惠王即狄,又不能于狄,狄人伐之,王周襄王不救,故灭。苏子奔卫。

【苏子叛王即狄】正 苏子叛王之事见庄十九—庄二十—庄二十一·二。

【又不能于狄】杨 补 又不和狄人和睦。能,得。

僖公十年·三

地理 晋见僖地理示意图1。

人物 里克(闵二·七·一)、公子卓(庄二十八·二·一)、荀息(僖二·三·一)

春秋 晋里克弑其君卓公子卓及其大夫荀息。

○ 正 补 据宣四·三·一·二,则臣弑君,《春秋》称臣之名(里克),表明里克有罪。据文七·二·三,则卿大夫被杀,若《春秋》点明卿大夫之名氏(荀息),则荀息亦有罪。荀息之罪,在于明知献公昏聩、惑于骊姬,还为他傅奚齐、立公子卓,所谓"从君于昏"(参见文六·四·三)。

○ 正 杨 此事,《春秋》列在僖十年春,而《左传》在僖九年冬十一月。杨注认为,《春秋》用周正,而僖九年《左传》沿袭晋国史料用夏正,夏正僖九年十一月正是周正僖十年春正月。杜注则认为,《春秋》所据为晋人通告上所书时间,《左传》所据为实际发生时间。未知孰是。

僖公十年·四

地理 齐、北戎见僖地理示意图 1。齐、许见僖地理示意图 3。

人物 齐桓公(庄八—庄九—庄十·春秋)、许僖公(僖五·五·春秋)

春秋 夏,齐侯齐桓公、许男许僖公伐北戎。

○ 补 僖六年冬,许僖公行至武城,面缚衔璧见楚成王,以求事奉楚。本年,许僖公又与楚对头齐桓公伐北戎。小国陷于大国争霸拉锯格局之中,试图左右逢源、艰难图存的情状跃然纸上。

[地理] 晋、鲁、周、齐、秦见僖地理示意图 1。晋、周、秦、曲沃、吕见僖地理示意图 2。

[人物] 里克(闵二·七·一)、丕郑(僖九·二·一·一)、周公忌父(庄十六·六·二)、王子党、隰成子(僖九·二·三·二)、晋惠公(庄二十八·二·一)、共太子申生(庄二十八·二·一)、狐突(闵二·七·二)、秦穆公(僖九·二·三·二)、吕甥、郤称、郤芮(僖六·一)、公子重耳(庄二十八·二·一)、泠至、祁举、共华、贾华(僖六·一)、叔坚、骓歂、累虎、特宫、山祁、丕豹、周襄王(僖五·五·春秋)、召武公、内史过(庄三十二·三·二)

[春秋] 晋杀其大夫里克。

○ [正] [补] 据文六·四·三及文七·二·三,《春秋》书国杀,且点明被杀卿大夫的名氏,表明里克有罪。里克之罪,在于作乱专杀本身并无过恶的太子奚齐及公子卓(事见僖九·二·一·四及僖九·二·一·五)。

秋,七月。

冬,[我]大雨 yù 雪。

○ [正] 此条《春秋》无对应《左传》。

十有(又)一年,春,晋杀其大夫丕 pī 郑父丕郑。

○ [正] [杨] [补] 据文六·四·三及文七·二·三,《春秋》书国杀,又点明被杀卿大夫之名氏,则卿大夫有罪。丕郑之罪,在于伙同里克作乱(事见僖九·二·一·一)。此事,《春秋》在僖十一年春,而《左传》在僖十年冬。杨注认为,《春秋》用周正,而《左传》沿袭晋国史料用夏正,二者相差两月。杜注则认为,《春秋》所据为晋人通告上所书时间,而《左传》所据为事件实际发生时间。未知孰是。

[左传]【一·一】夏，四月，周公忌父 fǔ、王子党会齐隰 xí 朋隰成子立晋侯晋惠公。晋侯杀里克以说。

【周公忌父】正周王室卿士。

【王子党】正补姬姓，名党。周王室大夫。

【晋侯杀里克以说】正杨补晋惠公杀了里克以作为[向周王室和齐的]交代。说，解释，交代。据《史记·晋世家》，晋惠公杀里克，还由于担心他再作乱而迎立公子重耳。里克为公子重耳之党（参见僖九·二·一·一）。

【一·二】将杀里克，公晋惠公使谓之曰："微子，则不及此。虽然，子杀二君与一大夫，为子君者，不亦难乎？"[里克]对曰："不有废也，君何以兴？ 欲加之罪，其无辞乎？ 臣闻命矣。"伏剑而死。于是丕郑聘于秦，且谢缓赂，故不及[于难]。

【微子】杨补如果没有您。

【虽然】补虽然如此。

【子弑二君与一大夫】补指僖九年里克弑太子奚齐、公子卓（二君）与杀荀息（一大夫）。

【伏剑】补抽剑自杀。

【于是……不及】正杨补当时丕郑在秦国聘问，而且为延缓割让[僖九年向秦许诺的]晋地而[向秦穆公]致歉，因此没有遭遇祸难。丕郑为里克同党，二人欲立公子重耳之事见僖九·二·一·一。据《国语·晋语三》，晋惠公进入国都之后，实际上是主动背弃了许诺给秦国和晋当权大夫里克、丕郑的贿赂，然后派丕郑去秦国为延缓交付贿赂（实际上不准备交付）而致歉。《史记·晋世家》载丕郑转达的晋惠公谢辞为："始夷吾以河西地许君。今幸得入立。大臣曰：'地者，先君之地。君亡在外，何以得擅许秦者？'寡人争之，弗能得，故谢秦。"

○补**传世文献对读**：据《国语·晋语三》，晋惠公背弃了对内部（里克、丕郑等）和外部（秦穆公）势力的贿赂承诺后，舆人编了歌谣讽刺这件事,可扫码阅读。

○ 补 **传世文献对读**:据《国语·晋语三》,晋惠公后悔杀死里克,而郭偃则预测晋惠公、郤芮皆将有难,可扫码阅读。

[二] 晋侯晋惠公改葬共大(太)子共太子申生。

○ 杨 补 **传世文献对读**:《国语·晋语三》论此事甚详,可扫码阅读。

[三] 秋,狐突适下国,遇大(太)子共太子申生。

【下国】 正 指曲沃(见隐五·二)。此支晋公室源于曲沃桓叔,至曲沃武公吞并晋国,移居翼,为晋武公。因此曲沃是政权旧都,有晋先君宗庙,故称"下国"。

○ 补 庄二十八年之后共太子申生居曲沃,僖五年(周正)缢于曲沃,故共太子申生之鬼魂萦绕于此,于本年被狐突遇见。

大(太)子使[狐突]登,仆,而告之曰:"夷吾晋惠公无礼,余得请于帝矣,将以晋畀 bì 秦,秦将祀余。"

【大子使登,仆】 正 补 共太子申生使狐突登车,做御者(驾车人)。狐突曾为共太子申生御者,参见闵二·七·二。

【夷吾无礼】 正 补 应指本年晋惠公改葬共太子申生而酿成丑闻之事,参见上文所引《国语·晋语三》。

【畀】 补 授予。

[狐突]对曰:"臣闻之,'神不歆 xīn 非类,民不祀非族。'君共太子申生祀无乃殄 tiǎn 乎?且民何罪?失刑、乏祀,君其图之!"

【神不……非族】 正 杨 补 神灵不享受别族[民众奉献的祭品],民众也不会祭祀别族[的神灵]。歆,享用,本义为吸气。神灵不能食用祭品,只能嗅其芳香。

【殄】正绝。

【失刑】正杨补以晋畀秦,则是让晋国全体臣民因晋惠公一人之罪而承受灭国之祸,显然不是合理的刑罚,故曰"失刑"。【乏祀】正杨"民不祀非族",则秦人将不会祭祀共太子申生;"神不歆非类",则纵使秦祀太子,太子之灵亦未必能歆享其祀,故曰"乏祀"。

君[共太子申生]曰:"诺。吾将复请。七日,新城西偏,将有巫者而见(现)我焉。"

【新城】正即曲沃。

【将有巫者而见我焉】正杨指共太子申生将附体于巫者而现身。【巫】补晋内朝官,职掌包括沟通人神、解梦等。除晋之外,《左传》所见,鲁(僖二十一·二)、楚(文十·二·一)亦有巫。

[狐突]许之,[大子]遂不见。

[狐突]及期而往,[巫者]告之曰:"帝许我罚有罪矣,[夷吾]敝于韩。"

【敝于韩】正补[晋侯将]在韩地大败。敝,败。【韩】补见桓二—桓三·六。

【四·一】丕郑之如秦也,言于秦伯[秦穆公]曰:"吕甥、郤xì称、冀芮[郤芮]实为不从。[君]若重zhòng问以召之,臣出晋君[晋惠公],君纳重chóng耳[公子重耳],蔑不济矣。"

【吕甥】正杨补吕氏,又为阴氏、瑕吕氏,名饴,字金。晋侯之甥。晋大夫,官至卿位。僖二十四年被秦穆公所诱杀。食采于吕、瑕、阴、下阳。【吕】杨补在今山西霍州西。本为商时国,姜姓,参见成

<u>七·六·一·一</u>。此时已为晋邑,曾先后为吕甥、厨武子、吕宣子采邑。参见《图集》22—23⑤8。

【郤称】 补 姬姓,郤氏,名称。晋大夫,官至卿位。

【不从】 正 补 指教唆晋惠公违背承诺,不同意将晋地割让给秦。

【重问】 正 杨 用重礼问候。

【纳】 见隐四·二·四·一。

【蔑不济矣】 正 补 没有不成功的可能。蔑,无。济,成功。

【四·二】 冬,秦伯使<u>泠</u> líng <u>至</u>报、问,且召三子。<u>郤芮</u>曰:"币重而言甘,诱我也。"遂杀<u>丕郑</u>、<u>祁举</u>及七舆大夫——左行 háng <u>共</u> gōng <u>华</u>、右行<u>贾华</u>、<u>叔坚</u>、<u>骓</u> zhuī <u>歂</u> chuán、<u>累虎</u>、<u>特宫</u>、<u>山祁</u>,皆<u>里</u>里克、<u>丕</u>丕郑之党也。

【泠至】 正 补 泠氏,名至。黄帝时典乐泠伦之后。秦大夫。【报、问】 杨 回报[丕郑的聘问],[并以重礼]慰问[吕甥等人]。

【三子】 补 即吕甥、郤称、郤芮。

【币】 补 玉帛之类的财礼。

【七舆大夫】 杨 补 七位舆大夫,即下文所言七人。舆大夫为晋官职,应为武职,与车舆或舆人有关。七舆大夫为里、丕之党,参见<u>僖九·二·一·三</u>所引《国语·晋语二》。

【左行】【右行】 杨 补 晋惠公时,有军(车兵)有行(步兵)。军分上军、下军,行分左行、右行。有学者因此认为,左行、右行为步兵,其官长不能算是舆大夫,所以上文应该是"五舆大夫"。笔者认为,即使是步兵部队,也应有车舆/舆人运输物资,这些车舆/舆人应该也有大夫率领。从《左传》正文来看,左行共华、右行贾华应为左行、右行的舆大夫。杨伯峻认为他们二人是左行帅、右行帅,恐误。

○ 杨 补 **传世文献对读:**《国语·晋语三》详叙丕郑、共华之死,可扫码阅读。

【四·三】 丕豹奔秦，言于秦伯秦穆公曰："晋侯晋惠公背大主而忌小怨，民弗与也。[君]伐之，[晋侯]必出。"公秦穆公曰："[晋侯]失众，焉能杀[里、丕之党]？[晋人]违祸，谁能出君晋惠公？"

【丕豹】 正 补 丕氏，名豹。丕郑(僖九·二·一·一)之子。僖十年奔秦。

【大主】 正 秦穆公。【小怨】 正 里克、丕郑。

【民弗与也】 补 民众不顺从[他]。与，从。

【失众……出君】 正 杨 补 [晋君]若失众心，又怎能杀[里克、丕郑之党]？[晋之有势者但求]避祸，谁能逐出晋君？违，避。

【四·四】 十一年，春，晋侯晋惠公使以丕郑之乱来告。

【五·一】 天王周襄王使召武公、内史过 guō 赐晋侯晋惠公命。[晋侯]受玉，惰。

【召武公】 正 杨 补 姬姓，召氏，名过，谥武。召穆公(僖二十四·二·二·一)之后。周王室卿士。

【内史】 补 见桓元—桓二·三·三。

【赐晋侯命】 杨 补 赐晋惠公诏命以示恩宠。周王锡诸侯命参见庄元·四。

【受玉，惰】 正 杨 [晋惠公]接受瑞玉时表现出懒惰的姿态。赐命时有周王使者致玉、诸侯受玉的环节。据下面所引《国语·周语上》，则晋侯"惰"的具体表现是"执玉卑，拜不稽首"。

【五·二】 过内史过归，告王周襄王曰："晋侯其无后乎！王赐之命，而惰于受瑞，先自弃也已，其何继之有？礼，国之干也。敬，礼之舆也。不敬，则礼不行。礼不行，则上下昏，何以长世？"

【瑞】 补 玉的通称。

【其何继之有】 杨 补 即"其有何继"，可译为"能有什么继承人"。

【舆】杨 补 马车车厢,引申为载体。

○ 正 下启僖二十四年晋惠公之子晋怀公被杀(僖二十三—僖二十四·九·三)。

> ○ 补 **传世文献对读**:《论语·八佾》:"子曰:'居上不宽,为礼不敬,临丧不哀,吾何以观之哉?'"此为"为礼不敬"之例。僖二十三—僖二十四·十五引《国语·周语上》叙周襄王使太宰文公及内史兴赐晋文公命之事,可与此处赐晋惠公命之事对比,两人格局高下立判。
>
> ○ 正 杨 补 **传世文献对读**:《国语·周语上》叙此事甚详,且内史过认为晋惠公党吕甥、郤芮亦将有祸,可扫码阅读。

僖公十一年·二

地理 鲁、齐、周、秦、晋见僖地理示意图 1。鲁、齐、周(京师、王城)、扬、拒、泉、皋、伊、雒之戎、晋、阳谷见僖地理示意图 3。

人物 鲁僖公(闵二·三·二)、声姜、齐桓公(庄八—庄九—庄十·春秋)、甘昭公(僖七—僖八·一)、晋惠公(庄二十八·二·一)、周襄王(僖五·五·春秋)

春秋 夏,公鲁僖公及夫人姜氏声姜会齐侯齐桓公于阳谷。

【姜氏】正 补 声姜。齐女,姜姓,谥声。齐桓公(庄八—庄九—庄十·春秋)之女,鲁僖公(闵二·三·二)夫人,鲁文公(文元·○)之母。文十六年卒。【阳谷】杨 见僖三—僖四·春秋。

○ 正 此条《春秋》无对应《左传》。

秋,八月,大雩 yú。

【雩】补 见桓五·四·春秋。

○ 正 此条《春秋》无对应《左传》。

左传 【一】夏，扬、拒、泉、皋、伊、雒之戎同伐京师，入王城，焚东门——王子带甘昭公召之也。秦、晋伐戎以救周。

【扬、拒……之戎】 正 杨 补 此部戎人，分布于洛阳西南，伊河、洛河之间。参见《图集》22—23⑪16 至⑪17。【扬、拒、泉、皋】 正 杨 四戎邑。扬，当在今河南洛阳东南、偃师西南。泉，在今洛阳西南故泉亭。

【伊】 正 补 水名，今名伊河，源出河南栾川伏牛山北麓，流经河南栾川县、嵩县、伊川县，穿龙门而入洛阳市，东北流入偃师市，至杨村东汇入洛河，成为伊洛河。春秋时伊水参见《图集》22—23⑦8 至⑦9。

【雒】 正 补 水名，今名洛河，源出陕西洛南洛源乡木岔沟，东流经河南卢氏、洛宁、宜阳、洛阳，到偃师与伊河会合成伊洛河。伊洛河在巩义神堤汇入黄河。春秋时雒水参见《图集》22—23⑦6 至⑦10。陕西省内亦有洛水，入渭水，见《图集》22—23④4 至⑦7。入河之雒水与入渭之洛水本来判然有别，至魏黄初元年，以五行说改"雒"为"洛"，二水遂同用一名。

【京师】见隐六·七。

【王城】 补 见庄十九—庄二十一庄二十一·八。

○ 补 下启僖十二年周襄王讨王子带（僖十二—僖十三·一）。

【二】秋，晋侯晋惠公平戎于王周襄王。

○ 杨 补 晋惠公使戎人与周王室媾和，然而实未成功，故明年又有齐使平戎于王、平戎于晋之事（僖十二—僖十三·二·一）。

僖公十一年·三

地理 楚见僖地理示意图 1。楚、黄见僖地理示意图 5。

春秋 冬，楚人伐黄。

【黄】 补 见桓八·二·二。

[左传] 黄人不归楚贡。"冬,楚人伐黄"。

○[正][杨]据桓八·二·二,则黄一向为楚属国,向楚纳贡。僖二年黄转服于齐,僖三年与齐盟会,僖五年又收留被楚所灭之弦国君主。此时黄应正与齐和睦,恃齐强大而停止向楚纳贡。故楚人伐黄。

僖公十二年·一

地理 卫 2（楚丘）见僖地理示意图 1。

春秋 十有（又）二年，春，王三月庚午，日有食之。

【日有食之】见隐三·一·春秋。

○ 正 此条《春秋》无对应《左传》。

左传 十二年，春，诸侯城卫楚丘之郛 fú，惧狄难也。

【楚丘】 补 见闵二·八·一。【郛】 补 见隐五·八·一。

【狄】 补 晋东狄，主力应为赤狄，见宣三·六·春秋。

○ 正 僖二年卫迁于楚丘，诸侯为之筑城，至本年又为其筑外城。

○ 正 下启僖十三年狄侵卫（僖十二—僖十三·春秋）。

僖公十二年·二

地理 楚见僖地理示意图 1。楚（郢）、黄见僖地理示意图 5。

春秋 夏，楚人灭黄。

【黄】 补 见桓八·二·二。

左传 黄人恃诸侯之睦于齐也，不共（供）楚职，曰："自郢 yǐng 及我九百里，[楚] 焉能害我？"夏，楚灭黄。

【职】 杨 补 职贡，小国根据盟约规定的职责而需向大国/霸主交纳的贡赋。

【郢】 正 补 郢为春秋战国时期的楚都通称，始于楚武王时期（参见隐六·七）。僖十二年即楚成王二十四年，据清华简二《楚居》，此时楚都可能在湫郢或睽郢。

○ 补 有学者认为，"涅"本来是表示湖沼地形的通名。据《楚居》，后来由于楚武王排干"疆涅"的水供民众居住,源自"涅"的"郢"被用为楚王室居地的通名。自楚武王营疆郢之后,楚虽屡次迁都,而"郢"字一直相随。

僖公十二年—僖公十三年(僖公十三年·一)

地理 陈、卫2、鲁、齐、宋、郑、曹、周见僖地理示意图1。卫2、鲁、齐、宋、曹、杞1见僖地理示意图4。陈、卫2、鲁、宋、郑、许、曹、周、扬拒泉皋伊雒之戎、咸见僖地理示意图5。

人物 陈宣公(庄四·三·春秋)、鲁僖公(闵二·三·二)、齐桓公(庄八—庄九—庄十·春秋)、宋襄公(僖八—僖九·春秋)、陈穆公(僖六—僖七·春秋)、卫文公(闵二·五·四·一)、郑文公(庄十九—庄二十一—庄二十一·十一·二)、许僖公(僖五·五·春秋)、曹共公(僖七—僖八·春秋)、周襄王(僖五·五·春秋)、甘昭公(僖七—僖八·一)、管敬仲(庄八—庄九—庄十·三)、隰成子(僖九·二·三·二)、仲孙湫(闵元·三·春秋)

春秋 秋,七月。

冬,十有(又)二月丁丑十一日,陈侯杵臼陈宣公卒。
○正 此条《春秋》无对应《左传》。

十有三年,春,狄侵卫。
【狄】补 晋东狄,主力应为赤狄,见宣三·六·春秋。
○正 补 杜预认为此条《春秋》对应的是《左传》僖十二·一。笔者认为,僖十二年春诸侯修筑楚丘外城是为了防备狄难,而僖十三年春狄人果然前来侵卫,也就是说,这是一次在《左传》中没有具体描述的狄侵卫事件,本条《春秋》实际上没有对应的《左传》。

夏,四月,葬陈宣公。
○正 此条《春秋》无对应《左传》。

公鲁僖公会齐侯齐桓公、宋公宋襄公、陈侯陈穆公、卫侯卫文公、郑伯郑文公、许男许僖公、曹伯曹共公于咸。

【咸】正杨补在今河南濮阳梁庄乡咸城村北。卫地。参见《图集》24—25③6。

秋,九月,大雩yú。

【雩】见桓五·四·春秋。
○正此条《春秋》无对应《左传》。

左传[一]王周襄王以戎难故,讨王子带甘昭公。秋,王子带奔齐。

【戎难】正见僖十一·二。
○补下启僖十三年齐桓公使仲孙湫聘于周(僖十二—僖十三·三)。

[二·一]冬,齐侯齐桓公使管夷吾管敬仲平戎于王周襄王,使隰xí朋隰成子平戎于晋。

王以上卿之礼飨管仲管敬仲。管仲辞曰:“臣,贱有司也。有天子之二守shòu国、高在,若[国、高]节春秋来承王命,何以礼焉?陪臣敢辞。”

【飨】补见桓九—桓十·一·二。
【辞】补辞让。
【有司】补管理具体事务的有关部门及官员。
【有天……礼焉】正杨补有天子任命的守臣国氏、高氏在那里,如果[国、高二氏]在春秋[朝聘]时节来承奉王室的命令,[王室]该用什么礼来接待他们? 管敬仲的意思是,如对齐“贱有司”用上卿之礼,则对齐上卿国氏、高氏,除了僭越而用公侯之礼之外,将无更高规格礼仪可用。节,依……时节。国氏、高氏地位详见下分析。
【陪臣】杨陪臣,隔一层之臣子。卿大夫为诸侯之臣,诸侯为周王之臣,故卿大夫对周王称"陪臣",此处即是一例。家臣是卿大夫之臣,卿大夫是诸侯之臣,因此家臣对诸侯亦称"陪臣",《论语·季氏》"陪臣执国命"即是一例。

王曰:"舅氏管敬仲,余嘉乃勋,应乃懿德,谓督(笃)不忘。[舅氏]往践乃职,无逆朕命!"

【舅氏】正 杨 补 周襄王称异姓之齐桓公为伯舅,所以称齐桓公使者管敬仲为"舅氏",虽然管敬仲虽与周同为姬姓。参见 僖八—僖九·三·二。

【乃】正 补 你,你的。【应】正 补 受。

【谓督不忘】杨 补 可以说是深厚而不能忘记的。督,厚。

【往践乃职,无逆朕命】正 补 去践行你的职务,不要违背我的命令! 管敬仲为齐执政,是有上卿之权而居于下卿之位。周惠王命其"往践乃职",仍是希望劝说管敬仲按其实际权势而受上卿之礼。

管仲受下卿之礼而还。

○ 补 下卿较"贱有司"有所提高,体现出管敬仲对于周王尊宠的顺从,仍远低于"上卿",体现出管敬仲严守自己与国、高二氏的等级差别,这种处理恰到好处,符合中庸之道。

○ 杨 补 杨注认为,据《礼记·王制》,"次国三卿,二卿命于天子,一卿命于其君"。齐为次爵之国,国、高二氏为天子所命,世为上卿,管敬仲为齐桓公所命,为下卿。然而,《礼记·王制》成书较晚,在秦汉之间,其所述制度是否反映西周实际情况值得怀疑。有学者认为,西周时期,周王室为了保持对于某些重点诸侯国的控制,会在这些国家设置世袭"监国",他们扮演着周王"监察人"的角色。国氏、高氏应该就是周王室任命的"监国"上卿,所谓"天子之二守"。他们在西周时期曾经需要按时到王室听取命令、汇报工作,所谓"节春秋来承命"。这两个世袭"监国"卿族后来与周王室逐渐疏离,但是它们的世袭上卿地位则一直保留了下来。据《国语·齐语》记载,管仲修明内政过程中,把国都地区划分为二十一个乡,其中十五个乡是提供兵员的士乡,齐桓公、国子、高子各掌管五个;齐国在这十五个士乡基础上建立三军,齐桓公、国子、高子各掌管一军,国、高二族的地位可见一斑。直到春秋末年,国氏、高氏在齐国仍然具有很高的地位,比如齐人敝无存在上战场之前就说"此役也不死,反(返)必娶于<u>高</u>、<u>国</u>"(<u>定九·五·一·二</u>)。

【二·二】君子曰:"管氏之世祀也宜哉! 让,不忘其上。《诗》曰:'恺 kǎi 悌 tì 君子,神所劳矣。'"

【**其上**】 杨 指国、高二氏。

【**恺悌君子,神所劳矣**】 正 杨 补 《毛诗·大雅·旱麓》有此句,而"恺悌"作"岂弟"。可译为"和蔼平易的君子,为神明所佑助"。

○ 补 就传世文献所见,管敬仲去世后,管氏后代再不见于齐国史事,不知是沦落成了不知名的大夫家族但仍守住了世祀,还是已经绝后,所以无法得知君子此番预言是否应验。

【三】十三年,春,<u>齐侯</u>齐桓公<u>使仲孙湫</u> jiǎo <u>聘于周,且言王子带</u>甘昭公。<u>事毕,</u>[湫]<u>不与王</u>周襄王<u>言</u>[王子带]。[湫]<u>归,复命曰:"未可,王怒未怠。其十年乎? 不十年,王弗召</u>[王子带]<u>也。"</u>

【**聘**】 补 见隐七·四·春秋。

【**事毕,不与王言**】 正 补 直到聘事完毕,[仲孙湫]也没有和周襄王提起[甘昭公]。

【**怠**】 杨 缓。

○ 补 下启僖二十二年周襄王召甘昭公(<u>僖二十二·五</u>)。

【四】夏,会于咸,淮夷病杞故,且谋王室也。

【**淮夷**】 杨 补 "夷"是华夏诸国对于非华夏部族的通称之一。此部夷人,嬴姓,商代时可能分布于山东半岛的潍水流域。西周初年,淮夷曾参与周朝初年三监之乱(见襄二十一·五·四·三),在周公东征和封建齐、鲁的打击压迫下,一部分淮夷仍然留居山东故地,但大部分则南迁至淮河流域,西周金文中称之为"南淮夷"。本年侵杞者应为留居山东潍水流域之淮夷,与杞国邻近。(南)淮夷见《图集》③10 至③11。

【病杞】补 使杞困苦。

【五】秋,为戎难故,诸侯戍周。齐仲孙湫致之。

【致之】正 补 致送戍卒到周王畿。

僖公十三年·二

地理 鲁、齐、晋(绛)、秦(雍)见僖地理示意图 1。

人物 成季(庄二十五·六·春秋)、秦穆公(僖九·二·三·二)、公孙枝(僖九·二·三·二)、百里奚、丕郑(僖九·二·一·一)、丕豹(僖十一僖十一·四·三)、晋惠公(庄二十八·二·一)

春秋 冬,公子友成季如齐。

○正 此条《春秋》无对应《左传》。

左传 冬,晋荐饥,使乞籴 dí 于秦。

【荐饥】正 杨 连年发生饥荒。荐,再。
【籴】补 买入/借入粮食。

秦伯秦穆公谓子桑公孙枝:"与诸乎?"

【诸】补 之。

[子桑]对曰:"[君]重 chóng 施而[晋侯]报,君将何求?[君]重施而[晋侯]不报,其民必携。携而[君]讨焉,[晋侯]无众,必败。"

【重施】杨 补 双重施恩,指僖九年护送晋惠公回国即位,本年又向晋提供粮食。

【携】正 补 离,离心离德。

[秦伯]谓百里百里奚:"与诸乎?"

【百里】杨 补 百里奚。百里氏,名奚。秦贤大夫,有"五羖大夫"的称号,是辅佐秦穆公争霸的股肱之臣。

○补 笔者对百里奚身世有详细分析,请见专著《称霸:春秋国际新秩序的建立》(晋文篇)(中华书局 2019 年版)相关章节。

[百里]对曰:"天灾流行,国家代有。救灾、恤邻,道也。行道,有福。"

【代】杨 更替。

丕郑之子豹丕豹在秦,请伐晋。秦伯曰:"其君晋惠公是恶 wù,其民何罪?"

【丕郑之子豹在秦】补 僖十年丕郑被杀,其子丕豹奔秦,故此时在秦。

【其君是恶】杨 即"恶其君"。

秦于是乎输粟于晋,自雍及绛相继,命之曰"汎舟之役"。

【粟】补 粟有狭广两义。稷实(僖五·八·一)为"粟",此为狭义;春秋战国时期,稷为北方地区首要粮食作物,粟也就成为粮食的通称,此为广义。此处不能确定是狭义还是广义。

【自雍及绛相继】正 杨〔运粮船队〕从雍到绛接连不断。自秦都雍至晋都绛，应沿渭水而东，至华阴转河水，又东入汾水，再转浍水，参见僖地理示意图2。**【雍】**正 杨 补在今陕西凤翔南已发现其遗址（详见下）。秦德公时至秦灵公时为秦都。参见《图集》22—23⑦4。**【绛】**晋都，见庄二十五—庄二十六·二。

○杨 补**秦都雍城遗址**：遗址地处渭河北岸，外围以雍水河、纸坊河、塔寺河为界，自然河流成为主要城防设施，与礼县大堡子山等早期秦国邑聚相似。遗址包括古城址、夯土建筑基址、宗庙遗址、朝寝遗址、冰窖遗址、手工业作坊遗址、市场遗址和墓葬区（包括秦公陵园和国人墓地）。城址平面呈不规则梯形，东西长3 200米，南北长3 300米。宗庙遗址（马家庄一号建筑群）位于故城中部偏北，坐北朝南，四周有围墙环绕，由北部正中的祖庙、东部的昭庙、西部的穆庙、南部的门塾和中庭五部分组成，在中庭和祖庙夹室内发现各类祭祀坑181个，使用年代从春秋中期后段到春秋战国之际。秦公朝寝遗址（马家庄三号建筑群）位于宗庙遗址以西500米，可分为五进院落，使用年代从春秋至战国时期。冰窖遗址位于姚家岗高地的西部，据测算可藏冰190立方米。秦公陵园位于凤翔三畤原，现已发现14座陵园，共49座大墓，形制有双墓道"中"字形、单墓道"甲"字形、"目"字形和"凸"字形等，其中包括迄今为止我国发掘的最大先秦古墓——秦公一号大墓，陵园之间以兆沟隔开。

○补李白《登黄山凌歊台送族弟溧阳尉济充泛舟赴华阴》"尔从泛舟役"典出于此。

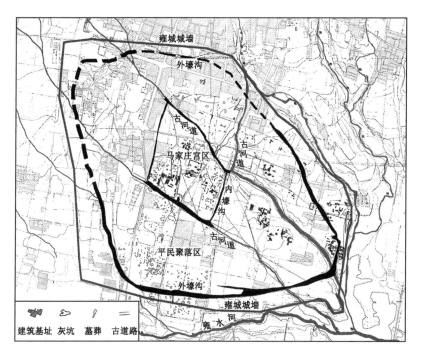

僖遗址图 1.1　秦都雍城遗址平面图(《先秦城邑考古》,2017 年)

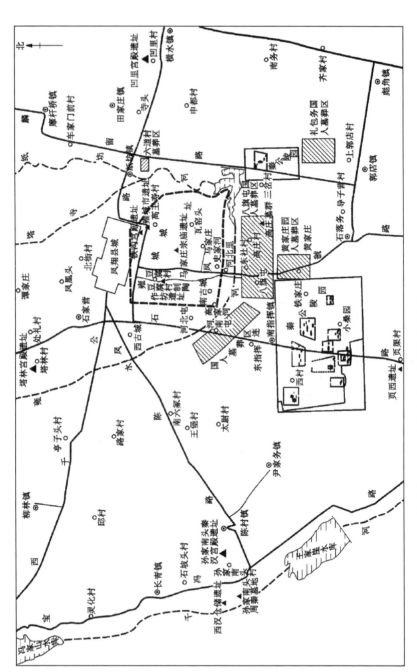

借遗址图 1.2 秦都雍城周边重要遗存分布（《先秦城邑考古》，2017 年）

僖公十四年·一

地理 杞1(淳于)、杞2(缘陵)见僖地理示意图4。

春秋 十有(又)四年，春，诸侯城缘陵。

【缘陵】 正 杨 补 在今山东昌乐营丘镇古城村西北已发现其遗址（详见下）。齐邑。僖十四年至襄二十九年为杞都。参见《图集》26—27③6。

○补 **营陵故城遗址：遗址先后为春秋时期杞国都城缘陵、汉代营陵县县城。城址分外城和内城。外城平面近似正方形，南北长约1 500米，东西长约1 480米；内城平面呈正方形，南北长约577米，东西宽约513米。遗址内具有龙山、商、周、汉代文化遗存。**

左传 "十四年，春，诸侯城缘陵"，而迁杞焉。[《春秋》]不书其人，有阙 què 也。

【不书其人，有阙也】 杨 《春秋》没有记载参与筑城的诸侯国君主/卿大夫的名氏，是因为记载有缺失。

○ 杨 补 淮夷(潍水)侵杞(参见僖十二—僖十三·四)，霸主齐桓公顺势将杞迁入齐邑缘陵，以提供保护。

僖公十四年·二

地理 鲁见僖地理示意图1。鲁、鄫、防见僖地理示意图4。

人物 鄫季姬、鄫子、鲁僖公(闵二·三·二)

春秋 夏，六月，季姬鄫季姬及鄫 zēng 子遇于防，使鄫子来朝。

【季姬】 正 杨 补 鄫季姬。鲁女，姬姓，排行季。鲁僖公(闵二·

三·二)之女,鄫子夫人。僖十六年卒。

【鄫】正 杨 补周时国,子爵,姒姓。周武王封夏禹之后于鄫,在山东临沂兰陵县西北向城镇鄫城前村、鄫城后村之间已发现其遗址(详见下)。襄四年至襄五年曾为鲁附庸国。襄六年被莒所灭。昭四年莒内乱,鄫入于鲁,又称"鄫衍"。后属齐。参见《图集》26—27⑤4。

【防】补山名,在今山东曲阜东,又名笔架山。鲁地。参见《图集》26—27④4。

【朝】补见隐四·二·七·一。

○补兰陵鄫国故城遗址:遗址先后为春秋时期鄫国都城、汉代鄫县县城。遗址北依葬山、黄龙山,东西两侧分别临阳明河和季文子河,西隔河与文峰山相望,包括古城址、制陶作坊遗址、墓葬区等。城址平面呈圆角方形,南北约 570 米,东西约 545 米。

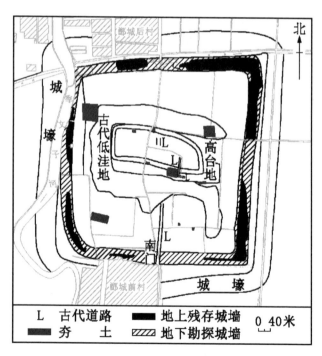

僖遗址图 2　鄫国故城遗址平面图(《先秦城邑考古》,2017 年)

左传 鄫季姬来宁,公鲁僖公怒,止之,以鄫子之不朝也。夏,"遇于防",而使[鄫子]来朝。

【宁】补见庄二十七·四。

【公怒……朝也】杨补鲁僖公发怒,留住鄫季姬不让她回鄫国,因为鄫子不来鲁国朝见的缘故。

僖公十四年·三

地理 晋、郑、蔡、秦见僖地理示意图 1。晋、沙鹿见僖地理示意图 3。

人物 蔡穆侯(僖六—僖七·三)、卜偃(闵元·四·一·二)、庆郑(僖十四·三·二)、虢射(僖八·二·一)

春秋 秋,八月辛卯五日,沙鹿崩。

【沙鹿】正杨补山名,在今河北大名东。晋地。参见《图集》24—25②6。

狄侵郑。

【狄】补晋东狄,主力应为赤狄,见宣三·六·春秋。

○正此条《春秋》无对应《左传》。

冬,蔡侯肸蔡穆侯卒。

○正此条《春秋》无对应《左传》。

左传 [一·一] "秋,八月辛卯,沙鹿崩。"

[一·二] 晋卜偃曰:"期jī年将有大咎,几亡国。"

【卜】补见闵元·四·一·二。

【期年】补一年内。【咎】补灾祸。

〇杨补僖十五年秦穆公伐晋（僖十五・八），是卜偃预言的应验。

[二] 冬，秦饥，使乞籴 dí 于晋，晋人弗与。

庆郑曰："背施，无亲；幸灾，不仁；贪爱，不祥；怒邻，不义。四德皆失，何以守国？"

【庆郑】正补姬姓，庆氏，名郑。晋大夫。僖十五年被晋惠公所杀。
【背施】补背弃［秦的］施恩。僖九年秦护送晋惠公回国即位，僖十三年秦向晋提供救济粮，对晋有双重恩惠。参见僖十三・二。
【幸灾】杨以他国之灾为己之幸。
【贪爱】杨贪恋所爱惜的［财货不给他人］。

虢 guó 射曰："皮之不存，毛将安傅？"

【虢射】杨补虢氏，名射。晋大夫。
【皮之不存，毛将安傅】正补皮已经不存在，毛又依附在哪里？皮比喻晋惠公先前许诺秦的割地，毛比喻粮食。虢射认为晋既然已经违背诺言不割地给秦，为怨已深，即使这次送粮给秦，也将如无皮之毛，无处附着，不如干脆不送。

庆郑曰："弃信、背邻，患，孰恤之？ 无信，患作；失援，必毙。是则然矣。"

【患，孰恤之】补患难［来时］，谁会体恤［救助］我国？

虢射曰："无损于怨而厚于寇，不如勿与。"

庆郑曰："背施、幸灾，民所弃也。近犹雠之，况怨敌乎？"

[晋侯]弗听[庆郑]。

[庆郑]退曰："君晋惠公其悔是哉！"

○补下启僖十五年秦穆公伐晋（僖十五・八）。

僖公十五年·一

地理 鲁、齐见僖地理示意图1。

人物 鲁僖公(闵二·三·二)

春秋 十有(又)五年,春,王正月,公鲁僖公如齐。

○正 本条《春秋》无对应《左传》。

> ○补 **传世文献对读**:僖十五年,管敬仲去世(参见僖十七—僖十八·二)。同年,隰成子也去世。由于两人去世相隔十个月(据《管子·戒》),管敬仲去世应在僖十五年初,而隰成子在同年末。年迈的齐桓公失去了最重要的两位股肱之臣,内政开始陷入昏乱。管敬仲病重期间,齐桓公曾去探问,此事,《管子·小称》《管子·戒》中均有记述,可扫码阅读。

僖公十五年·二

地理 楚、徐、鲁、齐、宋、陈、卫2、郑、曹见僖地理示意图1。徐、鲁、齐、宋、陈、卫、郑、许、曹、牡丘、匡见僖地理示意图3。

人物 鲁僖公(闵二·三·二)、齐桓公(庄八—十·春秋)、宋襄公(僖八—僖九·春秋)、陈穆公(僖六—僖七·春秋)、卫文公(闵二·五·四·一)、郑文公(庄十九—庄二十一—庄二十一·十一·二)、许僖公(僖五·五·春秋)、曹共公(僖七—僖八·春秋)、孟穆伯

春秋 楚人伐徐。

三月,公鲁僖公会齐侯齐桓公、宋公宋襄公、陈侯陈穆公、卫侯卫文公、郑伯郑文公、许男许僖公、曹伯曹共公盟于牡丘,遂次于匡。公孙敖孟

_{穆伯}帅师及诸侯之大夫救徐。

【牡丘】 杨 补 在今山东聊城茌平区台子高村东南。齐地。参见《图集》26—27③3。

【匡】 正 杨 补 又名"承匡",在今河南睢县匡城乡的匡城遗址。宋地。参见《图集》24—25④"承匡"。

【公孙敖】 正 杨 补 孟穆伯。姬姓,孟氏(应为后代追认),名敖,谥穆,排行伯。共仲(庄二·二·春秋)之子,鲁桓公(隐元·一·一)之孙。鲁大夫,官至卿位。文八年奔莒。后返鲁。三年后复适莒。文十四年自莒归于鲁,卒于齐。

左传【一】 十五年,春,"楚人伐徐",徐即诸夏故也。

【徐即诸夏故也】 杨 补 这是由于徐亲附中原诸国的缘故。徐此时与齐联姻(齐桓公夫人中有徐嬴可为证,见僖十七—僖十八·一),并在僖三年攻取了楚属国舒。

【二】"三月","盟于牡丘",寻葵丘之盟,且救徐也。孟穆伯帅_[我]师及诸侯之师救徐,诸侯次于匡以待之。

【寻】 补 重温。【葵丘之盟】 正 见僖八—僖九。

僖公十五年·三

春秋 夏,五月,日有食之。

【日有食之】 补 见隐三·一·春秋。

左传 "夏,五月,日有食之。"_[《春秋》]不书朔与日,官失之也。

僖公十五年·四

地理 齐、曹、徐见僖地理示意图 1。齐、曹、厉、徐见僖地理示意图 3。

春秋 秋,七月,齐师、曹师伐厉。

【厉】 杨 补 周时国,在今河南鹿邑东。参见《图集》29—30③7。

左传 秋,"伐厉",以救徐也。

○ 补 厉为楚属国,故齐、曹伐厉,欲使楚救厉而解徐之围。

僖公十五年・五

地理 鲁见僖地理示意图1。

春秋 八月,[我]螽 zhōng。

○ 补 见桓五・五・春秋。

僖公十五年・六

地理 鲁见僖地理示意图1。

人物 鲁僖公(闵二・三・二)

春秋 九月,公鲁僖公至自会。

僖公十五年・七

地理 鲁见僖地理示意图1。鲁、鄫见僖地理示意图4。

人物 鄫季姬(僖十四・二・春秋)

春秋 季姬鄫季姬归于鄫 zēng。

○ 杨 补 鄫季姬之事见僖十四・二。鄫子应已来朝,故季姬归于鄫。

僖公十五年·八

地理 鲁、宋、曹、楚、徐、晋、秦见僖地理示意图 1。晋、秦、韩、解梁城、高梁、华山见僖地理示意图 2。鲁、宋、曹、楚、徐、娄林见僖地理示意图 5。

人物 夷伯、晋惠公（庄二十八·二·一）、秦穆公（僖九·二·三·二）、秦穆姬（庄二十八·二·一）、贾君、卜徒父、庆郑（僖十四·三·二）、步扬、家仆徒、韩定伯、公孙枝（僖九·二·三·二）、梁由靡（僖八·二·一）、虢射（僖八·二·一）、太子罃、公子弘、简、璧、公子縶、太子圉、史佚、郤乞、吕甥（僖十一—僖十一·四·一）、史苏

春秋 己卯 三十日 晦，震夷伯之庙。

【晦】补 阴历月末。

【震】正 雷电击。【夷伯】正 补 谥夷，排行伯。鲁大夫族展氏祖父。

冬，宋人伐曹。

楚人败徐于娄林。

【娄林】正 杨 补 在今安徽泗县东北。徐地。参见《图集》29—30 ③10。

十有（又）一月壬戌 十四日，晋侯 晋惠公 及秦伯 秦穆公 战于韩，[秦]获晋侯。

【韩】补 见桓二—桓三·六。

○正 杨 此事，《春秋》在十一月，而《左传》在九月。杨注认为，《春秋》用周正，《左传》沿袭晋国史料用夏正，两者相差两月。杜注认为，《春秋》所据为晋人通告上所书时间，《左传》所据为实际发生时间。

左传【一·一】晋侯晋惠公之入也,秦穆姬属(嘱)贾君焉,且曰:"尽纳群公子。"晋侯烝 zhēng 于贾君,又不纳群公子,是以穆姬秦穆姬怨之。

【晋侯之入也】正 事见僖九·二·三·一至僖十一僖十一·一·一。

【贾君】正 补 据庄二十八·二·一,"晋献公娶于贾,无子。烝于齐姜,生秦穆夫人及大子申生"。"贾君"应该就是晋献公当年从贾国所娶的夫人,国君夫人本来就有"小君"名分。齐姜生下太子申生之后"母以子贵"实有夫人之尊,而贾君无子地位下降与妾无二。秦穆夫人怜悯贾君,于是将其嘱托给晋惠公。

【尽纳群公子】正 杨 补 把［被驱逐在外的］群公子们全部召回国。据宣二·二·六·一及僖四·二·四所引《国语·晋语二》,则骊姬在逼走公子重耳、公子夷吾之后,说服晋献公颁布禁令,禁止除太子之外的群公子留在国内。由于晋献公已经尽杀曲沃桓叔、曲沃庄公族的群公子(参见庄二十五—庄二十六·一),所以此处秦穆姬希望晋惠公召回的"群公子"有可能是曲沃武公/晋武公的儿子,以及晋献公的儿子。就晋献公而言,晋献公有子九人(参见僖二十三—僖二十四·十四),此时共太子申生、公子奚齐、公子卓已死,公子夷吾已立为君,此外尚有公子重耳等五人在外。秦穆姬认为此时晋献公、骊姬已死,是纠正晋献公错误的最好时机,希望晋惠公能够废除禁令,召回群公子,使晋国能够回复到"群公子在国内担任卿大夫"的中原诸侯国常态。

【晋侯烝于贾君】杨 补 见桓十六—桓十七·一·一。贾君虽名为晋献公夫人,却未生下嫡子而被晋献公冷落,地位与妾无二,故晋惠公娶贾君仍可称为"烝"。既然贾君本不善生养,又是晋献公原配,年纪不可能太年轻,晋惠公为何要"烝"她,颇为费解。有学者因此认为,贾君不可能是晋献公夫人,而是共太子申生的夫人。

晋侯许赂中大夫,既而皆背之。

○ 正 补 晋惠公曾经答应给中大夫财赂，后来都背弃了诺言。中大夫，指里克、丕郑等人。据《国语·晋语二》，晋惠公许诺给里克"汾阳之田百万"，丕郑"负蔡之田七十万"。里克之死见僖十一—僖十一·一。丕郑之死见僖十一—僖十一·四。

[晋侯]赂秦伯秦穆公以河外列城五，东尽虢 guó 略，南及华山；内及解 xiè 梁城，既而不与。

【河外……华山】 正 杨 补 河水以南的五座城邑，向东包括西虢国旧有疆土，向南到达华山山区。河水在晋都绛以西从北向南流，在华阴折向东流。晋国核心区域在西河之东、南河之北，因此以河东、河北为内，河西、河南为外。然而，河西为秦地，因此实际上的"河外"主要指河水以南地区。虢略、华山是五城所在地区的东、南边界。据僖三十·三·三，则焦、瑕是其中两城。

【虢略】 正 杨 补 指僖五年被灭西虢国的旧有疆土，在今河南三门峡及周边，河南灵宝旧有虢略镇。

【华山】 正 杨 补 山名，位于今陕西华阴。秦、晋界山。河水在此拐弯向东。参见《图集》22—23⑦7。

【内及解梁城】 正 杨 补 "内"即"河内"。解梁城，在今山西临猗县西南的城东村、城西村之间。晋地。参见《图集》22—23⑩15。

晋饥，秦输之粟；秦饥，晋闭之籴 dí。

【晋饥，秦输之粟】 正 见僖十三·二。

【秦饥，晋闭之籴】 正 见僖十四·三·二。

故秦伯伐晋。

○ 补 从韩原之战后晋秦和谈时吕甥所言"此一役也，秦可以霸"以及秦穆公所言"是吾心也"（参见僖十五·九·一）判断，秦穆公在僖十五年已有东进称霸中原之心。窃疑秦穆公选择在僖十五年伐晋，除了本段所陈述的各项理由之外，还与本年初管敬仲去世、齐国霸业出现危机有关。

卜徒父 fǔ 筮 shì 之，吉："涉河，侯车败。"

【卜徒父】正 杨 秦卜人，名徒父。【卜】补 卜人，秦内朝官，掌卜，兼掌筮。卜、筮见《知识准备》。

[秦伯]诘之。[卜徒父]对曰：

【诘之】正 补 [秦穆公]详细追问。卜徒父意谓秦师涉河，而晋侯车败。秦穆公（伯爵）乍听此言，以为"侯"是诸侯之侯，"涉河，侯车败"是秦师涉河并且车败，故诘之。

"乃大吉也。三败，必获晋君 晋惠公。其卦遇《蛊》☶，曰：'千乘 shèng 三去，三去之余，获其雄狐。'夫狐《蛊》，必其君也。

【三败】补 指晋师三次失败。

【《蛊》☶】正 补 此筮例应为本卦《蛊》六爻皆为不变之爻，全卦为不变之卦，故以其他筮书本卦卦辞占之。《蛊》☶，《巽》☴下《艮》☶上。

【千乘……君也】正 杨 补 "一千辆兵车三次追逐，三次追逐之后，获得了那条雄狐。"《蛊》之外卦为《艮》，据《九家易》，《艮》为狐，因此《蛊》有狐的意象。此句并非《周易·蛊》卦辞，可能来自其他筮书。【夫狐《蛊》，必其君也】杨《蛊》主五爻，五为君位，故《蛊》之狐为雄狐。古人常以雄狐比喻国君，比如《毛诗·齐风·南山》（见桓十八·一·一）以雄狐比喻齐襄公。

《蛊》之贞，风也；其悔，山也。岁云秋矣，我落其实，而取其材，所以克也。实落、材亡，[晋]不败，何待？"

【《蛊》之……山也】正《蛊》内卦（贞）为《巽》，《巽》为风；外卦（悔）为《艮》，《艮》为山。

【岁云秋矣】杨 补 晋人用夏正，此时为夏正九月，是秋季第三个月，故曰"秋"。夏九月为深秋,也正与下文"我落其实"相呼应。若用周正,则为十一月,已是冬。云,语助词,无义。

【我落其实,而取其材】 正 杨 补 我们[的风吹过他们山上,]吹落了他们的果实,还取得他们的木材。《巽》为内卦,代表本国(秦),《艮》为外卦,代表敌国(晋)。前述《巽》为风,《艮》为山,因此秦为风,晋为山。风行山上,有吹落果实、卷取木材的意象,所以说"我(秦)落其(晋)实,而取其材"。

【一·二】[秦师]三败[晋师],及韩。

晋侯晋惠公谓庆郑曰:"寇深矣,若之何?"

[庆郑]对曰:"君实深之,可若何!"

公晋惠公曰:"不孙(逊)!"
【不孙】 杨 不敬。

卜右,庆郑吉。[公]弗使[庆郑]。步扬御戎,家仆徒为右。[公]乘小驷,郑入也。

【卜右】 补 占卜车右的人选。卜,见《知识准备》。
【步扬】 正 杨 补 姬姓,步氏,出自郤氏。郤义之子,郤豹之孙。晋大夫。僖十五年任戎御。食采于步。
【御戎】【为右】 参见《知识准备》"车马"。
【郑入也】 正 郑人所献。

庆郑曰:"古者大事,必乘其产:生其水土,而知其人心;安其教训,而服习其道;唯所纳之,无不如志。今[君]乘异产,以从戎事,及惧而变,将与人易。乱气狡愤,阴血周作,张脉偾 fèn

兴,外强中干,进退不可,周旋不能。君必悔之。"

【必乘其产】杨一定用当地所产马匹驾车。

【服习其道】杨熟悉当地的道路。一说"道"为御马之术,似与上文"安其教训"重复。

【将与人易】杨将与[驾驭之]人[的心愿]相违反。

【乱气……中干】正 补[马的]狂乱之气狡戾而愤懑,血液周身涌动,扩张血脉,突起兴奋,外表显得强健,体内则实干竭。外为阳,内为阴,血在肤内,故称"阴血"。

[公]弗听。

【一·三】九月,晋侯晋惠公逆秦师。

【逆】补迎。

[晋侯]使韩简韩定伯视师。[韩简]复曰:"[秦]师少于我,斗士倍我。"

【韩简】正 杨 补韩定伯。姬姓,韩氏,名简,谥定,排行伯。韩赇伯之子,韩武子之孙。晋大夫。僖十五年韩之战后随晋惠公至秦。

○补 **传世文献对读**:《国语·晋语三》对应韩定伯言辞为:"师少于我,斗士众。"

公晋惠公曰:"何故?"

[韩简]对曰:"出因其资,入用其宠,饥食其粟。[秦]三施而[我]无报,是以来也。今[我]又击之,我怠、秦奋,倍犹未也。"

【出因其资】正 补[您]逃离晋国依靠的是秦国的资助。指僖六年公子夷吾出奔梁,欲日后利用梁与秦的亲密关系而求返国。

【入用其宠】 正 补 [您]进入晋国利用的是秦国的尊宠。指僖九年公子夷吾在秦国武装护送下归国复位。

【饥食其粟】 补 [晋国]饥荒时吃的是秦国的粮食。指僖十三年晋发生饥荒而食秦粟。

○ 补 **传世文献对读**：《国语·晋语三》对应韩定伯言辞为："以君之出也处己，入也烦己，饥食其粢，三施而无报，故来。今又击之，秦莫不愠，晋莫不怠，斗士是故众。""己"指秦国，从秦军将士角度而言。

公曰："一夫不可狃 niǔ，况国乎？"

【一夫不可狃，况国乎】 正 一个普通人都不能忍受被轻侮，何况是[晋这样一个]国家呢？ 狃，狎侮、轻慢。

○ 正 补 **传世文献对读**：《国语·晋语三》对应晋惠公言辞为："然。今我不击，归必狃。一夫不可狃，而况国乎？"

[公]遂使[韩简]请战，曰："寡人不佞 nìng，能合其众而不能离也，君秦穆公若不还，[寡人]无所逃命。"

【不佞】 杨 不才。

○ 补 **传世文献对读**：《国语·晋语三》对应韩定伯转达晋惠公言辞为："昔君之惠也，寡人未之敢忘。寡人有众，能合之弗能离也。君若还，寡人之愿也。君若不还，寡人将无所避。"

秦伯秦穆公使公孙枝对曰："君晋惠公之未入，寡人惧之。[君]入而未定列，犹吾秦穆公忧也。苟列定矣，[寡人]敢不承命。"

【入而未定列】 杨 补 进入国都后尚未确定军队行列。列,军队行列,参见下引《国语》。

○ 杨 **传世文献对读:**《国语·晋语三》记载,"穆公衡雕戈出见使者",与《左传》"使公孙枝对曰"不同。《国语》对应秦穆公言辞曰:"昔君之未入,寡人之忧也。君入而列未成,寡人未敢忘。今君既定而列成,君其整列,寡人将亲见。"

韩简退曰:"吾幸而得囚。"

【吾幸而得囚】 正 补 我要幸运才能得到被[俘虏]囚禁[活下来的下场]。韩简的意思是晋军必败。

○ 补 **传世文献对读:**《国语·晋语三》又叙韩简请战之后公孙枝谏秦穆公之事,为《左传》所无,可扫码阅读。

【一·四】 壬戌+四日,战于韩原。晋戎马还 xuán 泞而止。公晋惠公号 háo 庆郑。庆郑曰:"愎谏、违卜,固败是求,又何逃焉?"遂去之。

【晋戎马还泞而止】 正 晋惠公兵车的马匹在泥泞中回旋不得出。
【愎谏】 杨 补 固执不听劝谏。这里指晋惠公不听庆郑劝谏而用郑产小驷。【违卜】 杨 补 违背占卜结果。指卜戎右庆郑吉而晋惠公不用庆郑。
【固败是求】 补 即"固求败"。
【遂去之】 补 [庆郑]于是[驾车]离开晋惠公。

梁由靡御韩简韩定伯,虢 guó 射 shí 为右,辂 yà 秦伯秦穆公,将止之。郑庆郑以救公误之,遂失秦伯。
【御】【为右】 补 见《知识准备》"车马"。

【辂】[正]迎。

【郑以救公误之】[补]庆郑用［呼叫韩定伯、虢射］救助晋惠公而耽误了二人。

○[杨][补]传世文献对读：《国语·晋语三》紧接"若有天，吾必胜之"，对韩之战细节有所描述，可扫码阅读。

【一·五】秦获晋侯_{晋惠公}以归。晋大夫反首、拔舍从之。

【反首】[正]乱头发下垂。【拔舍】[正][杨]或说即"茇舍"，指只拔草、不平整地面而在军用帐篷中暂时宿营。或说即拔起宿营帐篷。未知孰是。

秦伯使辞焉，曰："二三子何其戚也？ 寡人之从晋君_{晋惠公}而西也，亦晋之妖梦是践，岂敢以至？"

【辞】[补]告。

【二三子】[补]诸位大夫。

【亦晋之妖梦是践】[杨][补]即"亦践晋之妖梦"，可译为"只是实践晋的妖梦"。亦，只。妖梦，指僖十年共太子申生鬼魂宣称晋将在韩地失败。践，践履，实践。

【以至】[杨]太过分。

晋大夫三拜稽qǐ首曰："君_{秦穆公}履后土而戴皇天，皇天后土实闻君之言，群臣敢在下风。"

【三拜稽首】[杨]稽首见僖五·二·二·一。卿大夫见外国君主，常礼应为再拜稽首。此处"三拜稽首"为变礼，晋大夫因对秦穆公有重大请求而破例行之。参见定三—定四·十九申包胥之"九顿首"。

【一·六】穆姬_{秦穆姬}闻晋侯_{晋惠公}将至，以大_(太)子罃yīng、弘_{公子弘}

与女简璧登台而履薪焉。使以免 wèn（绕）、服衰 cuī 绖 dié 逆[秦师]，且告，曰："上天降灾，使我两君匪以玉帛相见，而以兴戎。若晋君晋惠公朝 zhāo 以入，则婢子秦穆姬夕以死；[晋君]夕以入，则[婢子]朝以死。唯君秦穆公裁之！"[秦人]乃舍 shè 诸（之于）灵台。

【大子罃】 正 杨 补 太子罃，后为秦康公。嬴姓，名罃，谥康。秦穆公（僖九·二·三·二）之子，秦穆姬（庄二十八·二·一）所生。文七年即位，在位十二年。文十八年卒。

【弘】 正 杨 补 公子弘。嬴姓，名弘。秦穆公之子，秦康公同母弟，秦穆姬（庄二十八·二·一）所生。

【履薪】 杨 补 站在柴堆上准备自焚。

【使以免、服衰绖逆】 正 杨 补 遭丧之服，始死则有免，服成则衰、绖。免，免冠括发。括发，指用一寸宽布条从后脖颈向前交汇于额前，又向后绕在发髻上。衰、绖见僖六—僖七·三。此句，杜注认为是派使者免冠括发、穿戴衰、绖迎接秦穆公，杨注认为是派使者持丧服迎接秦穆公。笔者认为，此句如何理解，关键在于"服"字。遍检《左传》，除本处外，免（绕）都是作为动词单独使用，意思是"免冠括发"，"服"字不可能从上读为"免服"。衰、绖都是丧服，因此"服"字不可能单独使用，应从下读为"服衰、绖"，也就是"穿戴衰、绖"，杜注近是。

【玉帛】 补 见桓六·七·二，为诸侯会盟朝聘礼物。

【婢子】 正 杨 补 《礼记·曲礼下》："[夫人]自称于其君，曰'小童'，自世妇以下，自称曰'婢子'。"此处秦穆夫人不自称"小童"却称"婢子"，可能婢子是妇人通用的谦称，也可能是秦穆夫人刻意自我贬损。

【乃舍诸灵台】 杨 补 于是把[晋惠公]安顿在[秦都郊外的]灵台。
○ 正 杨 补 孔疏分析服虔、杜预注后认为，从"曰：'上天降灾'"到"唯君裁之"共四十二字不是《左传》本文，而是后人添加的。然而，汉代《列女传》叙秦穆姬之言与此段文字略同，《史记·秦本纪》叙秦穆姬之言也应该是此段文字的概述，因此可能是服、杜所据作注的《左传》古本脱此四十二字。

【一·七】 大夫请以[晋侯]入。

公秦穆公曰:"获晋侯晋惠公,以厚归也。既而丧归,焉用之?大夫其何有焉?且晋人戚忧以重 zhòng 我,天地以要 yāo 我。不图晋忧,重 zhòng 其怒也;我食吾言,背天地也。重怒,难任;背天,不祥。必归晋君晋惠公。"

【既而丧归】正 补若强行将晋惠公带进秦都,则秦穆公妻儿都将葬身火海,故曰"丧归"。

【大夫其何有焉】正 补[我若丧归,]大夫们又能得到什么好处呢?

【且晋……要我】杨 补而且晋大夫用[反首拔舍表现出的]忧伤来使我心沉重,并用皇天后土来约束我。重,一说当为"动(動)","动我"即"使我动心"。要,约。

【任】正当。

公子絷 zhí 曰:"不如杀之,无聚慝 tè 焉。"

【公子絷】正 杨 补嬴姓,名絷,字显。秦大夫。

【无聚慝焉】正 杨不要再积聚罪恶。公子絷意思是,若放晋惠公归晋,他将再与群臣相聚而继续与秦为敌。参见下引《国语》公子絷之言。

○补据僖九·二·三·二所引《国语·晋语二》,僖九年晋献公死后,秦穆公本想拥立公子重耳,正是公子絷建议秦穆公立公子夷吾为君,也就是晋惠公。此处公子絷又极力主张处死晋惠公,其观点未必客观冷静。

子桑公孙枝曰:"归之而质其大(太)子太子圉,必得大成。晋未可灭,而杀其君晋惠公,只以成恶。且史佚有言曰:'无始祸,无怙 hù 乱，无重 zhòng 怒。'重怒，难任；陵人，不祥。"

【质】[补]使……为人质。【大子】[正][杨][补]太子圉，后为晋怀公。姬姓，名圉，谥怀。晋惠公(庄二十八·二·一)之子，梁嬴(僖十七·三·二·一)所生。僖十七年为质于秦，僖二十二年逃归晋。僖二十三年即位，在位一年。僖二十四年，被公子重耳所杀。

【大成】[杨][补]很有利的媾和条件。

【只】[补]适。

【史佚】[正]周武王时太史，名佚。【史】[补]太史，周内朝官，职掌包括助王策命赏赐、箴谏王阙、保存整理典籍、为王顾问等。

【怙乱】[正]仗恃他人动乱[以为己利]。怙，恃。

[秦人]乃许晋平。

○[补]秦人于是准许了晋人求和[的请求]。

○[杨][补]**传世文献对读：**《国语·晋语三》叙秦人返国至王城时商议如何处置晋惠公，应即上文所叙讨论的另一版本，可扫码阅读。

【一·八】晋侯晋惠公使郤乞告瑕吕饴甥吕甥，且召之吕甥。

【郤乞】[正][补]姬姓，郤氏，名乞。晋大夫。【瑕】[补]吕甥采邑，不知是河南之瑕(僖三十·三·三)还是河北之瑕(成六·五·一·一)。

○[正][补]据《国语·晋语三》，此时晋惠公在秦已经三个月，听说秦、晋将要讲和，于是派郤乞返晋告吕甥，并召其至秦主持和谈。吕甥与秦人和谈之事参见僖十五·九。

子金吕甥教之郤乞言，曰："[子]朝国人而以君命赏，且告之曰：'孤晋惠公虽归，辱社稷矣，其卜贰圉 yǔ，太子圉也。'"

【孤】[补]称孤之例参见桓十二—桓十三·二·二。此处晋惠公以兵败为凶事而用凶礼,自我贬损称"孤"。

【其卜贰圉也】杨 补请卜[吉日立我的]陪贰[太子]圉[即位]。贰,陪贰。《国语·晋语一》:"夫太子,君之贰也。"一说,"贰"为动词,解为"辅佐",整句解为"请占卜[如何]辅佐[太子]圉[即位]"。

○补此处《左传》为求不重复,省去了"郤乞遂朝国人而以君命赏,且告之曰:'孤虽归,辱社稷矣,其卜贰圉也'"。

众皆哭。晋于是乎作爰 yuán 田。

【作爰田】杨 补改易田制,其主要内容可能是将大量公田赏给国人中担任官职的贵族(也就是下文中吕甥称为"群臣"的人)。此举一改晋惠公先前背弃承诺不给中大夫赂田的无信形象,让国人认为他已经悔过自新,而且得到大量利益,从而增强国人对晋惠公回国复位的支持。

吕甥曰:"君晋惠公亡之不恤,而群臣是忧,惠之至也。将若君何?"

【君亡……是忧】补即"君不恤亡,而忧群臣"。

众曰:"何为而可?"

[吕甥]对曰:"征、缮以辅孺子太子圉。诸侯闻之,丧君晋惠公有君太子圉,群臣辑睦,甲兵益多。好 hào 我者劝,恶 wù 我者惧,庶有益乎!"

【征】正 杨征收[军赋]。【缮】正 杨修治[甲兵]。

【孺子】杨君主、卿大夫尚未正式继位的继承人,这里指太子圉。

【辑睦】杨和睦。辑,和。

【劝】补勉。【庶】补或许。

众说(悦)。晋于是乎作州兵。

【作州兵】楊补其主要内容应该是打破先前只在国人中征军赋(兵器、甲胄、粮草等军需物资)、征兵员的旧制,在国都郊野地区的"州"内征收军赋,并征召野人当兵,从而扩军备战。根据《左传》里的"兵"字用法,"作州兵"里的"兵"应该是指军赋中最重要的一项"兵器",从吕甥描绘"作州兵"的愿景时说的"甲兵益多"也可以看出这一点。然而,伴随着更多的军需物资的必然是更多的士兵,这部分新增的士兵也应该是来自"州"里的野人。由于很大一部分野人原本是依附于国人(主要是卿大夫家族)的臣隶,所以,国家直接向野人征军赋,必然要损害国人的经济利益;征召野人当兵,必然会损害国人的政治特权。因此,吕甥先提出"作爰田",再提出"作州兵",很可能是为了用"作爰田"的物质利益来换取国人对于"作州兵"的认可。"作州兵"使得晋成为春秋时期第一个"全民征兵"的诸侯国。成元年鲁"作丘甲"(参见成元·二),昭四年郑"作丘赋"(参见昭四·五),都是仿效晋所进行的军赋制度改革。

○补《左传》明言,上述这番话是吕甥教郤乞说的话,也就是说,这并不是郤乞带来的晋惠公旨意。这说明,朝国人、以君命赏、另立新君、作爰田、作州兵这一系列大胆举措是吕甥自作主张提出来的计策,想要达到如下两个目的:第一,使得国人认为晋惠公已经痛改前非,变得慷慨好赏,而且一心为国不贪恋君位,从而为晋惠公回国重新执政树立民意基础;第二,发动国内积极扩军备战,使得秦和戎狄有所忌惮,从而在晋秦和谈时为晋方增加筹码,促成晋惠公获释。从下文可知,吕甥与秦穆公和谈顺利,晋惠公成功获释,计策大功告成。也就是说,吕甥为促成晋惠公回国立下大功,这也许就是他为何会获得瑕、吕、阴三个采邑的原因。

【一·九】初,晋献公筮 shi 嫁伯姬秦穆姬于秦,遇《归妹》☷之《睽》☲。史苏占之,曰:

【筮】补见《知识准备》"筮"。

【《归妹》☳☱之《睽》☲☱】正杨补此筮例为本卦一爻变，得之卦，而主要以《周易》本卦变爻爻辞及之卦变爻爻辞合占之。《归妹》☳☱，本卦，《兑》☱下《震》☳上。《归妹》☳☱上六阴爻变为上九阳爻，故《归妹》☳☱变为《睽》☲☱。《睽》☲☱，之卦，《兑》☱下《离》☲上。主要以《归妹》上六爻辞及《睽》上九爻辞合占之。

【史苏】正晋卜筮之史，名苏。

"不吉。其繇 zhòu 曰：

【繇】补筮辞。

"'士刲 kuī 羊，亦无衁 huāng 也。

【刲】正刺。

【衁】正血。

○正补男人宰羊，不见血浆。此句化用《归妹》上六爻辞"士刲羊，无血"。《归妹》上卦《震》为长男，故曰"士"。

"女承筐，亦无贶 kuàng 也。

【贶】正赐。

○正杨补女人拿筐，筐中无物。此句化用《归妹》上六爻辞"女承筐，无实"。《睽》上卦《离》为中女，故曰"女"。刲羊、承筐为古代婚姻之礼，无血、无贶，是不吉之兆。

"西邻责言，不可偿也。

○正补西方邻居（秦）的责备，不可补偿。将嫁女到西方，而遇不吉之卦，因此可以推知西方邻国有责备之言。

"《归妹》之《睽》，犹无相 xiàng 也。'

【相】正助。

○ 正 补 《归妹》变成《睽》，无人相助。《归妹》，婚姻之卦；《睽》，乖离之卦。婚姻乖离，故曰"无相"。

"《震》之《离》，亦《离》之《震》：

○ 正 杨 《震》变成《离》，也就是《离》变成《震》。上文是根据《震》变成《离》，而下文则是根据《离》变成《震》。

"'为雷为火，为<u>嬴</u>败<u>姬</u>。

○ 正 补 又是雷，又是火，嬴［姓国］（秦）战胜姬［姓国］（晋）。《震》为雷，《离》为火。雷为火母，《离》变成《震》有女儿出嫁反害其母家的意象，故曰"为<u>嬴</u>败<u>姬</u>"。

"车说(脱)其輹 fú，火焚其旗。

【輹】 正 杨 补 即"伏兔"，将车轴固定在车舆上的部件，参见《知识准备》"车马"。

○ 正 杨 补 兵车脱落伏兔，大火焚烧军旗。《归妹》上卦《震》为车，下卦《兑》为毁折，故曰"车说其輹"。《离》为火，《震》为车，兵车上有旗，《离》变成《震》有烈火焚烧车旗的意象，故曰"火焚其旗"。

"不利行师，败于宗丘。

【宗丘】 正 补 即韩，见<u>桓二—桓三·六</u>。韩有先君宗庙，故称"宗丘"。

○ 正 补 不利于征战，在宗丘大败。兵车脱落伏兔、大火焚烧军旗，自然不利于出征作战。僖十五年秦败晋于韩，是其验。

"《归妹》《睽》孤，寇张之弧。

【弧】 正 杨 木弓。

○ 正 补 《归妹》遇上《睽》卦孤单，强盗张开木弓。此句化用《睽》上九爻辞:"睽孤。见豕负涂,载鬼一车,先张之弧,后说之弧,匪寇昏媾,往遇雨则吉。"上九在《睽》顶端,故曰"《睽》孤"。

"侄其从姑,六年其逋 bū。

【逋】正 杨 逃亡。

○正 杨 补 侄子跟着姑姑,六年以后才得逃脱。《离》☲以阴爻为主,而阴爻在中,《震》☳以阳爻为主,而阳爻在下,《离》之阴爻高于《震》之阳爻一位,故《离》以女而为姑,《震》以男而为侄。僖十七年太子圉至秦做人质,僖二十二年方得逃归,是其验。太子圉是侄子,秦穆姬是姑姑。

"逃归其国,而弃其家。

○正 补 逃回自己国家,抛弃了原来的妻室。僖二十二年太子圉逃归晋后,抛弃了他在秦的妻子怀嬴,是其验。

"明年其死于高梁之虚(墟)。'"

【高梁】补 见僖九·二·二。

○正 杨 补 第二年大概会死在高梁。僖二十四年晋怀公在高梁被公子重耳(晋文公)所杀,是其验。据《左传》,太子圉于僖二十二年逃归,死于僖二十四年周正二月,似乎不是死在明年而在后年。然而僖二十四年周正二月相当于夏正僖二十三年十二月,晋用夏正,因此的确是明年。

及惠公晋惠公在秦,曰:"先君晋献公若从史苏之占,吾不及此夫。"韩简韩定伯侍,曰:

"龟,象也。

○正 补 龟卜,是根据象预测吉凶的。卜用龟甲,灼烧产生兆象,从而预测吉凶。参见《知识准备》"卜"。

"筮，数也。

○ 正 补 蓍筮，是根据数预测吉凶的。筮用蓍草，推演产生数字，从而预测吉凶。参见《知识准备》"筮"。

"物生而后有象，象而后有滋，滋而后有数。

○ 正 补 事物产生之后才有了形象，有了形象之后滋长变多，滋长变多之后才有了数量。

"先君之败德，及可数乎？

○ 杨 补 先君的败德行为，难道可以数得过来吗？详见下文分析。

"史苏是占，勿从，何益？

○ 杨 补 史苏这个占筮，即使顺从，又能有什么益处？所谓顺从，是指先君当年相信此占的"不吉"结论，从而不把伯姬嫁到秦国。勿，语首助词，无义。笔者认为，韩定伯的意思是，史苏之占中所预言的这些晋国祸事是由先君败德导致的；先君败德是因，晋国祸事是果。在史苏占筮之时，先君的败德行为已经不可悉数。恶因已是既成事实，恶果已不可逆转。蓍筮能够侦知恶因之数，从而预测恶果，但想要消除恶因、避免恶果，则为时已晚。先君即使顺从史苏之占而不嫁女儿给秦穆公，晋国仍将由于晋献公败德而遭遇祸事，只不过祸事具体内容会有所不同而已（比如不会有"侄从其姑"）。

"《诗》曰：'下民之孽，匪降自天。僔 zǔn 沓 tà 背憎，职竞由人。'"

【下民……由人】 正 杨 补 在今本《诗·小雅·十月之交》，而"僔"作"噂"。可译为"下民所遭受的灾祸，不是从天而降。聚时相互附合、背后相互憎恨，主要是由于人们[恶性]竞争"。傅，聚。沓，合。职，主。竞，争。

○ 补 "**先君之败德，及可数乎**"考："先君"指晋献公，"先君之败德"指他杀尽曲沃桓叔、曲沃庄伯族群公子，逼死太子申生、驱逐公子重耳及公子夷吾之事。杜注认为，"数"是指筮数，这句的意思是，先君的败德行为不是由筮数产生的。杨注认为，这是一个倒装句，等同于"先君之败德，数可及乎"，意思是，先君的败德行为，筮数是够不着它的。杨注、杜注意见相似，都认为这句话的意思是，筮数跟先君的败德行为没有关系。笔者认为，杜、杨的理解并不准确。

第一，从语法上看：从原文"及可数乎"对译不出杜注的意思，杜注意思对应的原文应该是"其由数生乎"。杨注认为"及可数乎"是"数可及乎"的倒装，这种句意完全改变的倒装找不到其他句例。

第二，从文义来看：第一句"龟，象也。筮，数也"，说的是龟卜根据"象"来进行预测，著筮根据"数"来进行预测。第二句"物生而后有象，象而后有滋，滋而后有数"，讲的是事物的"象"和"数"的产生过程。这两句结合起来，韩定伯想要说的意思应该是：龟卜在事物萌生有象的时候便可侦知，从而推测吉凶；而著筮要到事物的象积累到一定数量的时候才可以侦知，从而推测吉凶。其实这也就是为什么说"筮短龟长"(僖四·二·一)。

如果不采信杨注的倒装假说，那么"可数乎"只可能理解为"可以数得过来吗"，也就是用设问的方式表达"数不过来"的意思。"及"按本字不可解，很可能是"乃"的误字，"乃"可解为"其"或"宁"，相关辞例可见《故训汇纂》。如此则本句相当于"先君之败德，乃可数乎"，解为"先君的败德行为，难道可以数得过来吗？"。

【二】[《春秋》书]"震夷伯之庙"，罪之也。于是展氏有隐慝 tè 焉。

【"震夷伯之庙"，罪之也】 杨 补《春秋》记载了"震夷伯之庙"这件事，是表明展氏有罪。古人迷信，见雷击展氏庙，便说展氏有隐慝。

【隐慝】 杨 不为人知的罪恶。

【三】"冬，宋人伐曹"，讨旧怨也。

【旧怨】正应指庄十四年曹与齐、陈伐宋。

【四】"楚败徐于娄林"，徐恃救也。

○正杨补本年初齐率诸侯救徐。徐仗恃诸侯救援，不设防备，故被楚所败。

○补下启僖十七年齐人、徐人伐英氏（僖十七·一）。

僖公十五年·九

地理晋、秦见僖地理示意图1。晋、秦阴、王城见僖地理示意图2。

人物吕甥（僖十一—僖十一·四·一）、秦穆公（僖九·二·三·二）、晋惠公（庄二十八·二·一）、太子圉（僖十五·八·一·七）、蛾析、庆郑（僖十四·三·二）、唐叔虞、箕子

左传【一】十月，晋阴饴甥吕甥会秦伯秦穆公，盟于王城。

【阴】正杨补在今山西霍州阴底村。晋邑，曾为吕甥采邑。参见《图集》22—23⑤8。

【王城】正杨补在今陕西大荔朝邑镇。秦邑。参见《图集》22—23⑦7。

秦伯曰："晋国和乎？"

［阴饴甥］对曰："不和。小人耻失其君晋惠公而悼丧其亲，不惮征、缮以立圉yǔ,太子圉也，曰'必报雠，宁事戎狄'。君子爱其君而知其罪，不惮征、缮以待秦命，曰'必报德，有死无二'。以此不和。"

<u>秦伯</u>曰："国谓君何？"

[阴饴甥]对曰："小人戚，谓之不免；君子恕，以为必归。小人曰：'我毒秦，秦岂归君？'君子曰：'我知罪矣，秦必归君。贰而执之，服而舍之，德莫厚焉，刑莫威焉。服者怀德，贰者畏刑，此一役也，秦可以霸。纳而不定，废而不立，以德为怨，秦不其然。'"

○ 补 **传世文献对读**：《论语·述而》"君子坦荡荡，小人长戚戚"，与此处文义甚合。

<u>秦伯</u>曰："是吾心也。"改馆晋侯晋惠公，馈七牢焉。

【改馆晋侯，馈七牢焉】 杨 补 改用宾馆接待晋惠公，并馈送七牢[以诸侯君主之礼款待]。这表示秦人将要送晋惠公归国。牢参见桓六·七·一。据《礼记·礼器》"诸侯七介七牢"及《周礼·秋官·大行人》"诸侯之礼……介七人，礼七牢"，则七牢为款待诸侯君主之礼。○ 补 就在秦、晋韩之战同一年，齐国称霸"总设计师"管仲去世，年老昏聩的齐桓公开始信任重用易牙、竖刁、堂巫、公子开方等奸臣，霸业开始出现危机（参见僖十五·一·春秋所引《管子》）。笔者认为，吕甥上面这段说辞之所以能够成功，就在于他准确地把握住了秦穆公想要抓住齐国霸业开始衰落的机遇谋求称霸的心理。他声称，如果秦穆公能在战胜晋之后放回晋惠公，就能把整场战争打造成一个彰显秦穆公德、刑威名的"称霸政治秀"，将极大地提升秦穆公的国际知名度和影响力，对他谋求称霸中原将大有助益。果然，秦穆公说"是吾心也"，很大方地承认了自己的称霸雄心。

[二·一] 蛾(蚁)析谓庆郑曰："盍(何不)行乎？"[庆郑]对曰："[吾]陷君于败，败而不死，又使[君]失刑，非人臣也。臣而不臣，行，

将焉入?"

【蛾析】正 杨 补 蛾(蚁〔蟻〕)氏,名析。晋大夫。

【陷君……臣也】正 杨 补 使国君陷于失败,战败了没有以死谢罪,又让国君失去刑罚,这就不能算是人臣了。"陷君于败"指晋惠公呼救而庆郑不救,又使韩定伯等人失掉擒获秦穆公的机会。"又使刑"指庆郑如果逃亡,晋不得以刑治之,则是使君失刑。

【二·二】十一月,晋侯晋惠公归。丁丑二十九日,杀庆郑而后入。

○ 杨 补 传世文献对读:《国语·晋语三》叙晋惠公归国之事甚详,可扫码阅读。

【三·一】是岁,晋又饥,秦伯秦穆公又饩xì之粟,曰:"吾怨其君晋惠公,而矜其民。且吾闻唐叔唐叔虞之封也,箕子曰'其后必大'。晋其庸可冀乎?〔吾〕姑树德焉,以待能者。"

【饩】补 见桓六·四·二,这里作动词用。【粟】补 见僖十三·二,此处不能确定是狭义还是广义。【矜】杨 哀怜。

【唐叔】杜 补 唐叔虞。晋始封君。姬姓,名虞。周武王(桓元—桓二·三·二)之子,周成王(僖二十五—僖二十六·四·二)太叔,邑姜(昭元·八·一·一)所生。封于唐。太叔参见隐元·四·二。【唐】补 本为商时国,陶唐氏(唐尧)之后,祁姓。在山西天马—曲村遗址百里之内(隐五·二)。西周初参与东土叛乱,被周人所灭,周成王封其弟叔虞于唐,国遂为姬姓。参见《图集》17—18②3。

【箕子】正 杨 补 子姓,箕氏,名胥余。商文丁之子,商帝乙(文二·五·二·一)之子(一说之弟),商纣(庄十一·二·二·二)庶兄(一说叔父)。商太师,封于箕。商亡后,被周武王封于朝鲜。

【晋其庸可冀乎】杨 补 晋国怎么能够期望〔被我国控制〕呢?其庸,同义虚词连用,同"岂"。冀,期望。杨注认为,"其庸可冀乎"就是宣十二·一·三的"庸可几乎",冀读如"几","尽"的意思,整句译为"晋的国运怎会就此完结呢?"

【姑树德焉,以待能者】 补 ［我］姑且树立德行,而［把征服晋的事业］留待后世有能力的人完成。

〖三·二〗 于是秦始征晋河东,置官司焉。

【征】 正 补 征收赋税。

○ 杨 补 晋惠公僖九年许诺割让给秦穆公的土地包括河外(主要是河水以南)以及河内(河水以东、以北)部分土地。本年晋败于韩之后,晋被迫兑现其承诺,将河外、河内割地交付秦,因此秦得以跨过河水,开始在河水以东的地区建立行政机构,并收取赋税。

僖公十六年·一

地理 宋、周、鲁见僖地理示意图1。

人物 叔兴、宋襄公(僖八—僖九·春秋)

春秋 十有(又)六年,春,王正月戊申朔初一,陨石于宋五。是月,六
鹢退飞,过宋都。

【朔】补 见桓三·五·春秋。

【鹢】正 杨 补 水鸟,而能高飞。有学者认为即是苍鹭(*Ardea
cinerea*),鹳形目鹭科涉禽。

左传【一】十六年,春,"陨石于宋五",陨星也。"六鹢退飞,过宋
都",风也。

【二·一】周内史叔兴聘于宋。宋襄公问焉,曰:"是何祥也? 吉
凶焉在?"[叔兴]对曰:"今兹鲁多大丧,明年齐有乱,君将得诸
侯而不终。"

【内史】补 见桓元—桓二·三。【叔兴】补 己姓,叔氏,名或字兴。
高阳氏之子叔达之后。周内史。【聘】见隐七·四·春秋。

【是何祥也? 吉凶焉在?】正 杨 祥,吉凶之先见者,征兆。第一句
这是吉兆还是凶兆,第二句问吉凶之事会在何处发生。

【今兹……不终】正 杨 补 今兹,本年。本年鲁卿成季、叔孙戴伯相继去
世,为"今兹鲁多大丧"之验。明年齐桓公卒,襄巫立武孟,公子昭(齐孝
公)奔宋,为"明年齐有乱"之验。宋襄公一度会合诸侯,而最终败于泓而
身死,为"君将得诸侯而不终"之验。据下文《左传》,叔兴此番预言,是根
据其对于鲁、齐、宋三国政治形势的洞察而作出,而与上述异象无关。

【二·二】[叔兴]退而告人曰:"君失问。是阴阳之事,非吉凶所生

也。吉凶由人。吾不敢逆君故也。"

○ 正 补 叔兴意谓，宋襄公这个问题本身就错了。陨石、鹢退飞反映的是自然界的阴阳错逆，不能预示未来的人事吉凶。未来的人事吉凶是由过去和当下人的所作所为决定的。叔兴之所以明知石、鹢之事与未来人事吉凶无关，却还要告诉宋襄公自己对于未来人事吉凶的预测，就好像自己是根据石、鹢之事推断的一样，是因为他不敢在朝堂上公然忤逆君主。

僖公十六年·二

地理 鲁见僖地理示意图 1。

人物 成季（庄二十五·六·春秋）

春秋 三月壬申 二十五日，公子季友 成季 卒。

僖公十六年·三

地理 齐、徐见僖地理示意图 1。鲁、齐、厉、徐见僖地理示意图 3。

人物 鄫季姬（僖十四·二·春秋）

春秋 夏，四月丙申 二十日，鄫季姬卒。

○ 正 此条《春秋》无对应《左传》。

左传 夏，齐伐厉，不克救徐而还。

○ 正 杨 补 夏季，齐国［为了救援徐国而］讨伐厉国，没能成功救援徐国就回去了。不克可以接谓语表示"没能成功做某事"，如襄三十一·七·一·三"吾不克救也"、僖十五·八·一·四引《国语·晋语三》"亦不克救"、定十五·十一"不克葬"。

僖公十六年·四

地理 鲁、晋见僖地理示意图 1。白狄、晋、狐厨、受铎、昆都、汾水见僖地理示意图 2。

地理 叔孙戴伯(僖三—僖四·二)

春秋 秋，七月甲子_{十九日}，公孙兹_{叔孙戴伯}卒。

　　○ 正 此条《春秋》无对应《左传》。

左传 秋，狄侵晋，取狐厨、受铎 duó，涉汾，及昆都，因晋败也。

　　【狄】补 晋西白狄，见僖三十三·五·一·一。

　　【狐厨】正 杨 补 在今山西襄汾襄陵镇西。汾水以西。晋邑。参见《图集》22—23⑤8。杨注认为狐、厨为两邑，分别为狐突、魏氏族人厨武子采邑，备参。

　　【受铎】正 杨 在今山西襄汾襄陵镇附近。汾水以西。晋邑。【汾】补 见桓二—桓三·六。【昆都】正 杨 补 在今山西临汾西南，汾水以东。晋邑。参见《图集》22—23⑤8。

　　【晋败】补 指僖十五年晋在韩地的失败。

　　○ 补 僖十六年，战败后的晋惠公畏惧公子重耳趁机作乱，于是趁重耳与狄君在渭水边打猎时，派寺人勃鞮刺杀重耳。重耳因此决定离开白狄，前往中原寻求机会(参见僖二十三—僖二十四·一·三)。笔者窃疑，公子重耳团队就在此次侵晋狄人之中，他们借此机会穿过晋国北部，前往卫、齐。

僖公十六年·五

地理 周、齐见僖地理示意图 1。周、扬拒泉皋伊雒之戎、齐见僖地理示意图 3。

左传 王_{周襄王}以戎难告于齐。齐征诸侯而戍周。

【戎难】正指戎人自僖十一年以来(参见僖十一·二·一)常侵伐王室。

僖公十六年·六

地理郑见僖地理示意图 1。

人物太子华(僖六—僖七·春秋)

左传冬,十一月乙卯十二日,郑杀子华太子华。

○正杨僖七年太子华想要借齐之力杀本国卿大夫,由此得罪,至今年被郑人所杀。据宣三·八·二·二,太子华被杀于郑都南里。

僖公十六年·七

地理鲁、齐、宋、陈、卫 2、郑、曹见僖地理示意图 1。鲁、齐、宋、陈、卫 2、郑、许、邢 2、曹、鄫见僖地理示意图 3。鲁、宋、陈、卫 2、郑、许、曹、鄫、淮夷见僖地理示意图 5。

人物鲁僖公(闵二·三·二)、齐桓公(庄八—庄九—庄十·春秋)、宋襄公(僖八—僖九·春秋)、陈穆公(僖六—僖七·春秋)、卫文公(闵二·五·四·一)、郑文公(庄十九—庄二十一—庄二十一·十一·二)、许僖公(僖五·五·春秋)、邢侯、曹共公(僖七—僖八·春秋)

春秋冬,十有(又)二月,公鲁僖公会齐侯齐桓公、宋公宋襄公、陈侯陈穆公、卫侯卫文公、郑伯郑文公、许男许僖公、邢侯、曹伯曹共公于淮。

【淮】正补淮水见桓八·二·二。诸侯相会之处,杜注认为在晋临淮郡(今江苏盱眙)附近。

左传【一】十二月,会于淮,谋鄫 zēng,且东略也。

【东略】囗补囗经略东方。呼应僖八—僖九·四·二周公孔论齐桓公之言"东略之不知,西则否矣"。

○囗杜囗囗杨囗鄫应该是受到淮水流域的(南)淮夷的侵扰,因此诸侯在会上谋划救鄫,并向东用兵以向(南)淮夷示威。

【二】[诸侯]城鄫。役人病,有夜登丘而呼曰:"齐有乱!"[诸侯]不果城而还。

【役人】又称为"役徒"(桓十二—桓十三·一)、"役"(襄七·三·一),是被征发从事各种平时和战时劳役的庶人的总称,其职责主要包括:一、平时修筑城墙以及宫、台、馆、室、囿等各类建筑;二、战时和平时挖掘沟渠;三、战时和平时推拉车舆、运输物资;四、战时随军修筑营垒、篱笆;五、战时随军砍树拾柴。其中,从事建筑工作的役人又被称为"城者"(宣二·一·三)、"筑者"(襄十七·五),从事运输的役人又被称为"舆人"(僖二十五·三),从事柴薪采集的役人又被称为"采樵者"(桓十二—桓十三·一)。

【病】囗杨囗困弊。【有】囗杨囗用法同"或",有人。

僖公十七年·一

地理 齐、徐见僖地理示意图 1。徐、英氏见僖地理示意图 5。

春秋 十有(又)七年,春,齐人、徐人伐英氏。

【英氏】正 杨 补 又作"英",周时国,偃姓。始封君为皋陶之后。在今安徽金寨东南。后被楚所灭。参见《图集》17—18④5、29—30⑤7。

左传 十七年,春,齐人为徐伐英氏,以报娄林之役也。

○ 正 杨 僖十五年娄林之役,楚败徐。英氏是楚同盟国,应该是参与了伐徐之役,因此齐人为徐伐英氏作为报复。

僖公十七年·二

地理 晋、秦见僖地理示意图 1。晋、秦、梁见僖地理示意图 2。

人物 太子圉(僖十五·八·一·七)、公子夷吾/晋惠公(庄二十八·二·一)、梁伯、梁嬴、卜招父、卜招父之子、妾

左传 [一]夏,晋大(太)子圉 yǔ 为质于秦,秦归河东而妻 qì 之。

○ 正 杨 补 僖十五年秦公子枝建议使晋太子圉为人质(僖十五·八·一·七),同年秦占据晋河东地区(僖十五·八·三·二)。至本年,太子圉如约成为人质,而秦亦将河东归还给晋。另外,僖六年春公子夷吾出奔,最早也要到僖六年冬梁嬴才可能生下子圉。因此,今年太子圉不过 11 岁,而秦穆公仍嫁女给他。

[二·一]惠公公子夷吾/晋惠公之在梁也,梁伯妻之。梁嬴孕,过期。卜招父 fǔ 与其子卜之。其子曰:"将生一男一女。"招卜招父曰:"然。男为人臣,女为人妾。"故名男曰"圉",女曰"妾"。

【惠公之在梁也】补僖六年公子夷吾出奔梁。

【梁嬴】补梁女,嬴姓。晋惠公(庄二十八·二·一)在秦之妻,晋怀公(僖十五·八·一·七)之母。

【过期】正过了预产期[还没有生]。

【卜招父】正补梁太卜,名或字招。【卜】补太卜,梁内朝官,掌占卜之事。

【臣】【妾】杨补臣,奴。妾,婢。参见襄十·七·二·三"臣妾多逃,器用多丧"。

【圉】正养马人。

[二·二] 及子圉太子圉西质,妾为宦女焉。

【宦女】杨臣隶之妾。

僖公十七年·三

地理鲁、齐见僖地理示意图1。鲁、项、齐、卞见僖地理示意图3。

人物声姜(僖十一·二·春秋)、齐桓公(庄八—庄九—庄十·春秋)、鲁僖公(闵二·三·二)

春秋夏,[我]灭项。

【项】正杨补周时国,姞姓。在今河南沈丘槐店镇西郊。僖十七年被鲁所灭,后地入于楚。参见《图集》29—30③7。然而,鲁在宋东北,而项在宋西南,鲁绕过宋灭项,从地缘角度说不通,鲁所灭之项是否真是沈丘之项,存有疑问。

秋,夫人姜氏声姜会齐侯齐桓公于卞。

【卞】正杨补在今山东泗水泉林镇卞桥村已发现其遗址(详见下)。本为周时国,始封君为曹叔振铎支子叔田。僖十七年时已为鲁公室邑,襄二十九年之后为季氏采邑。参见《图集》26—27④4。

○ 补 **卞故城遗址**：城址平面呈不规则长方形。北、西、南三面边长约八百米，东面边长约五百米。

九月，公 鲁僖公 至自会。

左传 【一】 [我]师灭项。淮之会，公 鲁僖公 有诸侯之事，未归，而 [我师] 取项。齐人以为讨，而止公。

【淮之会】 正 见僖十六·七。

【齐人以为讨，而止公】 补 齐人[认为鲁师取项是受鲁僖公指使，]因此以[灭项之事]治[鲁僖公之]罪，扣留鲁僖公[不让他回国]。

【二】 秋，声姜以公故，"会齐侯于卞"。九月，公至。[《春秋》]书曰"至自会"，[公]犹有诸侯之事焉，且讳之也。

【书曰……之也】 正 杨《春秋》书"公至自会"，就像正常参加诸侯盟会归来，而不提及被扣留而后又被释放之事，一是因为鲁僖公的确是从事诸侯之事，二是为避讳国恶。

○ 补 笔者对鲁僖公被扣留事件的内幕和后续影响有详细分析，请见专著《陵迟：鲁国的困境与抗争》（出版中，暂定书名）相关章节。

僖公十七年—僖公十八年(僖公十八年·一)

地理 齐、宋、曹、卫 2、周、徐、蔡、郑见僖地理示意图 1。齐、宋、曹、卫 2、邾、周、徐、蔡、郑见僖地理示意图 3。

人物 齐桓公(庄八—庄九—庄十·春秋)、宋襄公(僖八—僖九·春秋)、曹共公(僖七—僖八·春秋)、共姬(庄十一·三·春秋)、徐嬴、蔡姬(僖三—僖四·四·一)、长卫姬、武孟(闵二·五·四·二)、少卫姬、公子元/齐惠公、郑姬、公子昭/齐孝公、葛嬴、公子潘/齐昭公、密姬、公子商人/齐懿公、宋华子、公子雍、管敬仲(庄八—庄九—庄十·三)、饔巫、寺人貂(僖二·四·二)

春秋 冬,十有(又)二月乙亥八日,齐侯小白齐桓公卒。

○杨据《左传》,则齐桓公实卒于十月乙亥,而发往各盟国的讣告上记载时间为十二月乙亥。《春秋》以讣告记载时间为准。

十有八年,春,王正月,宋公宋襄公、曹伯曹共公、卫人、邾人伐齐。

左传【一】齐侯齐桓公之夫人三:王姬共姬、徐嬴、蔡姬,皆无子。齐侯好内,多内宠,内嬖如夫人者六人:长卫姬,生武孟;少卫姬,生惠公齐惠公;郑姬,生孝公齐孝公;葛嬴,生昭公齐昭公;密姬,生懿公齐懿公;宋华子,生公子雍。

【好内】杨喜好女色。春秋时常以"外"指男,以"内"指女,《国语·鲁语下》公父文伯之母所谓"好内,女死之;好外,士死之"。

【内嬖】补宠妾。

【惠公】正补齐惠公,即位前为公子元。姜姓,名元,谥惠。齐桓公庶子,少卫姬所生。曾出奔于卫。宣元年即位,在位十年。宣十年卒。

【孝公】正补齐孝公,即位前为公子昭。姜姓,名昭,谥孝。齐桓公庶子,郑姬所生。僖十八年齐桓公薨,五公子争立,饔巫等立武孟,公子昭奔宋。僖十八年,宋率诸侯之师伐齐,杀武孟,立齐孝公。在位十年。僖二十七年卒。

【葛】补见桓十五·六·春秋。

【昭公】正补齐昭公,即位前为公子潘。姜姓,名潘,谥昭。齐桓公庶子,葛嬴所生。僖二十八年即位,在位二十年。文十四年卒。

【密】杨见僖六—僖七·春秋"新城"。

【懿公】正补齐懿公,即位前为公子商人。姜姓,名商人,谥懿。齐桓公庶子,密姬所生。文十四年,齐昭公薨,立太子舍。公子商人弑太子舍而自立,在位四年。文十八年被邴歜、阎职所弑。

【宋华子】正补宋华氏女,子姓。齐桓公妾,公子雍之母。

○补据僖二十六·四,"桓公之子七人,为七大夫于楚",说明在本年内乱之后,有七位齐桓公之子出逃到楚国。这七公子之中,有一位应该就是僖二十六年被安置在谷邑的公子雍,其他六位身份不明。此处所记载的武孟、公子元、公子昭、公子潘、公子商人中,武孟在僖十八年已被杀死,公子昭在僖十八年已被立为国君,不可能在奔楚六公子之列。剩下的公子元、公子潘、公子商人即使都有出奔楚国的经历,也还有三名齐桓公之子是此处没有记载的。综合两处记载,可知齐桓公之子至少有九人。

【二】公齐桓公与管仲管敬仲属(嘱)孝公齐孝公于宋襄公,以为大(太)子。雍yōng(饔)巫有宠于卫共gōng姬,因寺人貂以荐羞于公,亦有宠,公许之立武孟。管仲卒,五公子皆求立。

【雍巫】正杨饔巫。名巫,字易牙。齐饔人。【雍】正杨饔人,齐内朝官,职掌烹调饮食。

【寺人】补见僖二·四·二。

【荐羞】杨补同义复词,进献的意思,常用于进献食物,如《周礼·天官·庖人》"以共王之膳与其荐羞之物"、《周礼·天官·宰夫》"掌祭祀之戒具与其荐羞"、《周礼·天官·笾人》"凡祭祀,共其笾荐羞之实"。"羞"的造字本义就是进献羊,参见<u>隐三·四·三</u>。

【管仲卒】杨 补据《史记·齐太公世家》,管敬仲、隰成子都在僖十五年去世,其临终情形参见<u>僖十五·九</u>末尾所引《管子·小称》《管子·戒》。

【五公子】杨武孟、公子元、公子潘、公子商人、公子雍。公子昭已被立为太子,不在此列。

【三】冬,十月乙亥_{七日},<u>齐桓公</u>卒。<u>易牙</u>_{竈巫}入,与<u>寺人</u><u>貂</u>因内宠以杀群吏,而立<u>公子无亏</u>_{武孟}。<u>孝公</u>_{齐孝公}奔宋。十二月乙亥_{八日},赴_(讣)。辛巳_{十四日},夜殡。

【夜殡】补夜晚将齐桓公尸体入殓并停棺。殡参见<u>隐元·五</u>。

○杨 补**传世文献对读**:《管子·小称》叙齐桓公凄惨结局(接<u>僖十五·九</u>引文),可扫码阅读。

【四】十八年,春,<u>宋襄公</u>以诸侯伐齐。三月,齐人杀<u>无亏</u>_{武孟}。

○正 补据上文,齐桓公生前将太子昭(后为齐孝公)嘱托给宋襄公。僖十七年齐桓公卒,太子昭奔宋。本年宋襄公率诸侯伐齐,其最终目的是送太子昭归国即位。

此时齐内部应该有三股政治势力,第一股是后文提到的"四公子派",由公子元、公子潘、公子商人、公子雍四公子党羽组成,他们一方面各怀鬼胎,都想趁此机会成为下一任国君,但是另一方面他们又有拒绝太子昭回国的共同利益,因此暂时团结了起来试图抵抗宋襄公;第二股是"太子昭派",由倾向于遵照齐桓公和管仲的意愿立太子昭为君的卿大夫组成;第三股是"武孟派",该股势力虽然占据着君位,但是遭到"四公子派"和"太子昭派"的共同敌视。宋襄公率诸侯讨伐齐,应该是以声讨武孟篡立为辞,而无论是"四公子派"还是"太子昭派"都有除掉武孟的共同利益,因此"齐人杀无亏"的"齐人"既有可能是"四公子派",也有可能是"太子昭派",无法明确。武孟被杀后,齐都城内只剩下了"四公子派"和"太子昭派"两股势力。

僖公十八年·二

地理　郑、楚见僖地理示意图1。

人物　郑文公(庄十九—庄二十一—庄二十一·十一·二)、楚成王(庄十四·三·二)

左传　郑伯郑文公始朝于楚。楚子楚成王赐之金,既而悔之,与之盟曰:"无以铸兵!"故以铸三钟。

【朝】补见隐四·二·七·一。

【金】杨铜。

【钟】补悬挂铜制中空敞口击奏体鸣乐器,呈两端尖锐的扁体,横截面接近于叶形,通过用木锤敲击或木柱撞击发音部位来发出乐音。先秦时期钟的用途主要有:其一,用作祭祀及行飨宴之礼时的乐器;其二,作为日常生活中使用的乐器;其三,用作军中乐器;其四,作为礼器,在其上铸铭以记载功业。据考古发现,春秋时的单钟可以发出两个音,一系列钟按音阶高低悬挂在钟架横梁(枸)上,形成一排编钟,称为一"肆",两根立柱(虡)之间的二到三肆钟还可以上下分层排列,称为一"堵"(参见襄十一·二·五·四),这样编排起来的钟可以演奏具有旋律的音乐。考古发现东周时期铜编钟实例参见僖器物图3。

○正补齐桓公死,中原无霸主,郑便转而朝楚。楚成王既赐郑金而又后悔,事后追盟限制其用途,其格局实不足以称霸。参见僖二十二—僖二十三·五楚成王为礼卒于无别之事。

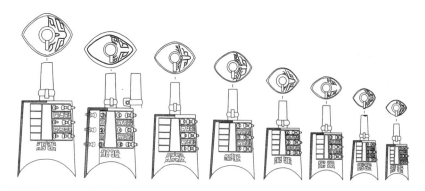

僖器物图 3.1　陕西韩城梁带村芮国墓地 M28 出土编甬钟,春秋早期后段(《梁带村芮国墓地——二〇〇七年度发掘报告》,2010 年)

僖器物图 3.2　河南新郑中行遗址铜器窖坑 K16 出土编钮钟,春秋早期到春秋中晚期(《新郑郑国祭祀遗址》,2006 年)

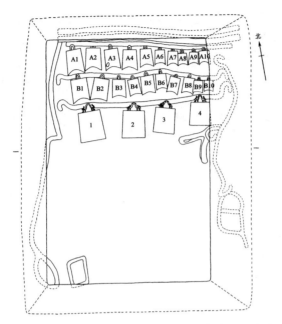

僖器物图 3.3　河南新郑中行遗址铜器窖坑 K16 出土
　　　　　铜编钟、编镈及钟架痕迹。A1—A10,上
　　　　　排编钮钟。B1—B10,下排编钮钟。1—
　　　　　4,编镈(图见裏十一·二·五·四)(《新郑郑
　　　　　国祭祀遗址》,2006 年)

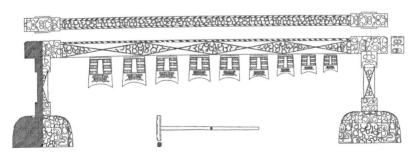

僖器物图 3.4　河南固始侯古堆 M1 出土编钮钟、漆木编钟架和木槌,春秋晚期
　　　　　(《固始侯古堆一号墓》,2004 年)

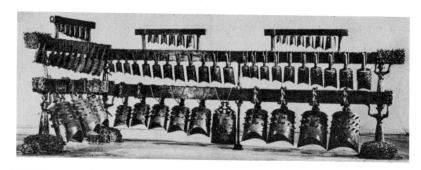

僖器物图 3.5　湖北随州曾侯乙墓出土编甬钟（中有一镈）、铜木结构编钟架及撞钟棒，左为南架，右为西架，战国初期（《曾侯乙墓》，1989 年）

僖公十八年·三

地理 鲁、齐见僖地理示意图 1。

春秋 夏，〔我〕师救齐。

　　○补 宋以曹、卫、邾之师伐齐，而鲁师救齐，则鲁师与宋师是对抗关系。所以，鲁师所救应该是"四公子党"。

僖公十八年·四

地理 宋、齐见僖地理示意图 1。宋、齐、甗见僖地理示意图 3。

人物 齐桓公（庄八—庄九—庄十·春秋）、齐孝公（僖十七—僖十八·一）

春秋 五月戊寅十四日，宋师及齐师战于甗 yǎn。齐师败绩。

　　【甗】 正 杨 补 在今山东济南市中区。齐地。参见《图集》26—27③3。

狄救齐。

　　【狄】 补 晋东狄，主力应为赤狄，见宣三·六·春秋。

○ 正 补 此条《春秋》无对应《左传》。如果此事的确发生在宋襄公立齐孝公之后,那么可能情形是:"四公子党"不甘心失败,又曾发起过武装叛乱,并且派人招来赤狄救援,不过此次叛乱以失败告终,此后齐局势终于稳定,齐桓公得以安葬。

秋,八月丁亥,葬齐桓公。

【丁亥】 正 杨 根据杜预、王韬所推春秋历,八月无丁亥。

○ 正 补 据隐元·五,诸侯五月而葬。齐孝公即位之后,方得安葬齐桓公,距初死已十一月,于礼为缓。

左传 [一] 齐人将立孝公齐孝公,不胜四公子之徒,遂与宋人战。夏,五月,宋败齐师于甗,立孝公而还。

○ 正 补 此时,曹、卫、邾师皆已罢去,鲁亦罢归,故宋师独与齐师战,齐师战败。由本段《左传》可知,"太子昭派"虽然想要拥立太子昭为君,但被"四公子派"所压制,所以与宋师交战的齐师应该既包括主动出战的"四公子派"卿大夫,也包括被裹挟应战的"太子昭派"。这样一支齐师内部必然不能团结一致,所以虽然在齐地交战,却仍然以失败告终。

[二] 秋,八月,葬齐桓公。

僖公十八年·五

地理 卫2见僖地理示意图1。邢2、卫2、訾娄(近卫)见僖地理示意图3。

人物 卫文公(闵二·五·四·一)

春秋 冬,邢人、狄人伐卫。

[左传]“冬，邢人、狄人伐卫”，围菟 tú 圃。卫侯卫文公以国让父兄子弟。及朝众，[卫侯]曰：“苟能治之，燬 huǐ, 卫文公请从焉。”众不可，而后师于訾 zī 娄。狄师还。

【菟圃】[杨]在今河南长垣境。卫地。

【訾娄】[杨][补]在今河南长垣西北。此时为卫邑，文元年前地入于郑。参见《图集》24—25③5。

○[补]下启僖十九年卫伐邢(僖十九·三)。

僖公十八年—僖公十九年(僖公十九年·一)

地理 秦见僖地理示意图1。梁、秦、新里见僖地理示意图2。

人物 梁伯

左传 梁伯益其国而不能实也,命曰"新里"。秦取之。十九年,春,[秦]遂城而居之。

【梁伯……实也】正 杨 梁伯开拓了疆土,却不能[有效迁徙民众以]充实之。

【新里】杨 补 在今陕西澄城东北二十里。梁地,僖十八年地入于秦。参见《图集》22—23⑥6。

○正 下启僖十九年梁亡(僖十九·五)。

僖公十九年·二

地理 宋、曹见僖地理示意图1。宋、滕、曹、邾、鄫、睢水见僖地理示意图4。

人物 滕宣公、宋襄公(僖八—僖九·春秋)、鄫子、公子目夷(僖八—僖九·一)、齐桓公(庄八—庄九—庄十·春秋)

春秋 十有(又)九年,春,王三月,宋人执滕子婴齐滕宣公。

【滕子婴齐】补 滕宣公。姬姓,名婴齐,谥宣。僖十九年被宋人所执。

○正 补 据成十五·三·一,则《春秋》书"宋人执滕子婴齐",表明滕子不道于其民。然而,《左传》中并没有滕子婴齐不道于其民的记载。从宋司马公子目夷斥责宋襄公"一会而虐二国之君"看,应该是宋襄公想要立威称霸,因此罗织滕子罪名通告诸侯,鲁史因而书之。

夏,六月,宋公宋襄公、曹人、邾人盟于曹南。

○ 正 诸侯在某国国都会盟,若地主国顺服盟主,以地主之礼款待与会诸侯,则《春秋》直书会盟于该国,而在列举与会诸侯时不再列举地主国,参见桓十三—桓十四·春秋。此处会盟,宋为盟主,地主曹国虽与盟而实不服,不行地主之礼,故《春秋》书"曹南"而不书"曹",且列曹人于诸侯之列。

○ 正 此条《春秋》无对应《左传》。

鄫 zēng 子会盟于邾。己酉二十一日,邾人执鄫子,用之。

【用之】 正 补 指杀鄫子而用于祭祀,如用牲畜一般。《论语·雍也》"犁牛之子骍且角,虽欲勿用,山川其舍诸"之"用"即此义。

○ 正 补 宋征诸侯会盟,鄫子亦在内。曹南之盟,鄫子仍在途中,未能参与,于是谋求到邾国与已经参加曹南之盟的邾子会盟。在宋襄公指使下,邾人杀鄫子以祀次睢之社。

○ 正 补 据成十五·三·一,则《春秋》书"邾人执鄫子",表明鄫子不道于其民。然而,鄫子虽然参加会盟迟到,但《左传》中并无鄫子不道于其民的记载。从宋司马公子目夷斥责宋襄公"一会而虐二国之君"看,应该也是宋襄公想要立威称霸,因此罗织鄫子罪名通告诸侯,鲁史因而书之。

左传 【一】宋人执滕宣公。

【二·一】夏,宋公宋襄公使邾文公用鄫子于次睢 suī 之社,欲以属 zhǔ 东夷。

【邾文公】 杨 补 曹姓,名蘧蒢,谥文。邾宪公(庄二十八·三·春秋)之子。庄二十九年即位,在位五十二年。文十三年卒。

【次睢之社】 正 杨 睢水岸边的妖神之社,东夷诸国皆祀之,可能祭祀时即用人作为祭品。当在今江苏铜山附近。【睢】 正 补 水名,今名濉河,自安徽宿州的张树闸起,向东流经灵璧县、泗县、泗洪县,注入洪泽湖。春秋时睢水参见《图集》24—25④5至⑤9。

【欲以属东夷】杨 想以此会合东夷诸国[，使其前来归服]。属，会合。

[二·二] 司马子鱼公子目夷曰："古者六畜不相为用，小事不用大牲，而况敢用人乎？祭祀，以为人也。民，神之主也。用人，其谁飨之？齐桓公存三亡国以属 zhǔ 诸侯，义士犹曰薄德。今[君]一会而虐二国之君，又用诸(之于)淫昏之鬼，将以求霸，不亦难乎？[君]得死为幸。"

【司马】见隐三·六·一·一。

【六畜不相为用】杨 应当用某种家畜的祭祀就不该用另一种家畜代替。【六畜】正 马、牛、羊、豕、犬、鸡六种主要家畜。

【飨】补 享用祭食。

【齐桓……诸侯】正 杨 补 齐桓公使三个灭亡的国家存活下来，以[这种存亡继绝的功德来]会合诸侯。据《国语·齐语》(引文见僖二·一)，可知"三亡国"指鲁、邢、卫。卫被狄所灭，确为"亡国"。鲁、邢则实为有危亡之难，而并非亡国。此处统称"三亡国"，乃是美大齐桓公功绩之辞。

【今一会而虐二国之君】正 宋襄公本年三月以会召诸侯，执滕子婴齐；六月而会盟，同月二十二日执鄫子，故曰"一会而虐二国之君"。

【淫昏之鬼】杨 指次睢之社所祀妖神。

【得死为幸】杨 补 国君能得到寿终就算是幸运了。

僖公十九年·三

地理 宋、曹、卫 2 见僖地理示意图 1。宋、曹、卫 2、邢 2 见僖地理示意图 3。

人物 宁庄子(闵二·五·二)、公子目夷(僖八—僖九·一)、宋襄公(僖八—僖九·春秋)、周文王(僖五·八·一)

春秋 秋，宋人围曹。

　○补 曹南之盟，曹人不服（参见僖十九·二·春秋），故宋人围之。

卫人伐邢。

　○正 补《春秋》宋人围曹在卫人伐邢之前，《左传》则反之。《左传》应为事件发生实际顺序，而《春秋》则根据相关国家来告文书中所载时间。

左传【一·一】秋，"卫人伐邢"，以报菟 tú 圃之役。

　【菟圃之役】补 在僖十八·五。

【一·二】于是卫大旱。[卫人]卜有事于山川，不吉。宁 nìng 庄子曰："昔周饥，克殷而年丰。今邢方无道，诸侯无伯，天其或者欲使卫讨邢乎？"[卫人]从之。[卫]师兴而雨。

　【有事】正 杨 补 有祭祀之事，这里指祭祀山川以求雨。

　【昔周饥，克殷而年丰】补 有学者据此认为，周人克商的牧野大战发生在大旱之年，其直接导火索是为了解决因旱灾发生饥荒的生存危机，是周人为了寻找生存出路而做出的举动。

　【诸侯无伯】正 杨[齐桓公已死，]诸侯无霸主。伯，长。

【二·一】"宋人围曹"，讨不服也。

【二·二】子鱼公子目夷 言于宋公宋襄公曰："文王周文王闻崇德乱而伐之，军三旬而[崇]不降。[文王]退修教，而复伐之，因垒而[崇]降。《诗》曰：'刑（型）于寡妻，至于兄弟，以御于家邦。'今君德无乃犹有所阙 quē，而以伐人，若之何？[君]盍（何不）姑内省 xǐng 德乎？无阙而后动。"

　【崇】杨 补 商时国。在今陕西鄠邑东五里。后被周文王所灭。春秋时复见,为秦属国。

【军】[补]围攻。

【因垒而降】[正][杨]［文王］沿用以前建筑的营垒而［崇人最终］投降。

【刑于……家邦】[正][杨][补]《毛诗·大雅·思齐》有此句,可译为"在嫡妻面前作出示范,进而作为同宗兄弟的表率,以此来治理卿大夫之家和诸侯之邦国"。刑,示范。寡妻,嫡妻。庶妻为众,嫡妻为寡。御,治理。

僖公十九年·四

[地理]鲁、陈、蔡、楚、郑、齐见僖地理示意图 1。

[人物]陈穆公(僖六—僖七·春秋)、齐桓公(庄八—庄九—庄十·春秋)

[春秋]冬,［我］会陈人、蔡人、楚人、郑人盟于齐。

○[正]此次齐亦参与会盟,因盟地在齐都,故《春秋》序与会诸侯之时不复列齐。

[左传]陈穆公请修好于诸侯,以无忘齐桓_{齐桓公}之德。冬,盟于齐,修桓公_{齐桓公}之好也。

○[正][补]宋襄公抛弃齐桓公"尊王攘夷"之道,执意"复古兴商"(参见僖二十二—僖二十三·七文章分析),逆时代潮流而动,让中原诸侯无法接受。诸侯思齐桓公之德,故盟于齐。楚人与盟值得注意,这说明楚已经开始作为一个"正常国家"参与中原国际事务,而不再是中原"攘夷"的对象。此盟实为针对宋襄公,故宋不与盟。

僖公十九年·五

[地理]秦见僖地理示意图 1。秦、梁见僖地理示意图 2。

[人物] 梁伯（僖十八—僖十九）

[春秋] 梁亡。

[左传]【一】"梁亡。"[《春秋》]不书其主，[梁伯]自取之也。

【不书其主，自取之也】[正]《春秋》不书"秦人灭梁"而书"梁亡"，是表明梁伯自取其祸。

【二】初，梁伯好土功，亟(qì)城而弗处。民罢(疲)而弗堪，[梁伯]则曰"某寇将至"，乃沟公宫，曰"秦将袭我"。民惧而溃，秦遂取梁。

【亟城而弗处】[杨][补]屡次筑城，却又不能[迁徙人民到城中]居住。

【乃沟公宫】[正][杨][梁伯]于是[派人]在公宫外挖深沟。

僖公二十年·一

地理 鲁见僖地理示意图1。

春秋 二十年，春，〔我〕新作南门。

【南门】正 补 即稷门，见庄三十二·四·二。本年新作之后，改名"高门"。

左传 "二十年，春，新作南门。"〔《春秋》〕书，不时也。凡启塞，从时。

【书，不时也】正 杨 《春秋》记载了此事，是因为它不合时令。土木工程之时参见庄二十九·五。

【凡启塞，从时】杨 补 凡是〔制作或修理〕城门和键闭，都应该顺从时令。启，指门扇。门扇的功用为开启，故曰"启"。塞，指键闭。古代门有两扇，每扇上钉一短木，短木上有孔，两扇合拢后，将一根横木穿在两孔中间，最后加管钥锁住。横木为"键"，短木为"闭"。键闭的功用为闭塞，故曰"塞"。

僖公二十年·二

地理 鲁见僖地理示意图1。鲁、郜见僖地理示意图4。

人物 郜子

春秋 夏，郜 gào 子来朝。

【郜】补 见隐十·一·春秋。【朝】补 见隐四·二·七·一。

僖公二十年·三

地理 鲁见僖地理示意图1。

春秋 五月乙巳二十三日，西宫灾。

【西宫】杨 诸侯有东宫、西宫、北宫。其中，西宫为君臣治事场所。
【灾】补 见桓十四·二·春秋。

僖公二十年·四

地理 郑、卫 2 见僖地理示意图 1。郑、滑、卫 2 见僖地理示意图 3。

人物 公子士泄、堵俞弥（僖六—僖七·五·三）

春秋 郑人入滑。

　　○正 据襄十三·二，入而不占有其地，则《春秋》书"入"。

左传 滑人叛郑，而服于卫。夏，郑公子士泄、堵寇堵俞弥帅师入滑。

【公子士泄】补 姬姓，名士。郑大夫。

僖公二十年·五

地理 齐、卫 2 见僖地理示意图 1。齐、邢 2、卫 2 见僖地理示意图 3。

春秋 秋，齐人、狄人盟于邢。

【狄】补 晋东狄，主力应为赤狄，见宣三·六·春秋。

左传 秋，齐、狄盟于邢，为邢谋卫难也。于是卫方病邢。

【卫难】杨 指卫对邢的侵袭。僖十九年卫曾伐邢。
【病】补 使……困苦。
○补 下启僖二十一年狄侵卫（僖二十一—僖二十一·春秋）。

僖公二十年·六

地理 楚见僖地理示意图 1。楚、随、汉水见僖地理示意图 5。

人物 斗榖於菟(庄三十·二)

春秋 楚人伐随。

左传 [一] 随以汉东诸侯叛楚。冬,楚斗榖 gòu 於 wū 菟 tú 帅师伐随,取成而还。

【汉东】 补 汉水以东。汉水见桓六·二·二。

【取成而还】 补 取得[随]求和[的结果]就回去了。

[二] 君子曰:"随之见伐,不量力也。量力而动,其过鲜 xiǎn 矣。善败由己,而由人乎哉?《诗》曰:'岂不夙夜,谓行 háng 多露。'"

【善败】 杨 即成败。

【岂不夙夜,谓行多露】 正 杨 补《毛诗·召南·行露》有此句,可译为"难道不想早晚奔波,无奈路上露水太多"。多露则不行,正所谓"量力而动"。谓,奈何。行,道。

僖公二十年—僖公二十一年(僖公二十一年·一)

地理 卫2、宋、齐、楚见僖地理示意图1。卫2、宋、楚、鹿上见僖地理示意图5。

人物 宋襄公(僖八—僖九·春秋)、臧文仲(庄十一·二·二·二)、公子目夷(僖八—僖九·一)

春秋 二十有(又)一年,春,狄侵卫。

【狄】补 晋东狄,主力应为赤狄,见宣三·六·春秋。

○正 补 狄、邢此时相亲善,卫方病邢,故狄侵卫。此条《春秋》无对应《左传》。

宋人、齐人、楚人盟于鹿上。

【鹿上】正 杨 在今山东巨野西南,曹县东北。宋地。

左传 [一] 宋襄公欲合诸侯。臧文仲闻之,曰:"以欲从人,则可;以人从欲,鲜 xiǎn 济。"

【鲜济】补 很少能成功。

○正 参见昭四·一·三"求逞于人,不可;与人同欲,尽济"。

[二] 二十一年,春,宋人为鹿上之盟,以求诸侯于楚,楚人许之。公子目夷曰:"小国争盟,祸也。宋其亡乎! 幸而后败。"

【幸而后败】补 幸运的话可以晚一点失败,言宋襄公争盟必败无疑。

僖公二十一年·二

地理 鲁见僖地理示意图1。

人物 鲁僖公(闵二·三·二)、臧文仲(庄十一·二·二·二)

春秋 夏，[我]大旱。

左传 "夏，大旱。"公鲁僖公欲焚巫、尪 wāng。臧文仲曰："非旱备也。修城郭、贬食、省用、务穑、劝分，此其务也。巫、尪何为？天欲杀之巫、尪，则如勿生[巫、尪]；[巫、尪]若能为旱，焚之滋甚。"公从之。是岁也，饥而不害。

【巫】 正 补 鲁内朝官，由女性担任，职掌包括祈雨。【尪】 正 胸脯突起、仰面朝天的畸形人。民间传言上天怜悯尪人，不愿雨水进入其鼻孔，因此停止下雨。

【修城郭】 正 补 以防备无道之国趁机入侵。郑都大火时，子产令士兵伍列登城，也是出于同样的目的（昭十八·三·二·三）。

【务穑】 杨 致力于农事。

【劝分】 正 杨 劝[有储积者]分施[给无储积者]。

【如】 杨 应。【滋】 补 益，更加。

【是岁也，饥而不害】 杨 补 这一年，[虽然发生]饥荒，但没有[对民众造成重大]损害。之所以如此，可能是因为执行了上文臧文仲所说的应对措施。

○ 正 杨 补 在商代，焚人祭天以求雨是商人常用的救旱措施。甲骨卜辞中时常提到的"𤏳""𤐩"等字，据考证即指焚人求雨之祭。如本年《左传》所述，则至春秋前期鲁僖公之时，焚人求雨仍是一种在大旱之时可用的救急措施。不过，这种做法与周人反对杀人祭神的礼制思想相违背，不得人心。此处所载臧文仲反对鲁僖公焚巫尪的言论，与僖十九·二·二·二公子目夷反对宋襄公用鄫子做祭品的言论、昭十·三·二臧武仲反对季平子用莒人做祭品的言论以及昭十一·八·二申无宇反对楚灵王用隐太子有做祭品的言论一样，都体现了春秋时人们对杀人祭神做法的反感和否定。据《礼记·檀弓下》，则至战国前期鲁穆公之时，楚巫尫已被废止，被替代为暴晒巫尫，而且即使是暴晒巫尫也被谴责是暴虐、疏陋。可扫码阅读。

僖公二十一年·三

地理 宋、楚、陈、蔡、郑、曹、鲁见僖地理示意图1。宋、楚、陈、蔡、郑、许、曹、鲁、邾、盂见僖地理示意图5。

人物 宋襄公（僖八—僖九·春秋）、楚成王（庄十四·三·二）、陈穆公（僖六—僖七·春秋）、蔡庄公、郑文公（庄十九—庄二十一—庄二十二·十一·二）、许僖公（僖五·五·春秋）、曹共公（僖七—僖八·春秋）、鲁僖公（闵二·三·二）、斗宜申、公子目夷（僖八—僖九·一）

春秋 秋，宋公宋襄公、楚子楚成王、陈侯陈穆公、蔡侯蔡庄公、郑伯郑文公、许男许僖公、曹伯曹共公会于盂。执宋公以伐宋。

【楚子】正 这是楚国君主第一次正式参与中原会盟，因此《春秋》书其爵位"子"。【蔡侯】补 蔡庄公。姬姓，名甲午，谥庄。蔡穆侯（僖六—僖七·三）之子。僖十五年即位，在位三十四年。文十五年卒。

【盂】正 杨 补 在河南睢县西北。宋地。参见《图集》24—25④6。

【执宋公以伐宋】正 补 据下文《左传》，执宋襄公者实为楚人（楚成王）。宋无德而强行争霸，诸侯皆不服宋，故《春秋》不书"楚人（楚子）"，而书"执宋公以伐宋"，好似诸侯同心共执之。

冬，公鲁僖公伐邾。

○正 补 此次伐邾，应是讨邾灭须句。参见僖二十一—僖二十二·春秋。此条《春秋》无对应《左传》。

楚人使宜申斗宜申来献捷。

【宜申】杨 补 斗宜申。芈姓,斗氏(若敖氏大宗),名宜申,字西。楚大夫,历任商县公、工尹、司马。文十年被楚穆王使人所杀。

【献捷】补 参见庄三十一—庄三十一·春秋。

○正 楚人所献为本年秋率诸侯伐宋之捷。此条《春秋》无对应《左传》。

○补 楚人此次献捷,这应该是在刻意模仿庄三十一年霸主齐桓公北伐山戎胜利后前往鲁献捷的先例(参见庄三十一—庄三十一),将楚成王比拟成当年的霸主齐桓公。

十有(又)二月癸丑十日,公鲁僖公会诸侯盟于薄,释宋公宋襄公。

【薄】杨 即亳,见庄十二—庄十三·一·二。

○正 诸侯既与楚一同伐宋,宋表面上顺服,故盟于薄以释宋襄公。

左传【一】秋,诸侯会宋公宋襄公于盂。子鱼公子目夷曰:"祸其在此乎! 君宋襄公欲已甚,其何以堪之?"

【已甚】杨 太过分。

【二】于是楚执宋公宋襄公以伐宋。冬,会于薄以释之。子鱼公子目夷曰:"祸犹未也,未足以惩君。"

【惩】补 止。

○杜 下启僖二十二年宋、楚战于泓(僖二十二—僖二十三)。

○杨 补 **传世文献对读**:《公羊传·僖公二十一年》叙此事较详,可扫码阅读。

地理 鲁见僖地理示意图1。鲁、邾、须句、任、颛臾、济水见僖地理示意图4。

人物 鲁僖公(闵二·三·二)、太皞、须句子、成风(闵二·三·四·二)

春秋 二十有(又)二年,春,公鲁僖公伐邾,取须句qú。

【须句】 正 杨 补 周时国,子爵,风姓。始封君为太皞之后。在今山东东平东南。僖二十一年被邾所灭。僖二十二年鲁伐邾,复其国。文七年鲁取须句。参见《图集》17—18②6(须句2)、26—27④3。

左传 【一】 任rén、宿、须句、颛zhuān臾,风姓也。实司大(太)皞hào与有济之祀,以服事诸夏。

【任】 正 杨 补 夏、商、周时国,夏时称"仍"。风姓,始封君为太皞之后。在今山东微山马坡镇仲浅村南已发现其遗址。参见《图集》9—10⑦14、13—14③11、17—18②6、26—27④3。

【颛臾】 正 杨 补 鲁附庸国,风姓,始封君为太皞之后。在今山东平邑柏林镇贾庄村、固城村已发现其遗址(详见下)。参见《图集》26—27④4。

【大皞】 正 补 太皞。上古圣王,伏羲氏。其居处相传在河南周口淮阳区,即春秋时陈国国都所在地(参见昭十七·五·二)。

【有济】 正 补 即济水,参见隐三·七。

【诸夏】 杨 补 中原华夏诸国。

○ 杜 颛臾故城遗址:遗址位于浚河故道西岸。城址平面近似正方形,南北长六百米,东西宽五百五十米。城址内出土了春秋时期遗物。

【二】 邾人灭须句。须句子来奔,因成风也。成风为之言于公鲁僖公曰:"崇明祀,保小寡,周礼也。蛮夷猾夏,周祸也。若封须句,是崇皞_{太皞}、济而修祀、纾祸也。"二十二年,春,"伐邾,取须句",反_(返)其君_{须句子}焉,礼也。

【因成风也】 正 杨 补 成风为鲁僖公之生母,又为须句女,故须句子前来投靠。

【明祀】 正 补 昭明的祭祀,指太皞与有济之祀。

【小寡】 杨 小国寡民,指须句。

【蛮夷猾夏】 正 补 今本《尚书·舜典》有此句,可译为"蛮夷扰乱华夏"。邾为东夷国,又灭成风母家须句,故成风贬称其为"蛮夷"。猾,乱。

【修祀】 杨 应为"修礼",可能是因为"礼"(繁体为"禮")古文作"礼"而与古文"祀"相似而致误。"修礼"对应上文"周礼","纾祸"对应上文"周祸"。"修祀"则与"崇皞、济"重复。

僖公二十二年·二

地理 宋、卫2、郑、楚见僖地理示意图1。宋、卫2、许、滕、郑、楚见僖地理示意图5。

人物 宋襄公(僖八—僖九·春秋)、卫文公(闵二·五·四·一)、许僖公(僖五·五·春秋)、滕子、郑文公(庄十九—庄二十一·庄二十二·十一·二)、公子目夷(僖八—僖九·一)

春秋 夏,宋公_{宋襄公}、卫侯_{卫文公}、许男_{许僖公}、滕子伐郑。

左传 【一】三月,郑伯_{郑文公}如楚。夏,宋公_{宋襄公}伐郑。

○ 正 杨 齐桓公死后,郑一直服于楚。僖二十一年鹿上之盟,郑文公没有参与。同年,宋求诸侯于楚,郑方才参与盂之盟。本年郑文公又朝于楚,说明郑始终服从楚。宋襄公不满郑蔑视自己的霸主地位,因此伐郑。

【二】 子鱼公子目夷曰："所谓祸在此矣。"

○ 杨 补此次宋伐郑,则是与楚相争,而宋实力远不如楚,故公子目夷曰"祸在此矣"。

僖公二十二年·三

地理周、秦、晋见僖地理示意图 1。周、秦、晋、陆浑之戎、伊水见僖地理示意图 2。

人物周平王(隐元·五·春秋)、辛有

左传【一】 初,平王周平王之东迁也,辛有适伊川,见被(披)发而祭于野者,[辛有]曰："不及百年,此其戎乎! 其礼先亡矣。"

【初,平王之东迁也】 正 补周平王东迁之事见《知识准备》"两周之际"。

【辛有】 正 补姒姓,辛氏,名有。周王室大夫。

【伊川】 杨伊水中下游区域,在今河南嵩县及伊川县境。周地。

【被发】 正 杨 补是先秦时期吴越、戎狄等非中原地区民众的发式,其形制并非单一的一种发型,而是包括剪发、发辫、垂髻在内的发式系统。

【二】 秋,秦、晋迁陆浑之戎于伊川。

【陆浑之戎】 正 补此部戎人,允姓,可能来源于西周中晚期与周朝长期征战的猃狁。始居于瓜州(襄十四·一·二·二)。僖二十二年,秦、晋使其东迁至伊川,居住在河南嵩县、伊川县之间。在伊川县鸣皋镇徐阳村旁已发现其贵族墓葬(详见下)。在嵩县田湖镇古城村有陆浑故城遗址。昭十七年被晋所灭,陆浑子奔楚,其余众服于晋者为九州之戎,此称谓来源可能是晋国将戎人按照周礼制度编为九个州。

○补徐阳陆浑戎墓地:2013 年 6 月,考古研究人员在今河南洛阳西南伊川县鸣皋镇徐阳村旁边发现了一处东周时期墓地,同年九月进行了全方位考古发掘。墓地位于顺阳河及其支流两岸台地上，西、北分别为陆浑西山和鹿蹄山，东部为伊河西岸开阔谷地。勘探发现土坑墓葬 223 座，车马坑 15 个，古城址 1 座（初步考证为两汉时期陆浑县城）。首批考古发掘墓葬 24 座，包括大型墓葬 2 座，小型墓葬 22 座，车马坑 2 座。墓地发现的陪葬车马坑东北或北部凌乱堆放或整齐摆放大量马牛羊头蹄特征，与春秋战国时期的西北地区戎人墓葬中的殉牲习俗相似，这种习俗在中原地区是首次发现。此外，据《左传》记载，陆浑戎爵位为"子"，墓地发现的"四马驾车"和"五鼎四豆"的礼器组合也与子爵档次相符。徐阳墓地应该就是陆浑戎贵族墓地。

僖公二十二年·四

地理 晋、秦见僖地理示意图 1。

人物 太子圉（僖十五·八·一·七）、怀嬴、秦穆公（僖九·二·三·二）

左传 晋大(太)子圉 yǔ 为质于秦，将逃归，谓嬴氏 怀嬴 曰："与子归乎？"

【晋大子圉为质于秦】 杨 事见僖十七·二。

【将逃归】 杨 据《史记·晋世家》，则"[晋惠公]十三年，晋惠公病，内有数子。太子圉曰：'吾母家在梁，梁今秦灭之，我外轻于秦而内无援于国。君即不起，病大夫轻更立他公子。'乃谋与其妻俱亡归"。

【嬴氏】 正 补 秦女，嬴姓。秦穆公（僖九·二·三·二）之女，先为太子圉/晋怀公（僖十五·八·一·七）之妻，称"怀嬴"。后为晋文公（庄二十八·二·一）之妻，称"辰嬴"，生公子乐。

嬴氏 对曰："子，晋大(太)子，而辱于秦。子之欲归，不亦宜乎？寡君 秦穆公 之使婢子侍执巾、栉 zhì，以固子也。从子而归，弃君命也。[婢子]不敢从，亦不敢言。"

【辱】[补]屈尊。

【婢子】[杨]见僖十五·八·一·六。【巾、栉】[杨]毛巾、梳子。

[大子]遂逃归[晋]。

○[正]参见僖十五年史苏之占（僖十五·八·一·九）。

僖公二十二年·五

[地理]周、齐见僖地理示意图1。

[人物]富辰、周襄王（僖五·五·春秋）、甘昭公（僖七—僖八·一）

[左传][一] 富辰言于王周襄王曰："请召大(太)叔甘昭公。《诗》曰：'协比其邻，昏(婚)姻孔云。'吾兄弟之不协，焉能怨诸侯之不睦？"王说(悦)。

【富辰】[正][补]富氏，名辰。周王室大夫。僖二十四年被狄人所杀。

【请召大叔】[正][补]甘昭公于僖十二年奔齐，本年富辰劝周襄王将其召回。

【协比其邻，昏姻孔云】[正][杨][补]《毛诗·小雅·正月》有此句，而"协"作"洽"。可译为"和左右邻近之人关系融洽，和[远方的]姻亲才能非常友好"。孔，甚。云，友。

【二】 王子带甘昭公自齐复归于京师，王周襄王召之也。

【京师】[补]见隐六·七。

○[正]下启僖二十四年周襄王出居于郑（僖二十四·二·五）。

僖公二十二年·六

[地理]鲁见僖地理示意图1。鲁、邾见僖地理示意图4。

人物 鲁僖公（闵二·三·二）、臧文仲（庄十一·二·二·二）

春秋 秋，八月丁未八日，[公]及邾人战于升陉 xíng。

【升陉】 正 鲁地。当在邾、鲁交界处。

○ 正 据下文《左传》，则此役，鲁师败绩，邾人悬公胄于鱼门。鲁人深以为耻，故《春秋》不言公，又不书鲁师败绩之事，以避讳国恶。

左传【一】 邾人以须句 qú 故出师。公鲁僖公卑邾，不设备而御之。臧文仲曰：“国无小，不可易也。无备，虽众，不可恃也。《诗》曰‘战战兢 jīng 兢，如临深渊，如履薄冰’，又曰‘敬之敬之，天惟显思，命不易哉’。先王之明德，犹无不难也，无不惧也，况我小国乎！君其无谓邾小。蜂虿 chài 有毒，而况国乎？”[公]弗听。

【御】 补 抵抗。【易】 杨 轻视。

【战战……薄冰】 正 杨 《毛诗·小雅·小旻》有此句，可译为“恐惧警戒，好像站在深潭边，好像踩在薄冰上”。

【敬之……易哉】 正 杨 补 《毛诗·周颂·敬之》有此句，而“惟”作“维”。可译为“警惕又警惕，上天明察一切，保守天命极不容易”。敬，警。显，明。思，语气词。

【虿】 正 补 蝎（Buthus martensi Karsch），蛛形纲蝎目钳蝎科动物，尾部长而向上翘起，末端有毒刺，蜇人能致死。

○ 补 杜甫《除草》“其毒甚蜂虿”、《遣愤》“蜂虿终怀毒”、《秋日夔府咏怀奉寄郑监李宾客一百韵》“乘威灭蜂虿”典出于此。

【二】 八月丁未八日，公鲁僖公及邾师战于升陉，我师败绩。邾人获公胄，县（悬）诸（之于）鱼门。

【胄】 正 杨 补 头盔。参见隐元·四·五·一。

【鱼门】 正 邾都城门。

○ 杨 补 **传世文献对读**：据《礼记·檀弓上》，"邾娄复之以矢，盖自战于升陉始也"，可译为"邾人用箭招初死者之魂，大概是从此次升陉之役以后开始"。常礼，大夫、士死于道，用其乘车之绥（上车拉索）招魂。此次战役，邾虽战胜，死亡亦多，无法以绥招魂，因而改用军中顺手可取的箭来代替。为了纪念此次大败鲁师的战役，从此以后，邾人即使死于家中，亦用箭，而不用常礼所规定的衣服招魂。

地理 宋、楚、齐、陈、郑见僖地理示意图 1。宋、楚、陈、郑、顿 2、缗、焦、夷、泓水见僖地理示意图 5。

人物 宋襄公(<u>僖八—僖九·春秋</u>)、齐孝公(<u>僖十七—僖十八·一</u>)、公孙固、公子目夷(<u>僖八—僖九·一</u>)、郑文公(<u>庄十九—庄二十一·庄二十一·十一·二</u>)、文羋、姜氏、楚成王(<u>庄十四·三·二</u>)、师缙、叔詹(<u>庄十七·一·春秋</u>)、成得臣、斗縠於菟(<u>庄三十·二</u>)、芳吕臣

春秋 冬,十有(又)一月己巳朔_{初一},宋公_{宋襄公}及楚人战于泓。宋师败绩。

【朔】 **补** 见<u>桓三·五·春秋</u>。

【泓】 **正** **杨** **补** 水名,在今河南柘城北。春秋时泓水参见《图集》24—25④6。

二十有三年,春,齐侯_{齐孝公}伐宋,围缗_{mín}。

【缗】 **正** **杨** **补** 在今山东金乡。此时为宋邑。本为夏时国,被夏桀所灭。参见《图集》9—10⑦14、26—27④3。

夏,五月庚寅_{二十五日},宋公兹父_{fǔ,宋襄公}卒。

秋,楚人伐陈。

左传 [一] 楚人伐宋以救郑。宋公_{宋襄公}将战。大司马固_{公孙固}谏曰:"天之弃商久矣。君将兴之,弗可赦也已。"_[公]弗听。

【大司马固】 **正** **杨** **补** 公孙固。子姓,名固。宋庄公(<u>隐三·六·一·一</u>)之孙。宋大夫,官至执政卿(继公子目夷)。任司马(卿职)。文七年被宋穆公、宋襄公之族所杀。【大司马】 **补** 见<u>隐三·六·</u>

一·一。

【天之弃商久矣】 补 周灭商在隐元年前324年（夏商周断代工程说法）或隐元年前385年（《夏商周三代纪年》说法），至本年已有四百多年，故曰"天之弃商久矣"。

〔二〕冬，十一月己巳朔，"宋公及楚人战于泓。"宋人既成列，楚人未既济。司马公孙固曰："彼众我寡，及其未既济也，请击之。"公宋襄公曰："不可。"〔楚人〕既济而未成列，〔司马〕又以告。公曰："未可。"〔楚人〕既陈而后〔宋人〕击之，"宋师败绩"，公伤股，门官歼焉。

【楚人未既济】 正 杨 楚师还没有全部渡过泓水。既，尽。

【公伤股】 杨 补 宋襄公大腿受伤。据《史记·楚世家》，则宋襄公实被箭射伤。

【门官】 杨 担任宋襄公近身护卫的卿大夫子弟。《左传》所见，郑有门子（见襄九·五·三·二），与宋门官类似。

〔三〕国人皆咎公。公曰："君子不重 chóng 伤，不禽（擒）二毛。古之为军也，不以阻隘也。寡人虽亡国之余，不鼓不成列。"

【咎】 补 怪罪。

【重伤】 杨 重复伤害，指伤害敌军伤员。

【二毛】 正 杨 补 头发有黑白两色的中老年敌军。杜甫《送贾阁老出汝州》"莫受二毛侵"、《得家书》"二毛趋帐殿"典出于此。

【阻隘】 杨 补 阻于险隘。下文"阻隘"与"鼓儳"对称，以及"阻而鼓之"，皆可知"阻"为动词。

【亡国之余】 正 杨 商被周所灭，而宋为商王室之后，故宋襄公自称"亡国之余"。

【不鼓不成列】 杨 补 不击鼓进攻没有摆开阵势〔的敌人〕。

子鱼公子目夷曰：

"君未知战。

"勍 qíng 敌之人，隘而不列，天赞我也。阻而鼓之，不亦可乎？犹有惧焉。

【勍敌】正 补 强敌。杜甫《催宗文树鸡栅》"自此均勍敌"典出于此。

【赞】杨 助。

"且今之勍者，皆吾敌也。虽及胡耇 gǒu，获则取之，何有于二毛？明耻、教战，求杀敌也。伤未及死，如何勿重 chóng？[君]若爱重伤，则如勿伤；爱其二毛，则如服焉。

【胡耇】正 杨 胡、耇都是老寿的意思。"胡耇"类似于《毛诗·周颂·载芟》的"胡考"，都是近义词连用。

【何有于二毛】杨 补 头发花白又算得了什么？

【如】杨 应当。

"三军以利用也，金鼓以声气也。利而用之，阻隘可也；声盛致志，鼓儳 chán 可也。"

【三军……气也】正 杨 补 三军是靠着有利条件而使用的，鸣金击鼓是用声音[来鼓励]士气的。

【鼓儳】正 杨 击鼓[进攻]队列不整[的敌军]。儳，队列不整。

【四·一】丙子十一月八日晨，郑文郑文公夫人芈 mǐ 氏文芈、姜氏劳楚子楚成王于柯泽。楚子使师缙 jìn 示之俘馘 guó。

【芈氏】正 补 文芈。楚王室女，芈姓。郑文公（庄十九—庄二十一—庄二十一·十一·二）夫人。

【姜氏】正 补 齐公室女，姜姓。郑文公夫人。【劳】补 慰劳。

【柯泽】正 郑地。

【师缙】正 楚乐师，名缙。【师】正 补 乐师，楚内朝官，职掌乐舞。

【俘】楊 活的俘虜。【馘】正 楊 所殺敵人的左耳。馘，《說文》引作"聝"，疑為古文正字。

○補 鄭文公兩位夫人，一位楚女，一位齊女，鄭文公在齊、楚之間首鼠兩端，利用聯姻試圖跟兩大國都保持良好關係的情狀躍然紙上。

○補 **古文字新證**："取"字字形演變情況如僖字形圖 1 所示。商代甲骨文"取"字會以又（手）取左耳之意，可見"取"字本為殺敵取耳記功而造，所取之耳則為"馘"，《說文》作"聝"。

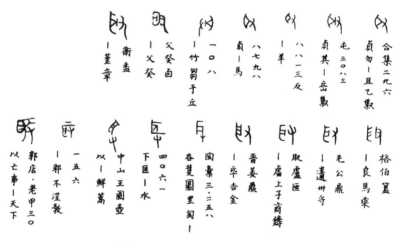

僖字形圖 1（《古文字譜系疏證》，2007 年）

【四·二】君子曰："非禮也。婦人送迎不出門，見兄弟不逾閾；戎事不邇女器。"

【門】楊 指寢門。

【見兄弟不逾閾】正 楊 補 婦人見兄弟不逾越門檻。《國語·魯語下》敘季康子與其從祖叔母交談，都不逾越門檻，孔子認為是"別于男女之禮"，則春秋時男女相見，都是以不逾門檻為禮，不僅見兄弟如此。

【戎事不邇女器】正 楊 補 軍事活動不靠近婦女所用的器物。

【五·一】丁丑_{九日}，<u>楚子</u>_{楚成王}入飨于郑，九献，庭实旅百，加笾_{biān}豆六品。飨毕，[楚子]夜出，<u>文芈</u>送于军。[楚子]取郑二<u>姬</u>以归。

【楚子入飨于郑】正 杨 补 楚成王入郑都，郑文公设飨礼款待。飨见桓九—桓十·一·二。

【九献】正 九献为飨礼最高规格，上公之礼。楚成王以霸主自居，故郑以极礼待之。

【庭实旅百】杨 参见庄二十二·三·四·二。

【加笾豆六品】正 杨 补 在常礼之外增添笾、豆六品。笾为盛无汤汁食物器具。豆为盛肉类和较湿有汁食物器具。笾豆所盛之物，据《周礼·天官·笾人》，"笾人掌四笾之实。朝事之笾，其实麷、蕡、白、黑、形盐、膴、鲍鱼、鱐。馈食之笾，其实枣、栗、桃、干橑、榛实。加笾之实，菱、芡、栗、脯。羞笾之实，糗饵、粉餈"。据《周礼·天官·醢人》，"醢人掌四豆之实。朝事之豆，其实韭菹，醓醢，昌本，麋臡，菁菹、鹿臡，茆菹、麇臡。馈食之豆，其实葵菹、蠃醢、脾析、蠯醢、蜃、蚳醢，豚拍、鱼醢。加豆之实，芹菹、兔醢、深蒲、醓醢、箈菹、雁醢、笋菹、鱼醢。羞豆之实，酏食、糁食"。【豆】补 考古报告中的铜"豆"是一种圆形或方形铜器，上常有盖，中部有长柄，下有圆形底座。一些器壁铭文上自名为"豆"，因此可以认为其确为先秦传世文献中提到的"豆"。考古发现春秋时期铜豆实例见下页僖器物图 4。

【二姬】杨 二位姬姓女子。

【五·二】叔詹曰："楚王_{楚成王}其不没乎！为礼卒于无别。无别不可谓礼，将何以没？"诸侯是以知其不遂霸也。

【不没】正 不得寿终。

【无别】杨 [男女]无别。

【遂】补 成。

○正 下启僖二十八年晋败楚于城濮、楚成王霸业不成（僖二十七—僖二十八），以及文元年太子商臣弑楚成王（文元·四）。

僖器物图 4.1　河南辉县琉璃阁卫
国墓地甲墓出土豆，春秋中期（《商周
铜器群综合研究》，1981 年）

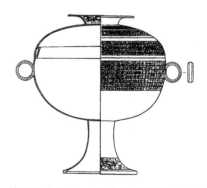

僖器物图 4.2　山西临猗程村晋国墓地
M1001 出土豆，春秋晚期偏晚（《临猗程村
墓地》，2003 年）

僖器物图 4.3　河南洛阳中州路
M535 出土豆，春秋晚期偏晚（《河
南洛阳市中州路北东周墓葬的清理》，
2002 年）

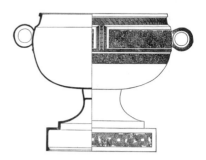

僖器物图 4.4　山西太原金胜村晋国赵
卿墓出土方座豆，春秋晚期（《太原晋国赵
卿墓》，1996 年）

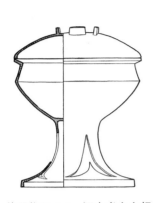

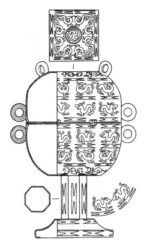

僖器物图 4.5　河南光山宝相寺黄君孟夫妇墓出土黄子豆，春秋早期《春秋早期黄君孟夫妇墓发掘报告》，1984 年）

僖器物图 4.6　河南固始侯古堆 M1 出土龙纹方豆，春秋晚期《固始侯古堆一号墓》，2004 年）

【六】"二十三年，春，齐侯伐宋，围缗"，以讨其不与 yù 盟于齐也。

○正 杨 僖十九年诸侯盟于齐，以无忘齐桓公之德。此盟本因宋襄公倒行逆施、诸侯思念齐桓公之德而起，因此宋未与盟。本年齐孝公乘宋有泓之败，又以宋不与盟为理由而讨伐之。

【七】夏，五月，宋襄公卒，伤于泓故也。

【伤于泓故也】补 指宋襄公在泓之役中大腿受伤（僖二十二—僖二十三·二）。

○补 笔者于宋襄公称霸理念及行为有详细分析，请参阅拙文《宋襄公：信天追梦的商王后裔》。

【八·一】秋，楚成得臣帅师伐陈，讨其贰于宋也。遂取焦 qiáo、夷,城顿而还。

【成得臣】正 补 芈姓,成氏(若敖氏小宗),名得臣,字玉。若敖(僖二十七—僖二十八·十一)之子成虎之后。楚大夫,官至执政(继斗穀於菟)。僖二十三年已任司马,僖二十三年伐陈之后任令尹。僖二十八年兵败自杀。

【焦】正 杨 补 在今安徽亳州谯城区已发现其遗址(详见下)。本为周时国,姜姓,始封君为神农氏之后。后为陈邑,僖二十三年地入于楚。参见《图集》29—30③7。

【夷】正 杨 补 又称"城父",在今安徽亳州谯城区城父镇已发现其遗址。本为陈邑,僖二十三年地入于楚。昭九年至昭十八年曾为许都。参见《图集》29—30③7。

【顿】正 杨 补 周时国,子爵,姬姓。在今河南商水平店乡李岗村已发现其初都遗址(顿国故城遗址,详见下)。据清华简二《系年》,庄十一年至庄十六年间楚曾"取顿以恐陈侯"。僖二十三年前不久,顿迫于陈而南徙,成为楚属国,楚因此为顿修筑新都城,在今河南项城南顿镇已发现其遗址(南顿故城遗址,详见下)。定十四年被楚所灭。初都之顿参见《图集》29—30③6"顿1"。南徙后之顿参见《图集》29—30③6"顿2"。

○ 补 谯城故城遗址:城址平面近似正方形,边长约2 000米。

○ 补 顿国故城遗址:遗址先后为春秋时期顿国都城、汉代博阳县城。城址平面呈正方形,边长500米,面积约25万平方米。城址附近发现有西周、春秋、战国及汉代墓葬。

○ 补 南顿故城遗址:遗址先后为春秋时期顿国都城、汉代南顿县城。城址东邻新运河,南邻谷水,面积约50万平方米。文化遗存时代从夏、商遗址延续到东汉末年。城内外发现有春秋及汉代墓葬。

【八·二】子文斗穀於菟以为之功,使[成得臣]为令尹。叔伯芳吕臣曰:

"子若国何?"[子文]对曰:"吾以靖国也。夫有大功而无贵仕,其人能靖者与(款)有几?"

【子文以为之功】 杨 补 [令尹]斗穀於菟认为[取焦、夷和城顿]都是成得臣的功劳。"以为之功"即"以为其功"。

【令尹】 补 见庄四·二·二。

【叔伯】 正 补 芳吕臣。芈姓,芳氏,名吕臣。楚大夫,官至执政(继成得臣)。僖二十八年后任令尹。

【靖国】 补 安定国家。

○ 补 **传世文献对读:**据《论语·公冶长》,则斗穀於菟"三仕为令尹,无喜色;三已之,无愠色。旧令尹之政,必以告新令尹"。本章所述,应是"三已"之中一次。

僖公二十三年·二

地理 晋、秦见僖地理示意图1。

人物 晋惠公(庄二十八·二·一)、晋怀公(僖十五·八·一·七)、狐突(闵二·七·二)、狐毛、狐偃、公子重耳(庄二十八·二·一)、卜偃(闵元·四·一·二)

春秋 晋侯夷吾晋惠公卒。

○ 正 杨 补 通行本中,本段《春秋》原在僖二十四·二·春秋"冬,天王出居于郑"之后。僖二十三·二·一"晋惠公卒"说明晋侯谥号,这是《左传》解《春秋》"某君某卒"常例,之前应有《春秋》。据上述理由,因而有此调整。参见杨注僖二十四年《春秋》"晋侯夷吾卒"下杨注。

左传 [一] 九月,晋惠公卒。

【二·一】怀公_{晋怀公立，命无从亡人。}〔怀公与亡人〕期，期而不至，无赦。

【亡人】|正||补| 逃亡在外的人，主要指公子重耳团队。

【期】|杨| 〔晋怀公与流亡者〕约定了归国期限。

狐突之子毛_{狐毛}及偃_{狐偃}从重 chóng 耳_{公子重耳}在秦，〔狐突〕弗召。冬，怀公执狐突曰："子来则免。"〔狐突〕对曰："子之能仕，父教之忠，古之制也。策名、委质（贽），贰乃辟 bì 也。今臣之子，名在重耳，有年数矣。若又召之，教之贰也。父教子贰，何以事君_{晋怀公}？刑之不滥，君之明也，臣之愿也。淫刑以逞，谁则无罪？臣闻命矣。"〔公〕乃杀之。

【毛】|补| 狐毛。姬姓，狐氏，名毛。狐突（闵二·七·二）之子。晋大夫，官至卿位。僖五年跟随公子重耳奔狄，僖二十四年自秦归于晋。僖二十七年任上军帅（卿职）。僖二十八年后、僖三十一年前卒。

【偃】|正||补| 狐偃。姬姓，狐氏，名偃，字犯。狐突之子，狐毛之弟，晋文公（庄二十八·二·一）之舅。晋大夫，官至卿位。僖五年跟随公子重耳奔狄，僖二十四年自秦归于晋。僖二十七年任上军佐（卿职）。僖三十三年前卒。据《墨子·所染》，"晋文染于舅犯、高偃"，舅犯即狐偃，可知狐偃是晋文公最重要的两位辅臣之一。

【策名、委质】|正||杨||补| 古人初仕，将名字记载在主公简策上（策名），并向主公进献见面礼（委质）。委，置。质，同贽，见面礼。李白《纪南陵题五松山》"委质终辅翼"典出于此。

【贰乃辟也】|正||补| 再有二心就是罪过。辟，罪。

【淫刑以逞】|杨| 滥用刑罚以图快意。

【二·二】卜偃称疾不出，曰："《周书》有之：'乃大明，服。'己则不明，而杀人以逞，不亦难乎？民不见德，而唯戮是闻，其何后之有？"

【卜】⬚补 见闵元·四·一·二。

【乃大明,服】⬚正⬚补 今本《尚书·康诰》(参见定三—定四·五·四)
有此句,此处根据下文译为"君主伟大贤明,然后臣民顺服"。

【则】⬚杨 若。

【而唯戮是闻】⬚杨 即"而唯闻戮"。

【其何后之有】⬚补 即"其有何后"。其,将。

○⬚正 下启僖二十四年晋文公杀晋怀公于高梁(僖二十三—僖二十
四·九·三)。

○⬚补 笔者对公子重耳党羽为配合重耳夺权事业而发动的多次
"舆论战"有详细分析,请参阅拙文《晋文公夺权大业的"敌后第
二战场"》。

僖公二十三年·三

⬚地理 杞 2 见僖地理示意图 4。

⬚人物 杞成公

⬚春秋 冬,十有(又)一月,杞子杞成公卒。

【杞子】⬚补 杞成公。姒姓,谥成。杞惠公(庄二十七·七·春秋)之
子。僖六年即位,在位十八年。僖二十三年卒。

○⬚正⬚杨⬚补 遍检《春秋》,则鲁桓公时期杞国君主称"杞侯",为侯爵;
庄二十六年后,绝大多数情况下称"杞伯",为伯爵。几次称"杞子"的
特殊情况,《左传》皆认为是出于贬责,而又有所不同,现罗列于下:

　　一、僖二十三·三:书曰"子",杞,夷也。

　　二、僖二十七·一:用夷礼,故曰"子"。

　　三、襄二十九·八:书曰"子",贱之也。

实际上,西周时周王室已视杞为夷,西周中期铜器《史密簋》铭文
称杞国及附近的州(舟)国为"杞夷""舟夷"即为明证。据襄二十九·

八·三,女齐曰"杞,夏余也,而即东夷"。也就是说,杞本身并非夷族,而是在西周中期就开始亲近相邻东夷,染上了夷狄之俗,在文化上与华夏民族产生了很大区别,因此周王室迳称之为"杞夷"。这种观念一直延续到春秋时代,而且可能有所深化。鲁素来以严守周礼著称,对杞国用夷礼必定非常反感,因此其国史《春秋》有上述变文。

左传 十一月,杞成公卒。[《春秋》]书曰"子",杞,夷也。[《春秋》]不书名,未同盟也。凡诸侯同盟,死则赴(讣)以名,礼也。赴(讣)以名,则亦书之,不然则否,辟(避)不敏也。

【亦】补 语助词,无义。

【辟不敏也】正 杨 避免[因为]不审慎[而误记]。敏,审慎。

地理 晋、齐、卫2、曹、宋、郑、楚、秦见僖地理示意图 1。晋、廧咎如、卫2、曹、宋、郑、秦、令狐(小图)、桑泉(小图)、臼衰(小图)、庐柳(小图)、郇(小图)、曲沃(小图)、高梁(小图)、王城(小图)、楼、绵上、河水、渭水见僖地理示意图 2。晋、齐、卫2、曹、宋、郑、五鹿见僖地理示意图 3。

人物 公子重耳/晋文公(庄二十八·二·一)、狐偃(僖二十三·二·二·一)、赵成子、颠颉、魏武子、胥臣、叔隗、季隗、伯儵、叔刘、赵宣子、卫文公(闵二·五·四·一)、野人、齐桓公(庄八—庄九—庄十·春秋)、蚕妾、姜氏、曹共公(僖七—僖八·春秋)、僖负羁、僖负羁之妻、宋襄公(僖八—僖九·春秋)、郑文公(庄十九—庄二十一—庄二十二·十一·二)、叔詹(庄十七·一·春秋)、楚成王(庄十四·三·二)、成得臣(僖二十二—僖二十三·八·一)、晋惠公(庄二十八·二·一)、唐叔虞(僖十五·九·三·一)、秦穆公(僖九·二·三·二)、怀嬴(僖二十二·四)、公子絷(僖十五·八·一·七)、晋怀公(僖十五·八·一·七)、吕甥(僖十一—僖十一·四·一)、郤芮(僖六·一)、寺人勃鞮(僖五·二·二·二)、晋献公(庄十八·一·一)、文嬴、头须、赵同、赵括、赵婴齐、赵姬、介之推、介之推之母

春秋 二十四年,春,王正月。

左传 [一·一] 晋公子重 chóng 耳之及于难也,晋人伐诸(之于)蒲城。蒲城人欲战,重耳公子重耳不可,曰:"[吾]保君父之命而享其生禄,于是乎得人。[吾]有人而校 jiào,罪莫大焉。吾其奔也。"遂奔狄,从者狐偃、赵衰 cuī,赵成子、颠颉 jié、魏武子、司空季子胥臣。

【晋公……蒲城】正 晋人伐蒲之事参见僖五·二·二·二。

【保君……大焉】正 杨 补 [我]依靠君父的赐命而享有养生之禄位,从而得到[蒲邑的]民众。[我]有民众[的拥护]而反抗,没有比这

更大的罪过了。保，依靠，仗恃。校，抵抗。

【赵衰】 正 杨 补 赵成子。嬴姓，赵氏，名衰，字余，谥成，排行季。赵氏担任族长者皆称"赵孟"，所以赵成子虽然排行季，却又称"孟子余"。赵夙（闵元·四·一·一）之弟。晋大夫，官至卿位。僖五年随公子重耳奔狄，僖二十四年自秦归于晋。僖二十五年任原县大夫，僖三十一年任新上军帅（卿职），僖三十二年已任上军佐（卿职），僖三十三年可能已任上军帅（卿职），文二年已任中军佐（卿职）。文六年前卒。食采于原。

【魏武子】 正 杨 补 姬姓，魏氏，名犨，谥武。芒季之子，毕万（闵元·四·一·一）之孙。晋大夫。僖五年随公子重耳奔狄，僖二十四年自秦归于晋。僖二十七年任戎右。宣十五年前卒。

【司空季子】 正 杨 补 胥臣。姬姓，胥氏，又为白氏，名臣，字犯，排行季。晋大夫，官至卿位。僖五年随公子重耳奔狄，僖二十四年自秦归于晋。先任司空，僖二十八年任下军佐（卿职）。文六年前卒。食采于白。【司空】 补 见庄二十五—庄二十六·二。

○ 补 综合《左传》《国语》《史记》的记载，有学者认为，跟随公子重耳的流亡队伍至少包括这些人：

一、按照德才及业绩论，核心团队是狐偃、赵成子、贾佗、魏武子、胥臣五人，所谓"五贤士"；其中狐偃、赵成子、贾佗三人最为重要，所谓"三材"。

二、从亡队伍中还有颠颉、狐毛、介之推、舟之侨、壶叔等人。《史记·晋世家》认为先轸是"五贤士"之一，而《史记·晋世家》《索隐》又认为"介之推"是"五贤士"之一。然而学者分析认为，先轸可能是重耳团队进入晋国时的内应，但并未从亡；介之推是从亡团队中地位较低的人，因此有割股食公子之事，而在公子重耳即位后又没有得到赏赐。

○ 补 公子重耳逃亡路线，《左传》《史记》《吕氏春秋》为狄→卫→齐→曹→宋→郑→楚→秦，而《国语》为狄→卫（五鹿）→齐→卫→曹→宋→郑→楚→秦，两者最大区别在于，《左传》中过卫只有一次，那就是先过卫都不受礼遇，然后出于卫邑五鹿；《国语》中过卫有两次，一次是在至齐之前过卫邑五鹿，一次是离开齐之后过卫，都不受礼遇。

○杨补**传世文献对读**：《国语·晋语二》载公子重耳出奔狄之缘由，可扫码阅读。

【一·二】狄人伐廧 qiáng 咎 gāo 如，获其二女叔隗 wěi、季隗，纳诸 (之于)公子公子重耳。公子取季隗，生伯儵 chóu、叔刘；以叔隗妻 qì 赵衰，生盾赵宣子。

【廧咎如】正杨补赤狄别种，隗姓。据闵二·七·一的考证，廧咎如应该就是北迁后的皋落氏，因此廧咎如地望应该在山西昔阳皋落镇。成三年被晋所灭。参见《图集》22—23⑤10。《图集》将廧咎如标在河南安阳西南，有可能是皋落氏北迁过程中的中间驻地，而昔阳则是定居地。本书示意图依据考证标注。

【叔隗】杨补廧咎如女，隗姓，排行叔。赵成子在狄时之妻，赵宣子之母。僖二十四年赵成子归于晋，叔隗随后归于晋，为赵成子嫡妻。

【季隗】杨补廧咎如女，隗姓，排行季。叔隗之娣，公子重耳（庄二十八·二·一）在狄时之妻，伯儵及叔刘之母。僖二十四年公子重耳归晋即位，季隗随后归于晋。

【伯儵】补姬姓，名儵，排行伯。公子重耳之子，季隗所生。【叔刘】补姬姓，名刘，排行叔。公子重耳之子，伯儵同母弟，季隗所生。

【盾】正补赵宣子。嬴姓，赵氏，名盾，谥宣，排行孟。赵成子之子，叔隗所生。晋大夫，官至执政卿（继狐射姑）。文六年董之蒐前可能已任中军佐（卿职），董之蒐后任中军帅（卿职）。宣八年前已告老或去世。

【一·三】[公子]将适齐，谓季隗曰："待我二十五年，[我]不来，而后嫁。"[季隗]对曰："我二十五年矣，又如是而嫁，则就木焉。

请待子。"[公子]处狄十二年而行。

【就木】正 杨 补进棺材。

○正 补公子重耳从狄地启程前往齐国之时当僖十六年。据僖二十三—僖二十四·十三·二,则赵成子也将其妻叔隗、其子赵宣子留在了狄地。

○杨 补 传世文献对读:《国语·晋语四》载重耳一行处狄十二年之后决定出行缘由,可扫码阅读。

据《史记·晋世家》,"惠公七年,畏重耳,乃使宦者履鞮与壮士欲杀重耳。重耳闻之,乃谋赵衰等曰:'始吾奔狄,非以为可用与,以近易通,故且休足。休足久矣,固愿徙之大国。夫齐桓公好善,志在霸王,收恤诸侯。今闻管仲、隰朋死,此亦欲得贤佐,盍往乎?'于是遂行"。晋惠公七年正是僖十六年。据僖二十三—僖二十四·十·二,则公子重耳居狄期间,晋惠公曾派遣寺人勃鞮刺杀公子重耳而不果,与《史记》合。综合《左传》《国语》《史记》的记载,则公子重耳一行选择在此时启程前往齐国,内因是投靠暮年齐桓公谋求发展,而时间点的选择应该是受到了晋惠公派寺人勃鞮前来刺杀的触动。

【二】过卫,卫文公不礼焉。[公子重耳]出于五鹿,乞食于野人,野人与之块。公子怒,欲鞭之,子犯狐偃曰"天赐也",稽qǐ首,受[块]而载之。

【五鹿】正 杨 补据《穆天子传》,则"五鹿"由周穆王赐名,与他在当地狩猎白鹿有关。春秋时期的五鹿地望有争议:一说在河南清丰西北,此为杜注二说之一,《图集》采用此说。一说在河北大名东,沙鹿山(僖十四·三·春秋)附近,此为杜注二说之一。一说在河南濮阳南三十里,杨注主此说。一说在河南南乐东五楼村一带。本书示意图仍采用《图集》说。此时为卫邑。僖二十八年被晋所取。

襄二十五年前复归于卫。哀元年前复归于晋。参见《图集》24—25
③6。

【野人】补郊野的农民，与居住在国都及近郊的"国人"相对。参见
《知识准备》"国野"。

【块】正杨土块。

【子犯曰"天赐也"】正补狐偃将此事诠释成将得到土地的吉兆，故
曰"天赐也"。据下引《国语·晋语四》，则狐偃认为这预示着 12 年之
后公子重耳将得到五鹿。

【稽首】补见僖五·二·二·一。

○杨公子重耳过卫在僖十六年。

○正杨补**传世文献对读**：《国语·晋语四》先叙重耳一行过卫邑
五鹿之事，在叙述重耳在齐之事之后，又叙过卫都不受礼遇之事，可
扫码阅读。

【三】及齐，齐桓公妻 qì 之，有马二十乘 shèng。公子公子重耳安
之，从者以为不可。[从者]将行，谋于桑下。蚕妾在其上，以
告姜氏。姜氏杀之蚕妾，而谓公子曰："子有四方之志，其闻
之者，吾杀之矣。"公子曰："无之。"姜姜氏曰："行也！怀与
安，实败名。"公子不可。姜与子犯狐偃谋，醉[公子]而遣之。
[公子]醒，以戈逐子犯。

【马二十乘】正杨一乘马车用四匹马，马二十乘即八十匹马。

【蚕妾】杨补养蚕的侍妾。

【姜氏】杨补齐女，姜姓。齐桓公（庄八—庄九—庄十·春秋）之
女，公子重耳在齐时之妻。

【子有四方之志】补杜甫《前出塞九首》"丈夫四方志"典出于此。

【怀与安】杨留恋[妻室]和安于[现状]。

【戈】补长柄兵器，横刃，用于横击和钩割敌人。考古发现东周时期

戈实例见僖器物图 5。

○ 杨 公子重耳及齐在僖十六年。一年后（僖十七年），齐桓公去世，齐孝公即位。公子重耳离开齐谋求复辟在僖二十二年。晋惠公于僖二十三年去世，笔者深疑公子重耳团队之所以要在僖二十二年启程，是通过其在国内的党羽得知了晋惠公的健康状况，知道他命不久矣，于是赶紧从齐启程回国。一说，据僖二十三—僖二十四·八·二所引清华简七《子犯子余》及《韩非子·十过》，重耳在秦三年。据这种说法则离开齐在僖二十年。

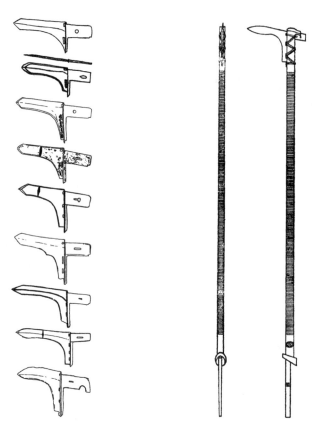

僖器物图 5.1　春秋时期铜戈头（《中国青铜器综论》，2009 年）

僖器物图 5.2　湖北随县曾侯乙墓出土戈，战国初期（《曾侯乙墓》，1989 年）

○ 正 杨 补 **传世文献对读：**《国语·晋语四》叙此事甚详，可扫码阅读。

[四·一] 及曹，<u>曹共公</u>闻其骈胁，欲观其裸。[公子]浴，[公]薄而观之。

【骈胁】 正 肋骨排列紧密，好像并成一块。骈，并。

【薄而观之】 正 杨 补 杨注认为薄是"帘"的意思，这里作动词，"薄而观之"就是"设帘而在帘后偷窥"。杜注认为"薄"是"迫近"的意思，"薄而观之"就是"凑到跟前去观瞧"。僖公二十八年晋文公率军攻入曹都后，斥责曹共公当年观看自己骈胁的情状（<u>僖二十七—僖二十八·九·一</u>），似乎杜注的解释更足以被列为重大罪状。

○ 杨 公子重耳及曹应在僖二十二年。一说重耳在秦三年，据这种说法则至曹在僖二十年。

[四·二] 僖负羁之妻曰："吾观晋公子公子重耳之从者，皆足以相 xiàng 国。若以相，夫 fú 子公子重耳必反（返）其国。[公子]反（返）其国，必得志于诸侯。[公子]得志于诸侯，而诛无礼，曹其首也。子盍（何不）蚤（早）自贰焉！"[僖负羁]乃馈[公子]盘飧 sūn，置璧焉。公子受飧，反（返）璧。

【僖负羁】 补 曹大夫。

【夫子】 杨 指公子重耳。夫，那。子，男子美称。

【自贰】 正 杨 补 主动有二心于曹，而与重耳结交。

【盘飧】 正 补 盘盛熟食。【盘】 补 盛食器。考古报告中的铜"盘"是浅底圆口铜器。器壁铭文中多有自名为"盘"者，可以认为其即是先秦传世文献中所提到的盘。考古发现春秋时期铜盘实例见僖器物图 6。

【璧】 补 见桓元·一·春秋。

○ 杨 补 **传世文献对读**：据《国语·晋语四》，则僖负羁私下结交公子重耳之后，曾进谏曹共公，可扫码阅读。

僖器物图 6.1　山西闻喜上郭村晋国墓地 M51 出土盘，春秋早期偏晚至中期初（《闻喜上郭村古墓群试掘》，1994 年）

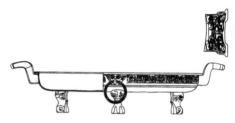

僖器物图 6.2　河南新郑郑韩路郑国墓地 M6 出土盘，春秋中期偏晚至晚期初（《新郑市郑韩路 6 号春秋墓》，2005 年）

僖器物图 6.3　山西侯马上马村晋国墓地 M1026 出土盘，春秋晚期偏早（《上马墓地》，1994 年）

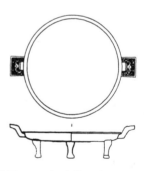

僖器物图 6.4　河南洛阳中州路 M535 出土盘，春秋晚期偏晚（《河南洛阳市中州路北东周墓葬的清理》，2002 年）

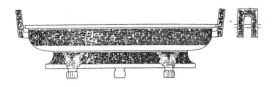

僖器物图 6.5　甘肃礼县圆顶山秦国墓地 M1 出土盘，
春秋早期偏晚（《礼县圆顶山春秋秦墓》，2002 年）

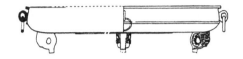

僖器物图 6.6　河南淅川下寺楚国墓地 M10 出土
盘，春秋晚期后段（《淅川下寺春秋楚墓》，1991 年）

【五】及宋，<u>宋襄公</u>赠之以马二十乘 shèng。

○ 杨　公子重耳及宋在僖二十二年。同年十一月初一发生了宋楚泓
之战（僖二十二—僖二十三·二）。据《史记·宋微子世家》，则公子
重耳在泓之战后到达宋，当时宋襄公正负伤在身。一说认为重耳在
秦三年，据这种说法则及宋在僖二十年，在泓之战之前。

> ○ 杨 补 **传世文献对读：**《国语·晋语四》叙此事较详，可扫码
> 阅读。
> ○ 杨 补 **传世文献对读：**《史记·晋世家》叙公子重耳一行离开
> 宋国的缘由："宋司马公孙固善于咎犯，曰：'宋小国新困，不足以
> 求入，更之大国。'乃去。"

【六】及郑，<u>郑文公</u>亦不礼焉。<u>叔詹</u>谏曰："臣闻天之所启，人
弗及也。<u>晋公子</u>公子重耳有三焉，天其或者将建诸（之乎），君郑文
公其礼焉！男女同姓，其生不蕃 fán。晋公子，姬出也，而至于
今，一也。[晋公子]离（罹）外之患，而天不靖晋国，殆将启之，二
也。[晋公子]有三士，足以上人，而从之公子重耳，三也。晋、郑同

侪 chái,其过子弟,固将礼焉,况天之所启乎?"[公]弗听。

【启】正 杨 开,引申为赞助。

【蕃】正 杨 蕃衍,子孙昌盛。

【晋公子,姬出也】正 补 公子重耳为姬姓女子(大戎狐姬)所生。公子重耳之父晋献公亦为姬姓,故犯"男女同姓,其生不蕃"之忌。

【靖】杨 安。

【三士】正 据《国语·晋语四》(见僖二十三—僖二十四·五引文),"三士"指狐偃、赵成子、贾佗。

【晋、郑……启乎】正 补 晋、郑地位平等,两国子弟路过,本来就应当以礼相待,何况是上天所赞助的人呢? 侪,等。

○杨 公子重耳及郑在僖二十三年。一说重耳在秦三年,据这种说法则及郑在僖二十一年。

○正 杨 补 **传世文献对读:**《国语·晋语四》叙此事较详,可扫码阅读。

【七】及楚,楚子楚成王飨之。

【飨】见桓九—桓十·一·二。

○杨 补 公子重耳及楚在僖二十三年,应该是在成得臣晋升令尹之后(僖二十二—僖二十三·八·二)。一说重耳在秦三年,据这种说法则及楚在僖二十二年。

[楚子]曰:"公子若反(返)晋国,则何以报不穀?"

【不穀】补 楚君虽然称王,尚不敢袭用周王"余一人"的自称,而是遵循周王降名之例,自称"不穀"。不穀参见僖三—僖四·六。

[公子]对曰:"子、女、玉、帛,则君有之;羽、毛、齿、革,则君地生焉。其波及晋国者,君之余也。其何以报君?"

【子、女】杨指男女奴隶。

[楚子]曰："虽然,[公子]何以报我?"

[公子]对曰："若以君之灵,[重耳]得反(返)晋国,晋、楚治兵,遇于中原,其辟(避)君三舍 shè。若不获命,[重耳]其左执鞭、弭 mǐ,右属 zhǔ 櫜 gāo、鞬 jiàn,以与君周旋。"

【灵】补福。

【治兵】杨讲习武事。此处为外交辞令,实为交战之义。

【三舍】杨古代行军,一宿为一"舍"。军行一日三十里,故三十里亦为一"舍"。

【若不获命】正 补如果仍不能获得[君王宽恕]的命令。

【其左……周旋】正 杨 补[我]将左手执鞭、执弓,右边挂着箭袋、弓袋,来与君王[在战场上]相追逐。弭,无缘之弓,这里泛指弓。属,着。櫜,箭袋。鞬,弓袋。

子玉成得臣请杀之。楚子曰："晋公子公子重耳广而俭,文而有礼。其从者肃而宽,忠而能力。晋侯晋惠公无亲,外内恶 wù 之。吾闻姬姓,唐叔唐叔虞之后其后衰者也,其将由晋公子乎! 天将兴之,谁能废之? 违天,必有大咎。"乃送诸(之于)秦。

【吾闻……子乎】杨 补我听说姬姓诸侯中,唐叔虞的后代将会最后灭亡,这恐怕是由于公子重耳的缘故吧?

【咎】补灾祸。

○杨 补**传世文献对读**:《国语·晋语四》详叙楚成王享公子重耳并将其送至秦国的事,可扫码阅读。

○杨 补**传世文献对读**: 除上引《国语·晋语四》之外,《史记·晋世家》曰"子圉之亡,秦怨之,乃求公子重耳,欲内之",清华简二《系年》曰："怀公自秦逃归,秦穆公乃召文公于楚,使袭怀公之室"。进一步点明秦穆公召公子重耳的缘由,是怨恨太子圉(后来的晋怀公)逃归晋国,因此下决心要拥立公子重耳为君。《晋世家》又叙楚成王送别公子重耳情形:"成王曰:'楚远,更数国乃至晋。秦晋接境,秦君贤,子其勉行!'厚送重耳。"

【八·一】秦伯秦穆公纳女五人[于公子],怀嬴与 yù 焉。[怀嬴]奉匜 yí 沃,[公子]盥,既而挥之。[怀嬴]怒,曰:"秦、晋匹也,何以卑我!"公子公子重耳惧,降服而囚。

【奉匜……挥之】　正　杨　补　[怀嬴]捧着匜倒水,[公子重耳]洗手洗面,洗完后[公子]挥手[将水甩掉]。沃,浇灌。古人洗手,一人持匜,将水倒在盥洗者手上,下有盘,用以盛接匜中倒下的水。据《礼记·内则》"盥卒,授巾",则盥洗完毕之后,应等待怀嬴递上巾擦干,重耳挥手甩水为非礼。【匜】　正　补　盛水器。考古报告中的"匜"是一种形似水瓢、一端有流、一端有尾的铜器。有些器壁铭文上有自名为"也""鈶""盅",与匜相通,应即先秦传世文献中提到的匜。根据考古资料分析,东周时期的匜主要可以有两种类型,A 型横长腹,B 型纵长腹。A 型是延续西周中晚期周人铜匜的传统形制,源自北方周文化系统;而 B 型最早见于春秋初期的淮河上游,源自南方楚文化系统。考古发现春秋时期铜匜实例见僖器物图 7。

【怒,曰……卑我】　杨　补　怀嬴发怒,说:"秦、晋两国地位对等,为什么鄙视我?"匹,敌,对等。据《仪礼·士昏礼》,则新郎入室,新妇之从者曰媵,为新郎沃盥;新郎之从者曰御,为新妇沃盥。此处秦穆公可能是以文嬴嫁与公子重耳为夫人,而以怀嬴为媵妾陪嫁,因此由怀嬴为公子重耳沃盥。怀嬴本为太子圉(晋怀公)之夫人,如今降位而成为公子重耳之媵妾,可能心有怨恨,因此公子重耳小有失礼,而怀嬴即发怒,而且以得罪秦相威胁。杜甫《送大理寺封主簿五郎亲事不合》"颇谓秦晋匹"典出于此。

【降服而囚】 补 换了低等级的衣服，把自己囚禁起来，表示谢罪。

○ 补 公子重耳及秦在僖二十三年。僖二十二年太子圉自秦逃归晋（僖二十二·四），此后秦穆公方才从楚召来公子重耳。一说重耳在秦三年，据这种说法则及秦在僖二十二年，僖二十二年、二十三年、二十四年在秦。

○ 正 杨 补 传世文献对读：《国语·晋语四》叙公子重耳降服而囚之后情况，可扫码阅读。

《论语·雍也》："子曰：'质胜文则野，文胜质则史，文质彬彬，然后君子。'"以此标准对观上述引文中司空季子（胥臣）、子犯（狐偃）、子玉（赵衰）三人，则司空季子为"文胜质则史"，子犯为"质胜文则野"，而子余为"文质彬彬"。

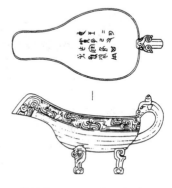

僖器物图 7.1　山西闻喜上郭村晋国墓地 M51 出土匜，A 型，春秋早期偏晚至中段初（《闻喜上郭村古墓群试掘》，1994 年）

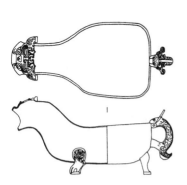

僖器物图 7.2　河南新郑郑韩路郑国墓地 M6 出土匜，A 型，春秋中期偏晚至晚期初（《新郑市郑韩路 6 号春秋墓》，2005 年）

僖器物图 7.3　山西太原金胜村晋国赵卿墓出土匜，A 型（近 B 型），春秋晚期（《太原晋国赵卿墓》，1996 年）

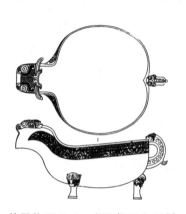

僖器物图 7.4 山西侯马上马村晋国墓地 M1004 出土匜，B 型，春秋晚期偏晚（《上马墓地》，1994 年）

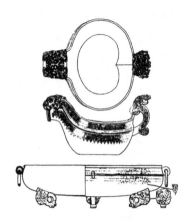

僖器物图 7.5 河南淅川下寺楚国墓地 M2 出土僴盥匜及僴盥盘，B 型，春秋中期后段（《淅川下寺春秋楚墓》，1991 年）

【八·二】他日，公秦穆公享之。子犯狐偃曰："吾不如衰赵成子之文也。请使衰从。"

【享】 补 见桓九—桓十·一·二。

公子赋《河水》。

○ 正 杨 补 《毛诗》无《河水》，杜注认为是逸诗，而杨注引韦注认为《河水》疑实为《毛诗·小雅》的《沔水》，由于"河""沔"两字形近致误。若果为《沔水》，则公子重耳大概义取"沔彼流水，朝宗于海"，以流水自比，以海比喻秦，以流水归于大海比喻自己返国后将恭顺地事奉秦。

公秦穆公赋《六月》。

○ 正 杨 补 《毛诗·小雅》有《六月》。《六月》主旨是赞美西周王室名臣尹吉甫，秦穆公取"文武吉甫，万邦为宪"，鼓励公子重耳归国即位之后，要成为像尹吉甫那样"万邦为宪"的模范王臣，其实也就是成为模范诸侯国君,因为诸侯国君在名义上都是周王的守土之臣。

赵衰_{赵成子}曰:"重耳_{公子重耳}拜赐!"公子降,拜,稽 qǐ 首。公降一级而辞焉。衰曰:"君_{秦穆公}称所以佐天子者命重耳,重耳敢不拜?"

【公子降,拜,稽首】 杨 公子重耳降至阶下,再拜稽首。再拜稽首参见僖五·二·二·一。

【公降一级而辞焉】 杨 秦穆公降阶一等辞谢。依《仪礼·公食大夫礼》及《仪礼·聘礼》,则宾、主地位不对等,若宾卑主尊,宾必降拜,主必降辞。辞者,辞其降拜,非辞其稽首。

【衰曰……不拜?"】 补 赵衰说:"君主称述足以辅佐天子的品质来命令重耳,重耳岂敢不拜?"秦穆公赋《六月》,本来只是在享礼上礼节性地夸赞和鼓励公子重耳。然而,在春秋时期,"匡王国(匡正周王室分封的诸侯国)""佐天子(辅佐周天子)"是霸主的职责,赵成子抓住了这个让秦穆公留下口实的机会,先让公子重耳行稽首大礼,然后说了这句话,将秦穆公赋《六月》定性为秦穆公允许公子重耳像霸主那样匡正诸侯、辅佐天子的正式命令。下引《国语·晋语四》版本中,赵成子说:"君称所以佐天子、匡王国者以命重耳,重耳敢有惰心,敢不从德?"意思更加明显。这就为僖二十五年晋文公甩开秦穆公南下勤王提供了理据:晋文公这样做并非要与秦穆公争霸,而是贯彻落实秦穆公要求晋文公"匡王国""佐天子"的命令。

○补 **传世文献对读:**《毛诗·小雅·沔水》《毛诗·小雅·六月》的原文,可扫码阅读。

○杨 补 **传世文献对读:**《国语·晋语四》叙此次享礼及第二天宴礼详情,可扫码阅读。

○补 **传世文献对读:**《国语·晋语四》在此处叙重耳筮得晋国之事,可扫码阅读。

○补**出土文献对读**：清华简七《子犯子余》篇披露了很多秦穆公团队和公子重耳团队之间相互试探、秦穆公团队内部君臣谋划的细节，包括秦穆公询问子犯（狐偃）、子余（赵成子），询问谋臣蹇叔，以及公子重耳询问蹇叔三组对话，可扫码阅读。

从这段出土文献材料里可以看出如下三点：

第一，就像秦穆公当年用"公子在晋内部仰仗谁"这样的问题来试探公子夷吾团队的志向和格局一样（参见僖九·二·三·二），秦穆公对公子重耳团队也进行了巧妙的试探。他故意把公子重耳当年主动放弃秦拥立（参见僖九·二·三·二所引《国语·晋语二》）说成是重耳团队的重大失误，然后质问狐偃和赵成子：发生了这么大的失误，到底是公子重耳自己谋划能力差呢，还是他没有合格的谋臣呢？这样尖酸刻薄的质疑应该是秦穆公团队精心设计出来的，其目的就在于考验公子重耳这两位心腹谋臣的应对能力，并揣摩公子重耳的志向格局。狐偃、赵成子沉着冷静，他们坚持"塑造公子重耳英主候选人形象"这个一以贯之的整体策略，采用当年公子重耳在晋和秦使者面前慷慨陈词时所定的调子，强调公子重耳是因为坚持自己的道德操守而主动放弃了这个机会，但同时又表达出如今想要得到秦这个"强大的依靠"的愿望，二人口径一致、不卑不亢的回答得到了秦穆公的钦佩和奖赏。

第二，秦穆公看到公子重耳团队如此优秀却长期在外流浪不得回国，不禁感慨万分，于是向贤大夫蹇叔请教民众的信任为何如此难以获得，以及古代圣哲之君如何能使民众团结和睦。蹇叔也抓住这个机会向秦穆公灌输治国正道，用先弹墨线再砍削木料作比方来阐述"秉持法度"的重要性，又用成汤得到民心、殷纣丧失民心的鲜明对比来阐述"用美德和睦民众"的道理。秦穆公对于蹇叔的尊敬和信任，由此可见一斑。

第三，秦穆公通过询问狐偃、赵成子来揣摩公子重耳，公子重耳团队也想用这种"旁敲侧击"的方法来揣摩秦穆公。公子重耳深知蹇叔是秦穆公的心腹谋臣，于是特意谦恭地向他请教国家兴亡之道。蹇叔也知道公子重耳前来请教，很可能是想通过自己的回答来揣摩秦穆公的施政方略，所以跟公子重耳"打太极"，只提了一堆贤君和暴君的名字让公子重耳自己去体悟，而不像对秦穆公那样详细解说。蹇叔忠于秦、老成谨慎的品格跃然纸上。

○补 笔者对楚成王、秦穆公帮助公子重耳归国夺权的原因有详细分析，请见专著《争霸：春秋国际新秩序的建立（晋文篇）》（中华书局 2019 年版）相关章节。

【九·一】二十四年，春，王正月，秦伯秦穆公纳之公子重耳。[《春秋》]不书，[晋]不告入[于我]也。

【纳】补 见隐四·二·四·一。

【九·二】及河，子犯狐偃以璧授公子公子重耳，曰："臣负羁绁 xiè 从君巡于天下，臣之罪甚多矣。臣犹知之，而况君乎？请由此亡。"公子曰："所不与舅氏狐偃同心者，有如白水！"投其璧于河。

【河】补 见闵二·五·三。

【羁】正 杨马络头。【绁】正 杨马缰绳。

【臣之罪甚多矣】杨 僖二十三—僖二十四·三所叙狐偃与姜氏合谋，迫使公子重耳继续前行，重耳醒后曾执戈逐狐偃，此即狐偃所谓"臣之罪"之一。

【所不……白水】正 杨 补 [我]如果不与舅舅同心协力，[必遭神谴，]有大河为证！所，假设连词。狐偃姊妹大戎狐姬为公子重耳之母，因此公子重耳称狐偃为"舅氏"。杜甫《白水县崔少府十九翁高斋三十韵》"白水见舅氏"典出于此。

【投其璧于河】 正 杨 补 狐偃将保藏的璧交给公子重耳以示离别之意,而公子重耳则在起誓之后将璧投入河中,献给河神,作为誓言的质信。春秋时人在河边起誓希望河神作证,或者祈求河神保佑时,常沉璧或其他宝物献给河神,参见僖二十七—僖二十八·二十二·一河神向成得臣索取琼弁、玉缨,用以交换对楚军的保佑;文十二·五·三秦康公以璧祈战于河;襄十八·三·三晋师伐齐,中行献子在河边祷告后,沉玉而济;襄三十·九·八游吉与驷带盟,用两珪质于河;昭二十四·九王子朝用成周之宝珪沉于河以祈求保佑;定三—定四·三·二蔡昭公归,执玉而沉于汉,发誓不再至楚。

○ 补 从亡队伍领袖、公子重耳当作父亲一样尊奉(僖二十三—僖二十四·五所引《国语·晋语四》)的狐偃不早不晚,偏偏在队伍到达河水边时突然提出离开,最重要的原因可能是,在公子重耳马上要进入晋夺权、最需要狐偃和以他为首的从亡诸臣鼎力支持的时候,用"决战前撂挑子"的方式,逼迫公子重耳立刻当着全体从亡诸臣和第三方见证人秦人的面表明立场,说清楚今后到底会如何对待自己这位劳苦功高的核心人物。

如果公子重耳不极力挽留,那后果不仅是狐偃掉头就走,还会引发流亡团队的解体。这样一来,即使公子重耳被秦军送入国都成为新君,他身边也没有了久经考验、可以信赖的"自己人",很可能会被国都内以吕甥、郤芮为首的敌对势力消灭掉。如果公子重耳想要做足姿态留住狐偃,最好的方式就是立刻以毫不犹豫的姿态发重誓,而春秋时期人们很常见的一种发重誓方式就是向河神发誓,同时将美玉沉入河中作为献给河神、感谢它监临宣誓的礼物。

也就是说,当时在黄河边发生的这一切绝不是狐偃心血来潮,而是精心策划的结果:现场的情势会使得公子重耳立刻公开表示夺权之后要厚待狐偃;发重誓的对象(河神)、礼物(玉璧)都给公子重耳准备好了;最重要的是,狐偃是通过一场自我贬损、激流勇退的高姿态行动达成自己的目的。政治上已经相当成熟的公子重耳立刻明白了狐偃的真实意图,因此他马上按照狐偃给他规定的戏路往下走,发重誓、沉玉璧,使得自己的夺权事业没有在最后关头功亏一篑。

公子重耳誓言在字面上保障的只是狐偃,然而在场见证了整个过程的从亡诸臣日后都可以援引这份誓言来要求重耳善待自己,因为他们和狐偃的身份在本质上是一样的,只不过功劳大小有所区别。实际上,根据笔者对于狐偃其人德行的整体感觉,以及他在从亡诸臣中的领袖地位,笔者认为他这次举动的主要目的就是为了确认整个从亡团队在新政权里的地位和名分。

○补 **传世文献对读**:《国语·晋语四》在此处叙董因迎公子重耳之事,可扫码阅读。

【九·三】[公子]济河,围令 líng 狐,入桑泉,取曰衰 cuī。二月甲午,晋师军于庐柳。秦伯秦穆公使公子絷 zhí 如晋师。[晋]师退,军于郇 xún。辛丑,狐偃及秦、晋之大夫盟于郇。壬寅,公子入于晋师。丙午,[公子]入于曲沃。丁未,[公子]朝于武宫。戊申,[公子]使杀怀公晋怀公于高梁。《春秋》不书,[晋]亦不告[于我]也。

【济河……曰衰】杨《国语·晋语四》:"公子济河,召令狐、曰衰、桑泉,皆降。晋人惧,怀公奔高梁。"【令狐】杨 补 在今山西临猗令狐村。晋邑,曾为魏颗、魏颉(令狐文子)采邑。参见《图集》22—23⑩15。【桑泉】正 杨 补 在今山西临猗临晋镇东北泉社村附近。晋地。参见《图集》22—23⑩15。【曰衰】正 杨 补 在今山西运城盐湖区解州镇西北。晋邑,曾为胥臣采邑。参见《图集》22—23⑩15。

【二月】杨 补 晋用夏正,据王韬推算的长历,夏正二月无甲午、辛丑、壬寅、丙午、丁未、戊申。若"二月"实为"正月"或"三月",则本段六个干支都能排进去,因此都有可能。根据子犯编钟铭文(僖二十七—僖二十八·二十)的记载,"惟王五月初吉丁未,子犯佑晋公左右,来复其邦",译为白话文就是"周正五月丁未(以朝于武宫为标志),狐偃(子犯)护佑着公子重耳回到晋",周正五月即夏正三月。因此，"二月"实误，应为"三月"。

【晋师】 杨 据《国语·晋语四》，则此时晋怀公已奔高梁，晋师之帅为吕甥、郤芮。

【庐柳】 杨 补 在今山西临猗西北。晋地。参见《图集》22—23⑩15。

【郇】 正 杨 补 即临猗之荀，见桓九·三。此时已为晋邑，之后曾为范文子采邑。

【曲沃】 补 见隐五·二。

【武宫】 正 杨 补 晋武公庙，在晋都绛，《国语·晋语四》"丁未，入于绛，即位于武宫"为明证。曲沃武公受周僖王册命为晋武公，是曲沃代晋后的第一位晋侯。从此后晋侯即位，必到武宫朝拜，武宫在这个意义上与其他国家太庙（始封君庙）无异。

【使杀怀公于高梁】 补 《史记·晋世家》："十二月，晋国大夫栾、郤等闻重耳在秦，皆阴来劝重耳、赵衰等反国，为内应甚众。""秦缪公乃发兵送内重耳，使人告栾、郤之党为内应，杀怀公于高梁，入重耳。"如此则《史记》认为是栾、郤之党杀了晋怀公。此处所言"栾、郤之党"的首领应为栾贞子（僖二十七—僖二十八·三）、郤縠（僖二十七—僖二十八·三）。【高梁】 杨 见僖九·二·二。

【十·一】 吕吕甥、郤 xì，郤芮 畏逼，将焚公宫而弑晋侯晋文公。

【吕、郤畏逼】 正 补 吕甥、郤芮惧怕［晋文公的］逼害。吕甥、郤芮曾于僖九年里应外合迎晋惠公归国即位（据《国语·晋语二》），郤芮又于僖十一年主使杀害公子重耳（晋文公）党羽（参见僖十一—僖十一·四·二），因此害怕晋文公报复。

【将焚公宫而弑晋侯】 补 据《国语·晋语四》，则吕、郤"将以己丑焚公宫，公出救火，而遂杀之"。

【十·二】 寺人披寺人勃鞮 请见。

【寺人】 补 见僖五·二·二·二。

公_{晋文公}使让之，且辞焉，曰："蒲城之役，君_{晋献公}命一宿，女_(汝)即至。其后余从狄君以田渭滨，女_(汝)为惠公_{晋惠公}来求杀余，命女_(汝)三宿，女_(汝)中 zhòng 宿至。虽有君命，何其速也！夫袪 qū 犹在。女_(汝)其行乎！"

【让】 补 责备。

【辞】 补 告。

【蒲城之役】 正 在僖五·二·二·二。

【君命一宿，女即至】 正 补 国君（晋献公）命你一夜[之后到达蒲城]，你当天就到了。

【田】 正 打猎。【渭滨】 补 渭水之滨。渭水见图二·一·一。

【三宿】 杨 第三宿后的第四天。

【中宿】 杨 第二宿后的第三天。

【夫袪犹在】 正 补 那只[被你斩断的]袖口还在。僖五年蒲城之役，寺人勃鞮曾斩断公子重耳袖口。

[寺人披]对曰："臣谓君之入也，其知之矣。若犹未也，[君]又将及难 nàn。君命无二，古之制也。除君之恶，唯力是视。蒲人、狄人，余何有焉？今君即位，其无蒲、狄乎？齐桓公置射钩，而使管仲_{管敬仲}相 xiàng。君若易之，[臣]何辱命焉？行者甚众，岂唯刑臣？"

【知之】 正 知晓为君之道。

【唯力是视】 杨 补 即"唯视力"，可译为"只看自己能力如何"，也就是尽力而为的意思。

【蒲人……有焉】 正 杨 补 蒲人、狄人，我[跟他们]有什么[特殊的关系而不能讨伐]呢？寺人勃鞮意谓，当晋献公、晋惠公之世，公子重耳先居于蒲，后出奔狄，对勃鞮而言，重耳当时并非国君，而只是作乱的蒲人、狄人，勃鞮奉命杀之，自然无所顾忌。

【今君……狄乎】 补 现在国君即位，难道没有蒲人、狄人[那样的敌人]吗？寺人勃鞮意谓，如今公子重耳即位为君，蒲、狄若再有作乱之人，国君也将讨杀而无所顾忌。

【齐桓……仲相】正 杨 补 齐桓公把射钩的事放在一边，而让管仲作辅相。管敬仲本为公子纠党羽，桓九年春公子纠与公子小白（齐桓公）争相进入国都即位之时，管敬仲曾射中公子小白衣带钩（参见庄八—庄九—庄十·六所引《史记·齐太公世家》）。齐桓公即位后，听从鲍牙建议，不计前嫌，重用管敬仲，终成春秋首霸。

【君若易之，何辱名焉】杜 杨 补 国君如果改易了齐桓公的宽大做法，[我会自己走的，]那里需要[国君]屈尊发布命令呢？ 易，改易，违背。

【行者甚众】正 杨 补 "甚"一作"其"。应为"行者其众"，可译为"走的人可能会很多"，针对晋文公"女其行乎"而言。

【刑臣】杜 补 刑余之臣，即寺人（宦官），实指寺人勃鞮自己。

公见之。[寺人披]以难 nàn 告。

【以难告】正 补 据《国语·晋语四》，则寺人勃鞮实以吕、郤之谋告晋文公。

> ○补 **传世文献对读**：《韩非子·难三》论及寺人披之事，可扫码阅读。

【十·三】三月，晋侯潜会秦伯秦穆公于王城。己丑晦，公宫火。瑕甥吕甥、郤芮不获公晋文公，乃如河上，秦伯诱而杀之。

【王城】杨 见僖十五·九·一。

【晦】补 阴历月末。

> ○补 **传世文献对读**：据《史记·晋世家》，则寺人披告知吕、郤阴谋之后，"文公欲召吕、郤，吕、郤等党多，文公恐初入国，国人卖己，

乃为微行,会秦缪公于王城,国人莫知。三月己丑,吕、郤等果反,焚公宫,不得文公。文公之卫徒与战,吕、郤等引兵欲奔,秦缪公诱吕、郤等,杀之河上"。据《国语·晋语四》,则寺人勃鞮告知吕、郤阴谋后,"公惧,乘驲自下,脱会秦伯于王城,告之乱故"。

【十一】晋侯晋文公逆夫人嬴氏文嬴以归。秦伯秦穆公送卫于晋三千人,实纪纲之仆。

【逆】补迎。【嬴氏】正杨补文嬴。秦女,嬴姓。秦穆公(僖九·二·三·二)之女,晋文公(庄二十八·二·一)夫人。僖二十四年归于晋。

【纪纲之仆】杨补得力仆从。杜甫《送魏二十四司直充岭南掌选崔郎中判官兼寄韦韶州》"君行佐纪纲"典出于此。

○正此时晋新有吕、郤之难,国未辑睦,故秦送兵以卫晋文公。

○补**传世文献对读**:据《国语·晋语四》,晋文公迎文嬴归国之后,大力修明内政。可扫码阅读。
　　笔者对本段《国语》材料中所记载的晋文公改革有详细分析,请见《称霸:春秋国际新秩序的建立》(中华书局 2019 年版)相关章节。
○补**出土文献对读**:清华简七《晋文公入于晋》披露了晋文公修明内政的更多细节,包括董理刑狱、减免债务、丰洁祭祀、兴修农田水利等,特别是详细描述了整顿晋军旗帜体系的情况。可扫码阅读。
○补**传世文献对读**:晋文公内政改革的"总设计师"之一是郭偃(卜偃)。《墨子·所染》用给蚕丝染色来比喻重臣对君主的影响,说:"齐桓染于管仲、鲍叔,晋文染于舅犯、高偃。"说明在战国人看来,而狐偃(舅犯)、郭偃(高偃)是晋文公成就霸业的两位股肱之臣。《韩非子·南面》亦有记载,可扫码阅读。

【十二】初，晋侯〔晋文公〕之竖头须，守藏 zàng 者也。其〔公子重耳〕出也，〔头须〕窃藏以逃，尽用以求纳之。

【竖】正 补 晋内朝官，供使唤的小吏，其职掌包括管理公子私人财物。除晋之外，《左传》所见，曹（僖二十七—僖二十八·二十六·二）、卫（哀十六—哀十七·一）皆有竖。另外，鲁（昭四—昭五·四）、卫（哀十五—哀十六·一）卿大夫家亦有竖。【头须】正 杨 又作"里凫须"，晋文公竖。

【藏】杨 财物。

【其出……纳之】正 杨 补 公子重耳出奔之时，头须偷窃了所守财物逃走，〔留在了晋，把财物〕都用来设法使公子重耳回国。头须逃走的时间点，有两种说法：一、《国语·晋语四》"文公之出也，竖头须，守藏者也，不从"，则出逃时间点在刚出奔时；二、《韩诗外传·十》"晋文公重耳亡过曹，里凫须从，因盗重耳资而亡。重耳无粮，馁不能行，子推割股肉以食重耳，然后能行"，则出逃时间点在过曹时。

及〔晋侯〕入，〔头须〕求见。公〔晋文公〕辞焉以沐。〔头须〕谓仆人曰："沐则心覆，心覆则图反，宜吾不得见也。居者为社稷之守，行者为羁绁之仆，其亦可也，何必罪居者？国君而雠匹夫，惧者其众矣。"仆人以〔头须之言〕告〔公〕，公遽见之。

【辞】补 回绝。【沐】杨 补 洗头。

【仆人】补 晋内朝官，为国君内侍，负责传达国君命令，并向国君反映臣意。晋另有一类仆人（襄三十一·四·一·一），较此处仆人可能地位相对低下，其职掌包括诸侯客馆的巡夜警戒。晋还有仆大夫（成六·五·一·二）。除晋之外，齐（哀二十一·二·三）亦有仆人。郑又有外仆（僖三十三·九·一）。此外，楚有正仆人（昭十三·二·三），大概相当于晋仆大夫。

【沐则……图反】正 杨 洗头之时心颠倒了，心颠倒了则图谋也就反常。洗头时俯身向下，故曰"心覆"。

【居者】补指头须等留在晋的人。

【行者】补指狐偃等跟随晋文公流亡的人。

○补如果本段成书时已经有了周公"一沐三握发，一饭三吐哺，犹恐失天下之士"(《韩诗外传·卷三》)的传说，那么本处描写晋文公"辞焉以沐"似乎是在进行对比，以暗示晋文公本身并无盛德。

【十三·一】狄人归季隗于晋，而请其二子。

【季隗】补晋文公在狄时之妻，参见僖二十三—僖二十四·一·二。

【请其二子】正杨[狄人]请求[把]季隗的两个孩子伯儵、叔刘[留在狄]。此二子可能有人质性质，然而丝毫不能阻挡晋文公后来作三行(僖二十八·二)、作五军(僖三十一·三)与狄人作战。

【十三·二】文公晋文公妻 qì 赵衰赵成子，生原同赵同、屏括赵括、楼婴赵婴齐。赵姬请逆盾赵宣子与其母叔隗，子余赵成子辞。姬赵姬曰："得宠而忘旧，何以使人？必逆之！"[赵姬]固请，[子余]许之。[盾与其母]来，[赵姬]以盾为才，固请于公晋文公，以为嫡子，而使其三子下之；以叔隗为内子，而己下之。

【原同】正补赵同。嬴姓，赵氏，又为原氏，名同。赵成子庶子，赵宣子异母弟，赵姬所生。晋大夫，官至卿位。宣十二年已任下军大夫。宣十六年可能已任下军佐(卿职)，成二年可能已任下军佐(卿职)。成八年被赵庄姬所谮杀。食采于原。【屏括】正补赵括。嬴姓，赵氏，又为屏氏，名括。赵成子庶子，赵同同母弟，赵宣子异母弟，赵姬所生。晋大夫，官至卿位。宣二年任公族大夫，宣十二年已任中军大夫，成三年任新中军佐(卿职)。成八年被赵庄姬所谮杀。食采于屏。【楼婴】正补赵婴齐。嬴姓，赵氏，又为楼氏，名婴齐，单名婴。赵成子庶子，赵同、赵括同母弟，赵宣子异母弟，赵姬所生。晋大夫，宣十二年已任中军大夫。成五年，因与赵庄姬私通而被赵同、赵括放逐至齐。食采于楼。【楼】正杨补在今山西永和东南。晋邑，曾为赵婴齐采邑。参见《图集》22—23⑤7。

【赵姬请逆盾与其母】 正 补 赵姬请求迎接[赵成子在狄时生的儿子]赵宣子及其母[叔隗到晋]。参见僖二十三—僖二十四·十三·二。**【赵姬】** 正 补 晋女,姬姓。晋文公之女,赵成子之妾,赵同、赵括、赵婴齐之母。

【辞】 补 推辞。

【三子】 补 赵同、赵括、赵婴齐。

【内子】 正 嫡妻。

○ 正 杨 补 杜注认为,本段所述晋文公妻赵成子、赵姬生三子、赵姬请逆赵宣子及叔隗等事,都不发生在本年,应该是本年狄人归季隗,故《左传》顺带叙述叔隗之事。杨注则认为,赵姬请逆赵宣子及叔隗之事发生在本年,而晋文公妻赵成子、赵姬生三子二事都发生在晋文公流亡期间。笔者认为,假设杨注观点正确,那么赵姬只能是由晋文公在狄地的第一位妻子季隗所生,因为齐姜嫁给晋文公在僖十六年之后,所生女儿年龄太小,不可能在流亡期间与赵成子婚配并生三子。然而,如果赵姬真是由季隗所生,又在流亡期间嫁给赵成子,则嫁女时间不大可能在僖十六年离开狄地前,因为叔隗和她妹妹所生幼女(不超过十岁)共同事奉赵成子,殊为怪异。然而,如果赵姬嫁给赵成子的时间在僖十六年离开狄地之后,就必须假设晋文公抛下伯儵、叔刘两个儿子,而带着一个不到十岁、没有母亲抚养的女儿上路,这也非常怪异。结合赵姬言语中表达的意思,笔者认为,杜注的推断更符合情理,具体说来,晋文公嫁女给赵成子应该发生在本年晋文公归国即位之后,是晋文公尊宠从亡功臣的举措,而赵姬生三子、请迎叔隗母子更在其后。

【十四】晋侯晋文公赏从亡者,介之推不言禄,禄亦弗及。

【介之推】 正 杨 补 介氏,名推,之为语助词。公子重耳/晋文公微臣。曾随公子重耳流亡。僖二十四年自秦归于晋,遂隐居而死。

○ 杨 补 **传世文献对读:**《史记·晋世家》:"文公修政,施惠百姓。赏从亡者及功臣,大者封邑,小者尊爵。未尽行赏,周襄王以弟带难出居郑地，来告急晋。晋初定，欲发兵，恐他乱起，是以赏从亡，未至隐者介子推。推亦不言禄，禄亦不及。"如此，则晋文公的封赏行动还没有到介之推这一层时，就被周王室内乱所打断。

○补 杜甫《寄张十二山人彪三十韵》"文公赏从臣"、《壮游》"之推避赏从"典出于此。

推介之推曰："献公晋献公之子九人，唯君晋文公在矣。惠晋惠公、怀晋怀公无亲，外内弃之。天未绝晋，必将有主。主晋祀者，非君而谁？天实置之，而二三子以为己力，不亦诬乎？窃人之财，犹谓之盗，况贪天之功以为己力乎？下义其罪，上赏其奸，上下相蒙，难与处矣！"

【力】补 功劳。

【诬】补 虚妄。

【下义其罪，上赏其奸】正 补 在下者以贪天之功为立君之义，是"下义其罪"；在上者以立君之勋赏盗天之罪，是"上赏其奸"。下义其罪，是下欺上也。上赏其奸，是上欺下也。如此上下相欺蒙，难可与并居处矣。蒙，欺。杜甫《岁晏行》"好恶不合长相蒙"典出于此。

其母曰："盍(何不)亦求之？以死，谁怼 duì？"

【以死，谁怼】杨 因[不受赏，穷困]而死去，又能怨谁？怼，怨。

[推]对曰："尤而效之，罪又甚焉。且出怨言，不食其食。"

【尤而效之】杨 补 明知错误还去仿效。尤，过错。

其母曰："亦使[君]知之，若何？"

[推]对曰："言，身之文也。身将隐，焉用文之？——[文之，]是求显也。"

其母曰："能如是乎？与女(汝)偕隐。"

[推]遂隐而死。晋侯求之不获，以绵上为之介之推田，曰："以志吾过，且旌善人。"

【绵上】正 杨 补 在今山西介休东南，介山之下。晋地。参见《图集》22—23⑤9。

【志】杨 记。【旌】正 杨 表扬。

○ 补 **传世文献对读**：《论语·里仁》："子曰：'富与贵，是人之所欲也，不以其道得之，不处也。贫与贱，是人之所恶也，不以其道得之，不去也。'"介之推即孔子所言不去贫贱之君子。

○ 补 **传世文献对读**：《史记·晋世家》叙从亡贱臣壶叔讨赏被晋文公教训之事，与从亡贱臣介之推逃赏被晋文公褒扬之事形成鲜明对比，可扫码阅读。

○ 杨 补 **传世文献对读**：《国语·周语上》叙晋文公即位之后、甘昭公之乱(参见僖二十四·二·四)前，周王室曾赐晋文公命，此事《左传》未载。晋惠公即位第二年，周襄王亦曾赐命(参见僖十一—僖十一·五·一)。同为接受周王赐命，晋文公恭敬而有礼，晋惠公怠慢而无礼，两人格局高下一目了然。可扫码阅读。

僖公二十四年·二

地理 郑、周、卫2见僖地理示意图1。郑、周、滑、卫2、甘、毛、栎、坎欿、汜、温见僖地理示意图3。僖二十四·二·二·一所述西周时诸侯国(管、蔡、郕、霍、鲁、卫、毛、聃、雍、曹、滕、毕、原、郇、邘、晋、应、韩、凡、蒋、邢、茅、胙、祭)见《知识准备》图 6。

人物 周襄王(僖五・五・春秋)、公子士泄(僖二十・四)、堵俞弥(僖六—僖七・五・三)、伯服、游孙伯、郑文公(庄十九—庄二十一庄二十一・十一・二)、周惠王(庄十六・六・二)、郑厉公(隐五・四・二・一)、富辰(僖二十二・五・一)、周公旦(隐八・二)、周文王(僖五・八・一)、周武王(桓元—桓二・三・二)、召穆公、周平王(隐元・五・春秋)、周厉王、周宣王、颓叔、桃子、隗氏、甘昭公(僖七—僖八・一)、陈妫(庄十八・一・二)、周公忌父(庄十六・六・二)、原伯、毛伯卫

春秋 夏,狄伐郑。

【狄】 补 晋东狄,主力应为赤狄,见宣三・六・春秋。

秋,七月。

左传 [一] 郑之入滑也,滑人听命。[郑]师还,[滑]又即卫。郑公子士泄、堵俞弥帅师伐滑。王周襄王使伯服、游孙伯如郑请滑。郑伯郑文公怨惠王周惠王之入而不与厉公郑厉公爵也,又怨襄王周襄王之与卫、滑也,故不听王命,而执二子。

【郑之入滑】 正 指僖二十年滑叛郑而亲卫,郑因而侵滑(参见僖二十・四)。

【即】 补 亲附。

【伯服、游孙伯】 正 二人皆为周王室大夫。【请滑】 杨 为滑请命[,劝郑不要讨伐]。

【惠王……公爵】 正 事见庄十九—庄二十一庄二十一・十一・二。

【与】 补 助。【二子】 补 伯服、游孙伯。

○ 补 僖二十二年宋、楚泓之战后,郑国都已与楚国结成亲密盟国,郑文公有恃无恐,因此敢于不听王命、扣留王室大夫。

【二·一】王周襄王怒,将以狄伐郑。富辰谏曰:

"不可。

"臣闻之,'大(太)上以德抚民,其次亲亲以相及也'。昔周公周公旦吊二叔之不咸,故封建亲戚以藩屏 bǐng 周:

【大上……及也】正补最理想状态是[不分亲疏地]以明德抚育民众,次一等则是先亲爱其亲属,然后[推恩行义]至于远人。

【昔周……屏周】正杨补当年周公旦感伤夏、殷末世[不分封亲戚,使王室无藩屏而至于灭亡,]不得善终,因此分封土地给亲戚,建立诸侯国,作为周王室的藩篱屏障。咸,终。据昭六·三·二,"夏有乱政,而作《禹刑》。商有乱政,而作《汤刑》。周有乱政,而作《九刑》。三辟之兴,皆叔世也",则夏、殷、(西)周三代末世皆称为"叔世",此处之"二叔",即指夏、殷末世。清华简二《系年》"周成王、周公既迁殷民于雒邑,乃追念夏、商之亡由,旁设出宗子,以作周厚屏","夏、商之亡由"正对应"二叔之不咸"。此句是"封建"最早出处。

"管、蔡、郕 chéng、霍、鲁、卫、毛、聃 nán、郜 gào、雍、曹、滕、毕、原、酆 fēng、郇 xún,文周文王之昭也;

【管】正杨补周畿内国,姬姓。周武王始封周文王之子叔鲜于管,在今河南郑州境(有争议,详见下)。隐元年前已绝封,其地入于桧。春秋初,桧亡,地入于郑。战国时地入于韩。参见《图集》17—18②4、22—23⑪18。【蔡】杨见隐四·二·春秋。【郕】杨见隐五·六·春秋。【霍】杨见闵元·四·一·一。【鲁】补见隐元·〇。这说明鲁始封君的确是周文王之子周公旦,而不是周公旦之子伯禽。【卫】补见隐元·九·二。【毛】杨补周畿内国,伯爵,姬姓。周初始封周文王之子于毛,在今陕西扶风境。春秋初东迁至河南宜阳北。其国君世为周王室卿大夫。扶风之毛参见《图集》19③1。宜阳之毛参见《图集》22—23⑪17。【聃】补参见桓九·二·二。【郜】杨见桓元—桓二·春秋。【雍】正 杨 补 周时国,姬姓。周初始封周文王之子于雍,在今河南焦作中站区府城村。昭元年前地已入于晋。参见《图集》17—18②4、22—23⑩18。【曹】补 见桓五—桓六·春秋。【滕】补 见隐七·二。【毕】正 杨 补 周畿内国,姬姓。周初始封周文王之子毕公高于毕,在今陕西咸阳东北。春秋之前已绝封。参见《图集》19③2。【原】杨 见隐十一·三·一。【酆】正 杨 补 又作"丰",周畿内国,侯爵,姬姓。本为崇侯虎地。周武王始封周文王之子于酆,在今陕西西安长安区西北、沣河西岸。周成王十九年黜酆侯,自此绝封。【郇】杨 即荀,见桓九·三。

【文之昭也】正 杨 ［上述各国始封君皆为］周文王之子。周文王在穆位,故其子在昭位。昭、穆见《知识准备》"宗庙"。

○补 **管国都城地理位置**:关于管国都城具体位置,有两种说法:一、认为管国都城位于河南郑州市区,在郑州商城遗址范围内,是利用郑州商城城垣建立起来的。《图集》采取的就是这种说法。然而,在郑州商城遗址内至今没有发现西周遗存。二、认为管国都城位于郑州市西北郊区,在洼刘遗址附近。杜预注的描述与这种说法接近。考古工作者在郑州市西北部已发现多处商代晚期、西周时期的文化遗存,其中的位于石佛镇洼刘村一带的洼刘—祥营遗址是一处大型聚落遗址,而且在洼刘遗址发掘出一批西周早期贵族墓葬,其墓主很可能是西周管国贵族。本书仍然采用《图集》标注,而以此文提醒读者注意。

"邘 yú、晋、应、韩,武周武王之穆也;

【邘】补 见隐十一·三·一。【晋】补 见隐五·二。【应】正 杨 补 商、周时国,周时为侯爵,姬姓。周初始封周武王之子叔达于应,始封地应为今山西长子,后南迁至今河南平顶山西郊原滍阳镇内,现已淹没入白龟山水库西北隅。春秋早中期被楚所灭。有学者根据应国贵族墓葬情况推断,春秋晚期应国有可能曾在楚平王大规模复国行动(昭十三·四)期间得以复国。参见《图集》13—14⑤8、17—18③4、24—25⑤4。【韩】补见桓二—桓三·六。

【武之穆也】正杨[上述各国始封君皆为]周武王之子。周武王在昭位,故其子在穆位。

○补平顶山应国墓地:20世纪70年代以来在平顶山市西郊薛庄乡北滍村以西约一公里处滍阳岭一带发现了一批应国铜器。随后在此地发现大批墓葬,年代包括西周早、中、晚期、春秋晚期、战国及两汉时期,其中M232墓主人是第一任应侯(周康王晚期去世),M230墓主人是第二任应侯(周昭王、穆王时去世),M86墓主人是第三任应侯(谥釐,周穆王晚期去世),M84墓主人是第四任应侯(名再,周恭王时去世),M87墓主人是第五任应侯(名见工,周夷王时去世),M95墓主人是应侯敢(周厉王时去世)。平顶山应国墓地的发现进一步证实这一带的确是应国所在地。

"凡、蒋、邢、茅、胙 zuò、祭 zhài,周公之胤 yìn 也。

【凡】杨见隐七·六·春秋。【蒋】正杨补周时国,姬姓。始封君为周公旦之子伯龄。其封地起初在中原地区(可能在今河南开封尉氏县),周宣王时南迁至淮水流域,在今河南淮滨期思镇已发现其遗址(详见下)。僖十二年至僖二十五年间被楚所灭,地入于楚为期思县。参见《图集》17—18③5、29—30④7。【邢】杨见隐四·二·八。【茅】正杨补周时国,姬姓。始封君为周公旦之子茅伯。在今山东巨野南。参见《图集》17—18②6、26—27④3。【胙】正杨补周时国,姬姓。始封君为周公旦之子。在今河南延津胙城乡西南。后地入于南燕。参见《图集》17—18②5、24—25③5。【祭】补见隐元·四·二。

【周公之胤也】正孔杨[上述各国始封君皆为]周公旦之后[之

子]。胤，后代。

○补 **蒋国故城遗址**：遗址为春秋时期蒋国都城、楚期思县县城、汉代期思县县城。遗址位于白露河和淮河汇流处的中间偏南地带，呈长方形，东西长一千七百米，南北长四百至五百米。遗址范围内出土了商、西周、春秋、战国、汉代遗物。

"召穆公思周德之不类，故纠合宗族于成周而作诗，曰：'常棣 dì 之华（花），鄂（萼）不（fū，跗）韡韡 wěi。凡今之人，莫如兄弟'。其四章曰：'兄弟阋 xì 于墙，外御其侮。'如是，则兄弟虽有小忿，不废懿亲。今天子不忍小忿以弃郑亲，其若之何？

【召穆公】正 杨 补 姬姓，召氏，名虎，谥穆。召康公（僖三—僖四·五）十六世孙。周厉王、宣王时期周王室卿士。【不类】正 不善。

【成周】补 见隐三·四·二。

【常棣……兄弟】正 杨 补《毛诗·小雅·常棣》（见昭元·一·六·三）有此句，而"韡韡"作"韡韡"。可译为"常棣花开明丽，花萼紧连花蒂。试看如今世人，无人能比兄弟"。华，花。鄂，今作萼，花萼。不，同跗，萼下之蒂。韡韡，光明貌。【常棣】补 有红栒子（Amelanchier sinica（Schneid.）Chun、蔷薇科落叶小乔木）、海棠（Malus spectabilis（Ait.）Borkh.，蔷薇科落叶乔木）、郁李（Prunus japonica Thunb.，蔷薇科落叶灌木）三说，共同特征是开花繁盛美丽。

【兄弟……其侮】杨 补《毛诗·小雅·常棣》有此句，而"侮"作"务"。可译为"兄弟在家争吵，却能齐心抗暴"。阋，讼争。

【懿亲】正 补 好亲戚。懿，美。

"庸勋、亲亲、昵近、尊贤，德之大者也。即聋、从昧、与顽、用嚚 yín，奸之大者也。弃德、崇奸，祸之大者也。郑有平 周平王、惠周惠王之勋，又有厉周厉王、宣周宣王之亲，弃嬖bì宠而用三良，于诸姬为近，四德具矣。耳不听五声之和为'聋'，目不别五色之章为'昧'，心不则德义之经为'顽'，口不道忠信之言为'嚚'。狄皆则之，四奸具矣。

【庸勋】杨酬谢勋劳。庸，酬。

【即】正就。【与】补从。【嚚】杨愚且恶。

【平、惠之勋】正杨补周平王东迁，依靠晋、郑（见《知识准备》"两周之际"）；周惠王出奔，西虢、郑使其复位（见庄十九—庄二十一—庄二十一），故富辰称郑有"平、惠之勋"。此针对"庸勋"而言。

【厉、宣之亲】正杨郑始封君桓公为周厉王之子，周宣王同母弟，故富辰称郑有"厉、宣之亲"。此针对"亲亲"而言。【厉】补周厉王。姬姓，名胡，谥厉。周夷王（昭二十六·八·四·一）之子。隐元年前一百五十五年即位。隐元年前119年国人暴动，厉王奔于彘。在位三十七年。隐元年前106年卒。【宣】补周宣王。姬姓，名静，谥宣。周厉王之子。隐元年前105年即位，在位四十六年。隐元年前六十年卒。

【弃嬖宠而用三良】正补"弃嬖宠"指僖七年郑文公杀嬖臣申侯，僖十六年郑文公杀宠子太子华。"用三良"指任用叔詹、堵俞弥、孔叔，见僖六—僖七·五·三。此针对"尊贤"而言。

【于诸姬为近】正杨郑国疆域紧邻东周王畿，且郑桓公为周王室司徒，郑武公、郑庄公为周王室卿士，世代与周王室关系密切。此针对"昵近"而言。

【五声】补指古代音阶，按音高从低到高为宫、商、角、徵、羽，相当于现代音乐简谱上的 1(do)、2(re)、3(mi)、5(sol)、6(la)。五声相对音高是固定不变的，而其绝对音高要根据律制（见昭二十·八·三）来确定。

【五色】补见桓元—桓二·三·二。

【则】补以……为准则。

"周之有懿德也,犹曰'莫如兄弟',故封建之。其怀柔天下也,犹惧有外侮。扞御侮者,莫如亲亲,故以亲屏 bǐng 周。召穆公亦云。今周德既衰,于是乎又渝周^{周公旦}、召^{召穆公},以从诸奸,无乃不可乎?民未忘祸,王又兴之,其若文、武何?"

【屏】⟨补⟩藩屏,保卫。

【渝】⟨杜⟩变。【诸】⟨补⟩于。

【民未忘祸】⟨正⟩⟨补⟩庄十九至庄二十一年周王室有王子颓之乱,僖十一年又有甘昭公召狄伐周,故曰"民未忘祸"。

王弗听,使颓叔、桃子出狄师。

【颓叔、桃子】⟨正⟩皆为周王室大夫。

〔二·二〕"夏,狄伐郑",取栎 lì。

【栎】⟨杨⟩见桓十五—桓十六·春秋。

〔三〕王^{周襄王}德狄人,将以其女^{隗氏}为后。富辰谏曰:"不可。臣闻之曰:'报者倦矣,施者未厌。'狄固贪婪,王又启之。女德无极,妇怨无终。狄必为患。"王又弗听。

【德】⟨正⟩⟨杨⟩⟨补⟩感激。

【其女】⟨补⟩隗氏。狄女,隗姓。僖二十四年为周襄王(僖五·五·春秋)后,同年被甘昭公所夺。

【报者】⟨杨⟩⟨补⟩报恩之人,此处指周襄王。

【施者】⟨杨⟩⟨补⟩施恩之人,此处指狄人。【厌】⟨杨⟩满足。

【启】⟨补⟩开,引申为赞助。

○⟨杨⟩⟨补⟩**传世文献对读**:《国语·周语中》叙富辰之言甚详,可扫码阅读。

【四】初，甘昭公有宠于惠后陈妫，惠后将立之，未及而卒。昭公甘昭公奔齐。王周襄王复之，[昭公]又通于隗 wěi 氏。王替隗氏。颓叔、桃子曰"我实使狄，狄其怨我"，遂奉大(太)叔甘昭公以狄师攻王。王御士将御之，王曰："先后陈妫其谓我何？宁 nìng 使诸侯图之。"王遂出，及坎欿 kǎn，国人纳之。

【甘】正 杨 补 周畿内国，初封应在宗周王畿，后东迁，在今河南洛阳西南的古城乡。参见《图集》22—23⑪17。

【昭公奔齐】正 见僖十二—僖十三·一。

【王复之】正 见僖二十二·五。

【又通于隗氏】杨 补 [甘昭公]又与[周襄王后]隗氏通奸。

【替】正 废。

【遂奉大叔以狄师攻王】杨 "狄师"二字应为衍文，原句为"遂奉大叔以攻王"。颓叔、桃子先奉太叔带以攻王，弗克之后，同年秋天又奉太叔带以狄师伐周。

【御士】杨 补 周内朝官，周王侍卫，多由卿大夫子弟担任。《左传》所见，楚（襄二十二·六·一）、宋（昭二十一·四·一）亦有御士。

【先后其谓我何】正 补 先王后（周襄王之母惠后）将会说我什么？惠后宠爱甘昭公，周襄王意谓自己若与甘昭公武力相争，恐怕违背先王后的意志。

【坎欿】正 杨 补 在今河南巩义大峪沟镇柏圪达村附近。周地。参见《图集》22—23⑪18。

【国人】补 见《知识准备》"国野制"。

【五】秋，颓叔、桃子奉大(太)叔甘昭公，以狄师伐周，大败周师，获周公忌父 fǔ、原伯、毛伯毛伯卫、富辰。王周襄王出适郑，处于汜 fán。大(太)叔以隗氏居于温。

【毛伯】补 毛伯卫。姬姓，毛氏，名卫。周文王之子毛叔郑之后。周王室卿士。僖二十四年被狄师所获,后被释放。宣十五年被王子捷所杀。

【氾】补在河南荥阳周古寺。郑邑。参见《图集》24—25⑤4。《图集》标注不准确,本书地图根据考证成果标注。

【温】杨 补见隐三·四·二。此时为周邑,被甘昭公所占据。

僖公二十四年·三

地理郑、宋、陈见僖地理示意图1。

人物太子华(僖六—僖七·春秋)、公子臧、郑文公(庄十九—庄二十一庄二十一·十一·二)

左传【一】郑子华太子华之弟子臧公子臧出奔宋,好 hào 聚鹬 yù 冠。郑伯郑文公闻而恶 wù 之,使盗诱之。八月,盗杀之于陈、宋之间。

【郑子……奔宋】正 杨僖十六年郑人杀太子华,公子臧出奔宋当在此年前后。

【鹬冠】正 杨鹬鸟羽所饰之冠。古代知晓天文之人戴鹬冠。

○补公子臧不知天文而聚鹬冠,很可能由于他当时在结交知晓天文之人。可能郑文公担心公子臧想要利用这类人根据异常天象制造谣言,进而惑众作乱,因此派人将其杀死以绝后患。

【二】君子曰:“服之不衷,身之灾也。《诗》曰:‘彼己 jì 之子,不称 chèn 其服。’子臧公子臧之服,不称也夫!《诗》曰‘自诒伊戚’,其子臧之谓矣。《夏书》曰‘地平天成’,称也。”

【衷】正适。

【彼己之子,不称其服】正 杨 补《毛诗·曹风·候人》有此句,而“己”作“其”。可译为“那个人啊,和他的服饰不能相称”。彼己之子,即彼子,其、之都是用来足句的虚词。

【自诒伊戚】正 杨 补《毛诗·小雅·小明》有此句,可译为“自己遗留这祸忧"。诒，遗。伊，此。戚，忧。

【地平天成】 正 补 此为逸《书》。地平其化，天成其施，上下相称为宜。

僖公二十四年·四

地理 宋、楚、郑见僖地理示意图1。

人物 宋成公、郑文公（庄十九—庄二十—庄二十一·十一·二）、皇武子

左传 宋及楚平。宋成公如楚，还，入于郑。郑伯 郑文公 将享之，问礼于皇武子。〔武子〕对曰："宋，先代之后也，于周为客。天子有事膰 fán 焉，有丧拜焉。丰厚可也。"郑伯从之，享宋公 宋成公，有加，礼也。

【宋及楚平】 补 宋和楚讲和修好。实际上是宋服于楚。

【宋成公】 补 子姓，名王臣，谥成，宋襄公（僖八—僖九·春秋）之子。僖二十四年即位，在位十七年。文七年卒。

【享】 见桓九—桓十·一·二。

【皇武子】 正 补 子姓，皇氏，谥武。郑大夫，官至执政卿（继叔詹）。

【先代】 杨 指商朝。

【天子有事膰焉】 正 杨 补 周王室如有宗庙祭祀之事，在祭祀完毕之后须向宋致送祭肉。周王室宗庙祭祀，致送祭肉范围包括：一、同姓诸侯；二、夏、商二王之后（包括宋）；三、异姓诸侯有大功者。膰参见闵二·七·二。

【有丧拜焉】 正 杨 周王室有丧事，宋君前来吊唁，嗣位周王须答拜，用敌（对等）礼。其余诸侯国来吊丧，周王则不拜。

【有加】 正 杨 补 在常礼之外有所增加。参见僖二十二—僖二十三·五·一"加笾豆六品"。

僖公二十四年·五

地理 周、晋、秦见僖地理示意图 1。周、晋、氾见僖地理示意图 3。

人物 周襄王(僖五·五·春秋)、甘昭公(僖七—僖八·一)、鲁僖公(闵二·三·二)、臧文仲(庄十一·二·二·二)、简师父、左鄢父、郑文公(庄十九—庄二十—庄二十一·十一·二)、孔将锄、石癸、侯宣多

春秋 冬,天王周襄王出居于郑。

○正 杨 补 此事,《春秋》在冬,《左传》在秋。可能《春秋》所据为王室通告上所书时间,而《左传》所据为实际发生时间。

左传 【一·一】冬,王周襄王使来告难曰:"不穀不德,得罪于母弟之宠子带甘昭公,鄙在郑地氾 fán,敢告叔父鲁僖公。"臧文仲对曰:"天子周襄王蒙尘于外,敢不奔问官守?"

【不穀】杨 见僖三—僖四·六。

【母弟】杨 应为"母氏"。甘昭公是周襄王同母弟,而非同母弟之子。

【叔父】见僖八—僖九·三·二。

【蒙尘】补 杜甫《北征》"至尊尚蒙尘"典出于此。

【一·二】王使简师父 fǔ 告于晋,使左鄢 yān 父 fǔ 告于秦。

> ○补 传世文献对读:据《国语·晋语四》,则此时狐偃劝晋文公勤王,可扫码阅读。

【二】天子无出。[《春秋》]书曰"天王出居于郑",辟(避)母弟甘昭公之难也。天子凶服、降名,礼也。郑伯郑文公与孔将锄、石甲父 fǔ、石癸、侯宣多省 xǐng 视[王]官、具于氾,而后听其私政,礼也。

【天子……难也】正 补 天子以天下为家，所在称"居"，无所谓"出"。《春秋》记载说"天王出居于郑"，用类似于"出奔"的"出居"二字，是因为此次周襄王到郑国是躲避同母弟的祸难，实为出奔。

【凶服】正 素服。【降名】正 指周王不自称"余一人"而降称"不穀"。

【孔将锄】正 补 孔氏，名将锄。郑大夫，官至卿位。【石甲父】正 杨 补 石癸。石氏，名癸，字甲。郑大夫，官至卿位。其名（癸）、字（甲）相应，甲为天干之首，癸为天干之末。【侯宣多】正 补 姬姓，侯氏，名宣多。周厉王之后。郑大夫，官至执政卿（继皇武子）。文二年被郑人所杀。

【省视官、具】杨 补 省视服务周王的官员（官）和器用（具）。

【私政】补 郑国内政，相对安顿周王室的事务而言为郑文公"私政"。

[地理] 卫 2 见僖地理示意图 1。卫 2、邢 2 见僖地理示意图 3。

[人物] 卫文公(闵二·五·四·一)、礼至、礼至之弟、国子

[春秋] 二十有(又)五年,春,王正月丙午二十日,卫侯燬 huǐ,卫文公灭邢。

[左传][一] 卫人将伐邢。礼至曰:"不得其守,国不可得也。我请昆弟仕焉。"[二礼]乃往,得仕。

【礼至】[正][补] 礼氏,名至。卫大夫。僖二十五年之前曾至邢为大夫。

【我请昆弟仕焉】[补] 我请求让我们兄弟俩去邢做官。

[二] 二十五年,春,卫人伐邢。二礼从国子巡城,掓[国子]以赴外,杀之。"正月丙午,卫侯燬灭邢"。——[卫、邢]同姓也,故[《春秋》书卫侯之]名。——礼至为铭曰:"余掓杀国子,莫余敢止。"

【二礼】[正] 礼至与其弟。【国子】[正] 邢正卿。

【掓以赴外,杀之】[正][杨][补][两人左右]挟持[国子,]将其拖到城外,将他杀害。孔疏认为,两人是挟持国子,将其投于城下摔死。笔者认为,"赴"为"奔向"之义,应以拖至城外可能性更大。

【同姓也,故名】[正] 卫、邢同为姬姓,因此《春秋》记载卫文公之名"燬",表明对其灭同姓之国的怪罪。

【莫余敢止】[补] 即"莫敢止余"。

僖公二十五年·二

[地理] 卫 2、宋、鲁、秦、周、晋见僖地理示意图 1。卫 2、宋、秦、周、晋、原、阳樊、温、王城、隰城、欑茅、河水、南阳见僖地理示意图 2。

人物 卫文公（闵二·五·四·一）、荡伯姬、秦穆公（僖九·二·三·二）、周襄王（僖五·五·春秋）、狐偃（僖二十三·二·二·一）、晋文公（庄二十八·二·一）、晋文侯（桓二—桓三·一·一）、卜偃（闵元·四·一·二）、黄帝、甘昭公（僖七—僖八·一）、苍葛

春秋 夏，四月癸酉十九日，卫侯燬卫文公卒。

○ 正 此条《春秋》无对应《左传》。

○ 补 **卫文公事迹新探**：闵二·八·二对卫文公励精图治的描述，以及卫文公谥号"文"的事实，使得卫文公在传统观点中常被看作是一个临危受命、致力于自力更生复兴卫国的贤君。然而，如果我们编排卫文公的事迹，可以发现此人面目并不简单：

一、如闵二·八所作的分析，卫公子启方可能是争权失败之后出奔至齐，本年卫戴公因不明原因死亡，僖二年卫公子启方在齐桓公护送下进入新修的国都即位为君。

二、卫文公即位之后，积极参与齐桓公组织的各次征讨行动，而本国形势并没有多大起色，一直受狄人、邢人困扰，还曾经在僖十八年准备放弃君位（参见僖十八·五）。

三、晋公子重耳逃亡过卫，卫文公并没有看出重耳的发展潜力，不加礼遇，即使宁庄子详细分析也不能使他回心转意（参见僖二十三—僖二十四·二）。

四、僖二十五年，卫文公灭同姓邢，而且采取的是里应外合的诈谋手段（参见僖二十四—僖二十五）。

五、《管子·戒》《管子·小称》等篇记载了一个叫作"公子开方"的卫公子，他有国不回，长期在齐侍奉齐桓公，被管敬仲视为应该被铲除的四大奸臣之一，在管敬仲去世后又再度得到齐桓公信任，最终参与作乱逼死齐桓公，并窃取了大片齐地划归卫国（参见僖十五·一及僖十七—僖十八·三所引《管子》）。"开方"与卫文公之本名"启方"（清华简二《系年》）意义相同，可能是避汉景帝刘启讳而改"启方"为"开方"，卫公子开方这个人物形象的基础应该就是卫文公，不过故

事有严重夸大、扭曲、编造的成分。

笔者认为,一个更接近于真相的卫文公事迹概述是:卫公子启方与卫戴公争权失败后出奔齐,事奉齐桓公,得到齐桓公信赖,在僖二年得以被拥立成为卫君,也就是卫文公。卫文公确立了依附齐以求发展的基本策略,一方面经常长时间不在卫,而是客居齐侍奉齐桓公,并率领卫军积极参与齐桓公主导的尊王攘夷行动,另一方面在卫积极发展生产、恢复国力、抵御狄人和投靠狄人的邢人。僖十六年公子重耳路过卫,卫文公判断失误,未能与这位未来霸主及早结好。僖十七年齐桓公去世,卫文公趁齐内乱之机,为卫谋取了利益。然而,齐毕竟是卫长期依附的靠山,齐霸业中衰之后,卫文公对自己独立应对狄人、邢人没有信心,因此在僖十八年曾一度产生退位想法。在国人支持下,卫文公下决心要靠卫自己的力量击破邢—狄联盟,采取了以诈谋和武力相结合的方式,终于在僖二十五年灭邢,随即去世。

宋荡伯姬来逆妇。

【荡伯姬】正 补鲁女,姬姓,排行伯。宋荡氏族长妻。【逆】补迎。○正荡伯姬此次来鲁,自为其子娶妻。荡伯姬为姑(婆婆),故《春秋》称其所迎之女为妇(媳妇)。妇人越境迎新妇为非礼,故《春秋》书之。此条《春秋》无对应《左传》。

宋杀其大夫。

○正 补此条《春秋》无对应《左传》。杜注认为,据文七·二·三,《春秋》不书大夫之名,则表明被杀之卿大夫无罪。然而,据文六·四·三,《春秋》书国杀,则表明被杀之卿大夫有罪。被杀之卿大夫究竟是否有罪,疑不能明。此事发生在晋文公南下勤王大获全胜(夏四月初)之后,笔者认为很可能与僖二十六·三所说的"宋叛楚即晋"相关,被杀的卿官应该是宋诸卿中的"亲楚派"骨干。此人被杀后,宋在"亲晋派"诸卿(骨干应该是与晋文公亲善的司马公孙固)的引导下随即倒向晋。

|左传|【一】秦伯_{秦穆公}师于河上，将纳王_{周襄王}。狐偃言于晋侯_{晋文公}曰："求诸侯，莫如勤王。诸侯信之，且大义也。继文_{晋文侯}之业，而信宣于诸侯，今为可矣。"

【河上】|补|河水岸边。

【纳】|补|见隐四·二·四·一。

【勤王】|杨|为王事勤劳。

【继文之业】|正||杨||补|继承晋文侯的功业。周平王东迁时，晋文侯有勤王之功（参见《知识准备》"两周之际"），得周平王赐命，参见《尚书·文侯之命》（全文参见僖二十七—僖二十八·十九）。

○|杨||补|**传世文献对读**：《国语·晋语四》所载狐偃之辞为："民亲而未知义也，君盍纳王以教之义。若不纳，秦将纳之，则失周矣，何以求诸侯？不能修身而又不能宗人，人将焉依？继文之业，定武之功，启土安疆，于此乎在矣，君其务之。"据《史记·晋世家》，则此时赵衰也进言说："求霸莫如入王尊周。周、晋同姓，晋不先入王，后秦入之，毋以令于天下。方今尊王，晋之资也。"

[公]使卜偃卜之。[卜偃]曰："吉。遇黄帝战于阪泉之兆。"

【卜】|补|见闵元·四·一·二。【卜】|补|见《知识准备》"卜"。

【遇黄帝战于阪泉之兆】|正||杨|得到黄帝在阪泉作战的兆象。此役是黄帝与炎帝作战，黄帝胜。【黄帝】|补|华夏人文始祖之一。轩辕氏，又为有熊氏，又为帝鸿氏，号黄帝。少典氏之子。【阪泉】|杨|在今河北涿鹿东。

公_{晋文公}曰："吾不堪也。"

○ 正 杨 补 晋文公说："我担当不起啊。"晋文公认为自己当此吉兆，黄帝指的是自己，因此故作谦虚说"吾不堪也"。

[卜偃]对曰："周礼未改，今之王，古之帝也。"

○ 正 杨 补 [卜偃]回答说："周代礼制尚未改变，如今的周王相当于远古的帝王。"黄帝、炎帝本为同母兄弟，黄帝为兄，炎帝为弟。周德虽衰，其命未改，其典章制度亦未改，故如今周王相当于古代帝王。此外，周襄王、甘昭公亦为同母兄弟，周襄王为兄，甘昭公为弟。因此，可以认为此兆对应的是周襄王与甘昭公之争。如果这样解释，则此兆预示周襄王将战胜甘昭公。

公曰："筮 shì 之。"

【筮】 补 见《知识准备》"筮"。

○ 补 由于卜并没有明言自己率军勤王是否吉利，所以晋文公命令再用筮。

[卜偃]筮之，遇《大有》☰之《睽》☲。曰：

【《大有》☰之《睽》☲】 正 补 此筮例为本卦一爻变，得之卦，而主要以《周易》本卦变爻爻辞占之。《大有》☰，本卦，《乾》☰下《离》☰上。《大有》☰九三阳爻变为六三阴爻，故《大有》☰变为《睽》☲。《睽》☲，之卦，《兑》☱下《离》☰上。主要以《大有》九三爻辞占之。

"吉。

"遇'公用享于天子'之卦也。战克而王飨，吉孰大焉？

【公用享于天子】 正 补 此为《大有》九三爻辞。可译为"公接受天子设享礼招待"。享见桓九—桓十·一·二。

"且是卦也,天为泽以当日,天子降心以逆公,不亦可乎?

【天为……逆公】 正 杨 补 天变成水泽来承受太阳的照耀,象征天子自己降低身份来迎接您。《乾》为天,《兑》为泽。《大有》之《睽》,上卦《离》不变,而下卦《乾》变为《兑》,故曰"天为泽"。《离》为日。《大有》之中,《离》(日)居《乾》(天)上,《睽》之中,《离》(日)居《兑》(泽)上,故曰"以当日"。《大有》中,《乾》为天而居下位,故曰"天子降心以逆公"。

"《大有》去《睽》而复,亦其所也。"

【《大有》去《睽》而复】 杨 本卦转为之卦,终将回到本卦。因此《大有》变为《睽》,《睽》终将回到《大有》。周王"富有四海",自是"大有"。复于《大有》,预示着周襄王将复位。

【二】晋侯晋文公辞秦师而下。三月甲辰十九日,次于阳樊,右师围温,左师逆王周襄王。夏,四月丁巳三日,王周襄王入于王城。〔右师〕取大(太)叔甘昭公于温,杀之于隰xí城。

【晋侯辞秦师而下】 补 据《国语·晋语四》,晋文公定计之后"乃行赂于草中之戎与丽土之狄,以启东道"。草中之戎与丽土之狄在晋东南,处于晋都与甘昭公盘踞的"南阳"之间。结合周道系统的分布(参见《知识准备》"周道"),可知此役本为晋文公、秦穆公共同勤王,因此秦穆公率军在秦、晋交界处的河水岸边,应该就是在宗周—成周道的原芮国节点,等待晋文公沿着晋都—令狐—原芮国道南下,两军会合后一同沿着宗周—成周道东进中原。晋文公为了独占勤王之功,为称霸中原积累政绩,因此贿赂位于晋国东南的草中之戎与丽土之狄,打通东进中原的捷径轵关陉道(详见下),一面派出使者告知秦师自己将先行前往,一面率军穿过戎狄地域,通过轵关陉快速抵达"南阳"。晋文公使者在向秦穆公解释说明时所用的理由,很可能就是僖二十三—僖二十四·八·二所记载的"君(称)所以佐天子者命重耳",也就是说,晋文公从轵关陉道先行前往周王畿平叛，正是为了积极践行秦穆公要求自己"佐天子"的命令，而不是要跟秦穆公争霸。

【阳樊】补 即樊，见隐十一·三·一。

【右师】【左师】补 据《国语·晋语四》"二年春，公以二军下次于阳樊"，则右师、左师应该就是上军、下军。

【温】补 见隐三·四·二。此时为周邑，为甘昭公与隗后所占据。本年周襄王复位之后，将其田赐予晋。

【逆】补 迎。【王城】补 见庄十九—庄二十一—庄二十一·八。

【隰城】杨 即隰郕，见隐十一·三·一。

○补 轵关陉道：僖二十五年晋东进勤王所走的近道，是翻越太行山、沟通晋国南部和"南阳"地区的重要古道。这条古道因途经战国时设置的轵关而著名，因此被学者称为"轵关陉道"，轵关陉为太行八陉（轵关陉、太行陉、白陉、滏口陉、井陉、飞狐陉、蒲阴陉、军都陉）之第一陉。此道极有可能在史前时期就已经存在，大体从西向东有横水镇、垣曲县、邵原镇、济源市四个重要控制点，分别对应倗国、东山皋落氏初居地（参见闵二·七·一）、郫邑（参见文六·四·二）、原邑（参见隐十一·三·一）。由此可见，曲沃小宗灭倗国、闵二年晋献公使共太子申生伐东山皋落氏、僖二十五年晋文公亲自率军围原邑，其目的之一可能都是为了夺取轵关陉道的控制权；而文六年赵宣子派人在郫邑杀公子乐，也是因为轵关陉道是公子乐进入晋国的必经之路。相关地理形势参见僖地形示意图1（僖二·三）及僖地形示意图6（僖二十七—僖二十八·十四·二），可扫码阅读。

【三】戊午四日，晋侯晋文公朝王周襄王。王享醴lǐ，命之宥（侑）yòu。

【朝】补 见隐四·二·七·一。

【王享醴，命之宥】杨 参见庄十八·一·一。

[晋侯]请隧，[王]弗许，曰："王章也。[晋]未有代德，而有二王，亦叔父晋文公之所恶wù也。"

【请隧】 正 杨 补 [晋文公]请求"隧"。"隧"是只有周王才能享有的待遇，此无疑义。关于"隧"之具体内容有三说。一说，"请隧"意谓请求死后依照周天子之礼用隧道墓下葬，此为主流说法。天子下葬道为隧道，诸侯下葬墓道为羡道。隧道上有负土，全为地下道；羡道无负土，虽为地道，而顶部敞开。然而，根据近现代考古发掘看到的实际情况，周王墓与诸侯墓的区别可能不在于隧道、羡道，而在于顶部敞开墓道的数量：周王墓应有四条墓道，整个墓呈"亞"形（如河南洛阳体育场路发现疑似周平王墓）；而诸侯墓则只有不超过两条墓道。一说，晋文公所请之"隧"不是指隧道葬礼，而是指周王都远郊的六隧。周礼，天子有六乡六隧，百里之内有六乡，六军之士居之；外有六隧，掌供王之贡赋。考《左传》及传世文献，则诸侯亦有三乡三隧。如此，则晋文公是请求在三隧基础上有所增加。然而，请六隧省为隧，文理亦难通。一说，"隧"是本来只有周王才有权举行的祀天祭礼，与《墨子·兼爱》中的"昔者武王将事泰山隧"的"隧"同义，晋文公请隧与齐桓公霸业达到巅峰时欲封泰山、禅梁父（参见僖八—僖九·四·一）类似。因此，"请隧"之"隧"意义究竟为何，仍为悬案。

【王章】 杨 王室规章。

【未有……恶也】 杨 补 [叔父]没有足以取代周王室而拥有天下的德行，却因为僭越而使得天下有了两位周王，这恐怕也是叔父所厌恶的。叔父见僖八—僖九·三·二。周襄王说"而有二王"时，是在拿当下的情况比拟两周之际的周平王与周携王的并立，其中，周襄王自然是正统的周平王，那晋文公就成了后来被晋文侯杀死的周携王了，所以周襄王会说"亦叔父之所恶也"。

[王]与之阳樊、温、原、攒cuán茅之田。晋于是始启南阳。

【与之……之田】 杨 补 原、攒茅见隐十一·三·一。据《国语·晋语四》，则"[王]赐公南阳阳樊、温、原、州、陉、绨、鉏、攒茅之田"。《左传》不言州、陉、絺、鉏，可能是有所省略。

【启】⃞杨开疆辟土。【南阳】⃞正⃞杨⃞补太行山以南、河水以北（水北为"阳"）地区，相当于今河南焦作、新乡、济源境，包括上述阳樊、温、原、州、陉、絺、组、欑茅，以及隐十一·三·一提到的隰郕、向、盟、隤、怀等城邑，与河水以南的周王城核心区隔河相望。参见《图集》22—23⑩17。"南阳"地区本为苏国疆域，可能在周平王东迁之后在形式上被纳入周王畿，国君苏子也成为王室卿大夫。然而，周王室一直不能有效掌控"南阳"地区，于是周桓王在隐十一年将其整体赐予郑国，以交换邬、刘、芴、邗等位于河水以南、紧邻王城核心区的郑邑。郑庄公接手"南阳"地区之后，曾修筑温、原城墙（据清华简六《郑文公问太伯》），试图实际控制该地区，然而也未能成功，遂有桓七年周桓王迁盟、向之民于郑之事（参见桓七·三）。此后，"南阳"地区在名义上又归入周王畿，然而苏子与王室仍有矛盾，"南阳"地区从此成为周王室内乱的策源地。庄十九年，五大夫奉王子颓作乱，即以苏氏为靠山，伐王不克之后即出奔温（庄十九—庄二十一—庄二十一）。僖二十四年，颓叔、桃子奉甘昭公作乱，甘昭公居于温（僖二十四·二·五）。本年，晋文公率军进入"南阳"地区，杀甘昭公，平定叛乱，周襄王遂将"南阳"地区赐予晋国，从此成为晋国称霸中原的前进基地。相关地理形势见僖地形示意图 4，可扫码阅读。

○⃞杨⃞补**传世文献对读**：《国语·周语中》叙周襄王之言与此不同且甚详，可扫码阅读。

【四】阳樊不服，［晋师］围之。苍葛呼曰："德以柔中国，刑以威四夷，宜吾不敢服也。此谁非王之亲姻，其俘之也！"［晋人］乃出其民。

【**此谁……之也**】⃞补这里的人谁不是周王室的亲戚，［为什么］要俘

虏我们呢?《国语·周语中》作"若之何其虐之也",《左传》"其俘之
也"前面可能脱了"若之何"三个字,即使没有脱字,也应据此补足
翻译。

○ 杨 补 **传世文献对读**:《国语·周语中》叙苍葛之言与此不同
且甚详,可扫码阅读。

　　《国语·晋语四》亦叙此事,与《左传》《国语·周语中》又不
同,实为同一事件流传演变产生不同版本的实例。可扫码
阅读。

○ 补 **传世文献对读**:据《论语·宪问》,孔子认为"晋文公谲而不
正,齐桓公正而不谲"。本年晋文公背弃与秦穆公的约定独自南
下勤王,事成之后直接向周襄王讨要天子级别葬礼待遇,都是晋
文公"谲而不正"的证据。

僖公二十五年·三

地理 楚、陈、秦、晋见僖地理示意图 1。楚、陈、顿 2、晋、都(商密)、
申、息、析见僖地理示意图 5。

人物 顿子、斗克、屈御寇、成得臣(僖二十二—僖二十三·八·一)

春秋 秋,楚人围陈,纳顿子于顿。

【纳】补 见隐四·二·四·一。【顿】补 见僖二十二—僖二十三·
八·一。此时已在南顿。
○ 正 顿子先前为陈所迫而出奔楚,故本年楚围陈以纳顿子。

左传 秋,秦、晋伐都 ruò。楚斗克、屈御寇以申、息之师戍商密。

【都】正 杨 补 周时国,允姓。始封君为少皞之后允格,与陆浑之
戎(僖二十二·三·二)、阴戎(昭九·二·一)同源。都商密,在今

河南淅川西南。文五年秦人入郡,郡人南迁为楚附庸,在湖北钟祥
丰乐镇东(有争议,详见下"郡国地望")。定六年楚都迁于钟祥之
郡。淅川之郡参见《图集》29—30④3,钟祥之郡参见《图集》29—30
⑤4。

【楚斗……商密】正 杨 补都应为楚属国,故楚申公斗克、息公屈御
寇帅申、息之师戍守其都城商密。【斗克】正 补芈姓,斗氏(若敖氏
大宗),名克,字仪。斗班(庄二十八・四・二)之子。楚大夫,僖二十
五年已任申县公,同年被秦人所囚。僖三十三年殽之战后、文元年楚
太子商臣弑楚成王之前归于楚。文十四年已兼任楚庄王师。文十四
年被庐戢梨及叔麇所杀。

【屈御寇】正 补芈姓,屈氏,名御寇,字边。楚大夫,僖二十五年已
任息县公,同年被秦人所囚。

【申】补见隐元・四・一。【息】补见隐十一・四・一。

【商密】正 杨 补在今河南淅川西南。此前为郡都,文五年地入于
秦。文十年前地入于楚为商县。参见《图集》29—30④3。

秦人过析,隈 wēi 入,而系舆人,以围商密,昏而傅焉。宵,[秦
人]坎、血、加书,伪与子仪斗克、子边屈御寇盟者。商密人惧,曰:
"秦取析矣! 戍人反矣!"乃降 xiáng 秦师。秦师囚申公子仪斗
克、息公子边屈御寇以归。

【秦人……傅焉】正 杨 补秦师经过析邑,从[析邑旁]隐蔽之处进
入[郡境内],然后捆绑军中徒役,[将他们伪装成被秦师俘虏的析
人,]押着这些假俘虏包围了商密,黄昏的时候逼近商密城墙。之
所以在黄昏视线模糊之时方才逼近,应是为了避免被城中人识破。
隈,隐蔽之处。【析】正 杨 补在今河南西峡东北一公里的莲花寺
岗已发现其遗址(白羽城遗址,详见下)。此时为郡邑。文十四年
前地已入于楚为析县。昭十八年至定四年为许都。参见《图集》
29—30③3。【舆人】补从庶人阶层征发而来的、具有临时性的民
夫,平时参加推拉丧葬车辆、运输物资、修筑城墙等劳役,战时在军

中负责推拉辎重车辆等劳役。除秦之外,《左传》所见,晋(僖二十七—僖二十八·九·一)、郑(襄三十·十三·三·二)、鲁(昭四二·二)、原(昭十二·八)皆有舆人。与舆人相关的职官有七舆大夫(僖十一—僖十一·五·一)、舆尉(襄十九·一·一·二)、舆帅(成元—成二·十六)。

【宵,坎……盟者】⟨正⟩⟨杨⟩入夜后,[秦人]掘地为坎,[在坎上杀牲取血以告神,]歃血,放上盟书,制造与楚师统帅斗克、屈御寇盟誓的假象。时间选择在入夜后,是为了防止被城中人识破。盟礼参见隐元·二·春秋。

楚令尹子玉_{成得臣}追秦师,弗及,遂围陈,"纳顿子于顿"。

【令尹】⟨补⟩见庄四·二·二。

○⟨补⟩本年早先时候,晋文公背弃与秦穆公共同勤王的约定,从"南阳"地区抄近道渡过河水,独自包揽了"尊王"平定王子带之乱的全部功劳。这次秦、晋联手南下,表面上是讨伐鄀国,其实是在挑战鄀国背后的南方霸主楚国。从上文叙述可知,本次军事行动,秦军是绝对主角,这很可能是秦穆公试图通过"攘夷"扳回一局的仓促举动,而已经名利双收的晋人也知趣地甘当陪衬,以维持表面上的"秦晋之好"。

○⟨补⟩**武关道**:此次秦晋联军夺取鄀,走的应该是武关道,因为析邑(今河南西峡)正是武关道东段的重要节点。僖三十三年殽之战后秦、晋决裂,武关道遂成为秦、楚联络协作的要道。武关道位于秦岭和伏牛山之间,连接关中盆地和南阳盆地,主要利用的是分开秦岭和伏牛山的灞河河谷和丹江河谷。由于战国时秦或楚在此条道险要处设立武关,因此被后人称为"武关道"。武关道西起关中盆地,经陕西蓝田县、商洛市商州区(原商县)、丹凤县、商南县、河南西峡县,东至南阳盆地。武关道地理形势见僖地形示意图5,可扫码阅读。

○ 补 此处是关于楚动用申、息之师北上争战的首次记载。申县位于南阳盆地中央，东北即是楚国的北大门——方城塞（参见僖三—僖四·六）。息县位于淮河平原，东南即是大别山区的三条隘道——大隧、直辕、冥阨（参见定三—定四·八）。申、息都是楚北部边境大县，是楚北上争霸的前进基地，以及抵御北方讨伐的第一道防线。参见僖地形示意图2（僖三—僖四·六，可扫码阅读）。

○ 补 **出土文献对读**：据清华简二《系年》，则秦、晋伐鄀，先徙鄀人于中城，而后围商密，此为《左传》所不载。

○ 杨 补 **鄀国地望**：根据铜器铭文材料，可知鄀有上鄀、下鄀之分。有学者认为上下鄀之分是由于同一国前后迁徙造成的，有学者认为是由于同宗分封成两国造成的。二鄀地望亦有诸说。一说淅川之鄀为"上鄀"，而钟祥之鄀为"下鄀"，此说与河流流向（淅川在汉江上游，钟祥在汉江中游）、地理方位（淅川在北，钟祥在南）比较契合。一说认为淅川之鄀为"下鄀"，钟祥之鄀为"上鄀"。还有一说认为淅川之鄀为"下鄀"，而"上鄀"在更北，对应河南西峡以西十五公里的古城遗址。

2006年，考古工作者调查了湖北钟祥胡集镇罗山村的"罗山遗址"，发现该遗址面积达75万平方米，具备作为一小国或县城的条件。而且，同时，此遗址以东和以南均为汉水冲积平原，或为汉水故道，与郦道元"洈水迳鄀县故城南"之说一致，且"罗"与"鄀"古音相近，因此有学者认为此遗址可能就是鄀国南迁之地、汉晋时鄀县所在。本书示意图采用《图集》说法，而以此文提醒读者注意。

○ 补 **白羽城遗址**：遗址东、西两面紧邻莲花寺岗崖，南、北两面有护城壕遗迹。城址平面呈长方形，东墙长约七百米，南城墙长约五百米，西城墙长约七百五十米，北城墙长约四百米。遗址年代上限为春秋战国，下限为汉代。

僖公二十五年·四

地理 卫2见僖地理示意图1。

人物 卫文公(闵二·五·四·一)

春秋 葬卫文公。

僖公二十五年·五

地理 晋见僖地理示意图1。晋、原、冀、温见僖地理示意图2。

人物 晋文公(庄二十八·二·一)、原伯贯、赵成子(僖二十三—僖二十四·一·一)、狐溱、寺人勃鞮(僖五·二·二·二)

左传 [一] 冬,晋侯晋文公围原,命三日之粮。原不降,[晋侯]命去之。谍出,曰:"原将降矣。"军吏曰:"请[君]待之。"公晋文公曰:"信,国之宝也,民之所庇也。得原失信,何以庇之? 所亡滋多。"[晋师]退一舍 shè 而原降。[晋人]迁原伯贯于冀。

【原】补见隐十一·三·一。

【命去之】补[晋文公]命令军队撤离。

【舍】补见僖二十三—僖二十四·七。

【原伯贯】杨补姬姓,原氏,名贯。原庄公(庄十八·一·二)之后。周王室大夫。食采于原。僖二十五年原降于晋,晋人迁原伯贯于冀。

【冀】杨见僖二·三·二。

○补本年早先周襄王将包括原在内的"南阳"地区赐予晋文公。原伯贯不服于晋,故晋围之。晋文公围原与先前围阳樊的做法大相径庭,每个举动、每句话都符合周礼,意在树立诚信形象,占据道德高地,一看就是事先精心策划的结果,"表演"痕迹很重。从此以后,晋文公走上了"崇德守礼""尊王攘夷"的称霸正道。

【二·一】赵衰赵成子为原大夫，狐溱 qín 为温大夫。

【狐溱】正补 姬姓，狐氏，名溱。狐毛（僖二十三·二·二·一）之子。晋大夫，僖二十五年任温县大夫。

【二·二】晋侯问原守于寺人勃鞮 dī。[勃鞮]对曰："昔赵衰以壶飧 sūn 从，径，馁 něi 而弗食。"故[晋侯]使[赵衰]处原。

【寺人】补 见僖五·二·二·二。

【壶飧】杨补 壶[盛酒水]及饭食。【壶】补 盛酒盛水器。考古报告或图录中的铜"壶"是一种长形圆口或长方方口铜器。器壁铭文中多有自名为"壶"者，可以认为即是先秦传世文献中所提到的壶。考古发现春秋时铜壶实例见僖器物图 8。

【径】杨[一个人]走在[没有旁人的]小路上。

僖器物图 8.1　河南三门峡上村岭虢国墓地 M2001 出土椭方壶，春秋早期偏早（《三门峡虢国墓（第一卷）》，1999 年）

僖器物图 8.2　河南登封告城郑国墓地 M3 出土方壶，春秋早期偏晚至中期初（《河南登封告成东周墓地三号墓》，2006 年）

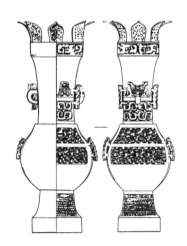

僖器物图 8.3　山西运城万荣庙前村晋国墓地 M1 出土方壶，春秋晚期偏晚（《山西万荣县庙前村的战国墓》，1958 年）

僖器物图 8.4　山西侯马上马村晋国墓地 M15 出土圆壶，春秋晚期偏晚（《上马墓地》，1994 年）

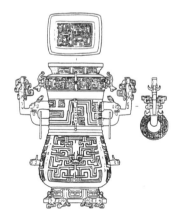

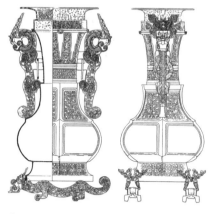

僖器物图 8.5　甘肃礼县圆顶山秦国墓地 M2 出土方壶，春秋早期偏晚（《礼县圆顶山春秋秦墓》，2002 年）

僖器物图 8.6　河南淅川下寺楚国墓地 M1 出土龙耳虎足方壶，春秋中期后段（《淅川下寺春秋楚墓》，1991 年）

○杨补 通行本中，本小节（僖二十五·五·二·二）原在僖二十五—僖二十六·一之后，僖二十五—僖二十六·二之前。本小节是补充说明晋文公任命赵成子为原大夫的缘由，与僖二十五·五·

二·一本为一传,应前后紧接。据上述理由,因而有此调整。参见《春秋左传注》僖二十五年末杨注。

○补 **传世文献对读**:《韩非子·外储说左下》记载并议论了此事,而将赵成子换成了箕郑,可扫码阅读。

僖公二十五年—僖公二十六年(僖公二十六年·一)

[地理] 鲁、卫2、齐、楚、宋见僖地理示意图1。鲁、卫2、莒、齐、宋、洮、向、鄬见僖地理示意图4。

[人物] 鲁僖公(闵二·三·二)、卫成公、庆(庄二十七·六·春秋)、莒兹丕公、宁庄子(闵二·五·二)、东门襄仲、卫文公(闵二·五·四·一)、齐孝公(僖十七—僖十八·一)、展喜、柳下惠、周公旦(隐八·二)、齐太公(僖三—僖四·五)、周成王、齐桓公(庄八—庄九·庄十·春秋)、臧文仲(庄十一·二·二·二)、成得臣(僖二十二—僖二十三·八·一)

[春秋] 冬,十有(又)二月癸亥十二日,公鲁僖公会卫子卫成公、莒庆盟于洮。

【卫子】[补]卫成公。姬姓,名郑,谥成。卫文公(闵二·五·四·一)之子。僖二十六年即位。僖二十八年,卫成公奔楚,使元咺奉夷叔为君。同年归国复位,其前驱公子歂犬杀夷叔。元咺诉于晋,晋执卫成公,置于京师,元咺归于卫,立公子瑕。僖三十年卫成公杀元咺、公子瑕而复位。在位共三十五年。宣九年卒。【洮】[杨]见庄二十七·一·春秋。

○[正][补]此处卫文公已葬,而同年《春秋》仍称新君卫成公为"卫子"而不称"卫侯",是僖八—僖九·二所总结的新君称"某子"的唯一例外。杜注认为,卫文公已葬、卫成公仍称"卫子"的原因,是由于卫成公感念父亲生前希望调停鲁、莒关系未成而去世的遗志,在盟会中主动降名称"卫子",以修卫文公之好。鲁《春秋》亦成全卫成公孝子之心,因此书"卫子"以表达对卫成公的赞同。

二十有六年,春,王正月己未九日,公鲁僖公会莒子莒兹丕公、卫宁速宁庄子盟于向。

【莒子】[杨][补]莒兹丕公。己姓,名期,号兹丕。【向】[杨]见隐二·二·春秋。此时为莒邑。

齐人侵我西鄙。公_{鲁僖公}追齐师至酅 xī，弗及。

【酅】正 杨 补在今山东平阴东阿镇西南与东平县交界处。齐邑。
参见《图集》26—27③3。
○正《春秋》书"公追齐师至酅"，是嘉许鲁僖公能逐齐师而深入
齐地。

夏，齐人伐我北鄙。

卫人伐齐。

公子遂_{东门襄仲}如楚乞师。

【公子遂】正 杨 补东门襄仲。姬姓，东门氏，名遂，谥襄，排行仲。
鲁庄公（桓六·七·春秋）之子，公子般（庄三十二·四·春秋）之弟。
鲁大夫，官至执政卿（继成季）。宣八年卒。

左传［一］卫人平莒 jǔ 于我。十二月，盟于洮，修卫文公之好，且及
莒平也。

［二］二十六年，春，王正月，公_{鲁僖公}会莒兹丕公、宁 nìng 庄子盟
于向，寻洮之盟也。

【寻洮之盟也】补重温上文洮之盟。

［三］齐师侵我西鄙，讨是二盟也。

○杨 补齐国霸业虽已衰落，然而中原无其他霸主，齐孝公仍以霸主
自居，对鲁私自与他国会盟感到不满，因此前来入侵。

［四·一］夏，齐孝公伐我北鄙。卫人伐齐，洮之盟故也。

【卫人……故也】杨鲁、卫相盟，有互相救护的义务。卫人伐齐，即

所以救鲁。

【四·二】公鲁僖公使展喜犒[齐]师,使[展喜]受命于展禽柳下惠。
【展喜】杨补姬姓,展氏,名喜,字乙。鲁大夫。【犒师】正补用酒食或其他物资犒劳军队。据《国语·鲁语上》,此次展喜犒师之物中还有"膏沐",即润发用的油脂。

【使受命于展禽】补派[展喜]向柳下惠请教如何措辞。【展禽】正补柳下惠。姬姓,展氏,名获,字禽,排行季,私谥惠。展无骇(隐二·三·春秋)之子。居于柳下。鲁大夫,任士师。文六年卒。其名(获)、字(禽)相应,禽通擒,与获为近义词。《论语·微子》:"柳下惠,少连,降志辱身矣。"《论语·微子》:"柳下惠为士师,三黜。人曰:'子未可以去乎?'曰:'直道而事人,焉往而不三黜?枉道而事人,何必去父母之邦?'"据《大戴礼记·卫将军文子》,孔子认为:"孝子慈幼,允德禀义,约货去怨,盖柳下惠之行也。"

齐侯齐孝公未入竟(境),展喜从之,曰:"寡君鲁僖公闻君齐孝公亲举玉趾,将辱于敝邑,使下臣展喜犒执事。"
【将辱于敝邑】补将要屈尊来到我国。

○杨补传世文献对读:《国语·鲁语上》载乙喜(即展喜)犒师之辞则为:"寡君不佞,不能事疆场之司,使君盛怒,以暴露于弊邑之野,敢犒舆师。"如此,则在《国语》版本中,齐孝公似已入境,与《左传》不同。

齐侯曰:"鲁人恐乎?"

[展喜]对曰:"小人恐矣,君子则否。"
○补僖十五年吕甥与秦穆公和谈时,也曾运用类似的君子小人之

辨,参见僖十五·九·一。

齐侯曰:"室如县(悬)磬(磬),野无青草,[鲁人]何恃而不恐?"

【室如县磬】正杨 房室好像悬挂起来的磬。磬为悬挂石制击奏乐器,形状类似曲尺,悬挂时挂点高而两侧斜下,下方空荡无物。这里是用悬磬的形态来比喻民众贫困,房室中脊高起,两檐斜下,室内空荡无物。【磬】补同磬。考古报告中的"磬"是悬挂石制打击乐器,音高不同的磬按音阶悬挂在磬架上,成为一组编磬,就能演奏音乐。考古发现东周时期石编磬实例见僖器物图 9。

[展喜]对曰:

"恃先王之命。

"昔周公周公旦、大(太)公齐太公股肱周室,夹辅成王周成王。成王劳之,而赐之盟,曰'世世子孙,无相害也'。载在盟府,大(太)师职之。桓公齐桓公是以纠合诸侯,而谋其不协;弥缝其阙 quē,而匡救其灾,昭旧职也。

【周公】补鲁始封君。【大公】补齐始封君。【股肱】补股,大腿;肱,大臂,辅佐。
【成王】补周成王。姬姓,名诵,谥(一说生号)成。周武王(桓元—桓二·三·二)之子,邑姜(昭元·八·一·一)所生。在位三十七年(含周公旦摄政年数)。
【载】正杨补盟书。盟誓最后,要将盟书放在牲上,称为"载",故盟书又称"载书",简称"载"。不用牲之时亦称载书,如定十三·二·三·二"载书在河"。春秋时出土盟书实例参见成六·五·二"侯马盟书"。【盟府】补见僖五·八·一。
【大师】正杨补即太师。周内朝官,辅弼周王之重臣,其职掌包括管理盟府。《左传》所见,楚(文元·四·四)、晋(文五—文六·一)、蔡(<u>襄二十六·八·一</u>)皆有太师。此外,随(<u>桓六·二·一</u>)、卫(<u>襄二十七·三·一·四</u>)、楚(<u>昭十九·二</u>)有少师,为太师副手。杨注指出,有学者指出,古籍无太师掌盟约的记载,"太师"应为"太史",太史掌载书,较合情理。

"及君_{齐孝公}即位,诸侯之望曰:'其率<u>桓</u>_{齐桓公}之功!'我敝邑用不敢保聚,曰:'岂其嗣世九年,而弃命废职?其若先君_{齐桓公}何?君必不然。'

【率】 |正| 循。

【我敝邑用不敢保聚】 |正| |杨| |补| 金泽文库本及唐石经作"我敝邑用是不敢保聚",可译为"我国因此不敢保城聚众"。用,因。是,此。

"_[鲁]恃此以不恐。"

齐侯乃还。

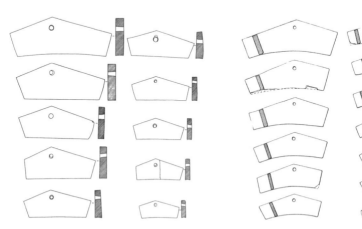

僖器物图 9.1　陕西韩城梁带村芮国墓地 M28出土石磬,春秋早期后段(《梁带村芮国墓地——二〇〇七年度发掘报告》,2010 年)

僖器物图 9.2　河南淅川下寺楚国墓地 M2 出土石磬,春秋晚期前段(《淅川下寺春秋楚墓》,1991 年)

僖器物图 9.3　湖北随县曾侯乙墓出土编磬及铜编磬架,战国
初期(《曾侯乙墓》,1989 年)

【五】东门襄仲、臧文仲如楚乞师。臧孙臧文仲见子玉成得臣而道
(导)之伐齐、宋,以其不臣[于楚]也。

【道】正杨引导。

僖公二十六年·二

地理楚见僖地理示意图 1。楚、夔见僖地理示意图 5。

人物夔子、祝融、鬻熊、熊挚、成得臣(僖二十二—僖二十三·八·
一)、斗宜申(僖二十一·三·春秋)

春秋秋,楚人灭夔kuí,以夔子归。

【夔】正杨补周时国,子爵,芈姓。始封君为被废的楚君熊挚。在
今湖北秭归归州镇一带。僖二十六年被楚所灭,疑地入于楚为睽邑
(僖二十七—僖二十八·一)。参见《图集》17—18④3"夔"、29—30
⑥2"夔1、夔2"。

左传夔子不祀祝融与鬻yù熊。楚人让之。[夔子]对曰:"我先王熊

<u>挚</u>有疾,鬼神弗赦,而自窜于夔。吾是以失楚,又何祀焉?"
秋,楚<u>成得臣</u>、<u>斗宜申</u>帅师灭<u>夔</u>,以<u>夔</u>子归。

【祝融】【鬻熊】 正 杨 春秋时期楚人敬祀的两位先祖。祝融为帝喾
火正之号,始由重黎(老童之子,颛顼之后)担任。重黎征讨共工氏
不利,被帝喾所杀,其弟吴回继承兄职为火正,仍号祝融。吴回生陆终,
陆终生季连。季连传位给弟弟鬻熊(据清华简二《系年》)。鬻熊曾孙
熊绎为楚始封君。

【让】 补 责备。

【熊挚】 正 杨 补 楚君。芈姓,熊氏,名挚。熊艾之子。在位一段时
间,后因病不得为君、自窜于夔(很可能是被其弟熊延发动的政变所
逼迫),遂为夔始封君。

○ 补 据本节《左传》,可以看出楚人对于祭祀先祖祝融及鬻熊的重
视,似乎存在一个以祝融、鬻熊为核心的"二楚先"祀典系统。此
外,根据对望山、包山、葛陵出土楚简的分析,可知战国时期楚国存
在一个"三楚先"的祀典系统,其所祀先祖包括老童、祝融、鬻熊。
据清华简一《楚居》,则鬻熊之妻妣厉生熊丽之时难产,熊丽自妣厉
侧肋溃出,妣厉死亡。在助产过程中,巫咸用楚(荆条)割开妣厉的
胁部,因此到今天他们的后代叫作"楚人"。可见,在后世楚人心目
中,所谓"楚人"是鬻熊和妣厉生养出来的。此外,后世楚君的氏
"熊"也应来自鬻熊之名(参见<u>桓六·二·一</u>)。由此可见鬻熊在楚
人先祖族谱中的重要性。据学者根据清华简二《系年》所做的分
析,季连虽然是楚人的远祖,但是他传位给弟弟或者养子鬻熊,自
己的子嗣并没有继承君位,所以不在"二楚先"或"三楚先"祀典系
统中。

僖公二十六年·三

地理 楚、宋、晋见僖地理示意图1。楚、宋、晋、缯见僖地理示意图5。

人物 晋文公(<u>庄二十八·二·一</u>)、成得臣(<u>僖二十二——僖二十三·</u>

八·一）、斗宜申（僖二十一·三·春秋）

春秋 冬，楚人伐宋，围缗mín。

【缗】 杨 见僖二十二—僖二十三·春秋。

左传 宋以其善于晋侯晋文公也，叛楚即晋。冬，楚令尹子玉成得臣、司马子西斗宜申帅师伐宋，围缗。

【宋以……即晋】 正 杨 补 宋因为曾经对晋侯表示友善，所以背叛楚而亲附晋。僖二十四年宋及楚平，宋成公如楚。宋服楚已近三年，至本年叛楚而服于晋。所谓宋善于晋侯，应是指僖二十二年公子重耳过宋，宋襄公以礼相待，赠马二十乘（僖二十三—僖二十四·五）。

【令尹】 补 见庄四·二·二。【司马】 补 楚外朝官，地位仅次于令尹，其职掌事务有：一、担任军队统帅，负责帅师征伐；二、掌管军需人员物资。

僖公二十六年·四

地理 鲁、楚、齐见僖地理示意图1。鲁、齐、谷见僖地理示意图4。

人物 鲁僖公（闵二·三·二）、齐桓公（庄八—庄九—庄十·春秋）、公子雍（僖十七—僖十八·一）、饔巫（僖十七—僖十八·二）、叔侯

春秋 公鲁僖公以楚师伐齐，取谷。

【谷】 杨 补 见庄七·四·春秋。

○ 补 据哀二十四·一，则此役鲁师统帅之一为臧文仲。

公鲁僖公至自伐齐。

○ 正 此条《春秋》无对应《左传》。

左传 "公以楚师伐齐，取谷"，——凡师，能左右之曰"以"——置桓公 齐桓公子雍 公子雍于谷，易牙 饔巫奉之，以为鲁援，楚申公叔侯成之。桓公之子七人，为七大夫于楚。

【以为鲁援】 正 补 作为鲁〔对抗齐〕的后援。公子雍本与齐孝公争立(参见僖十八·四·一)，因此鲁将其置于谷以逼齐。

【叔侯】 补 名侯，排行叔。楚大夫，僖二十六年已任申县公。

○ 正 下启僖二十八年楚成王使申公离开谷邑回国(僖二十七—僖二十八·十一)。

○ 补 谷邑本为管敬仲采邑，窃疑楚师攻占此邑、并派兵戍守，很可能是想要表明，齐国连管敬仲的采邑都保护不了，足见其霸业已经衰落，而占领谷邑的楚国将取代齐国成为新的霸主。

僖公二十七年·一

地理 鲁见僖地理示意图 1。杞 2、鲁见僖地理示意图 4。

人物 杞桓公、鲁僖公（闵二·三·二）

春秋 二十有(又)七年，春，杞子杞桓公来朝。

【杞子】补 杞桓公。姒姓，名姑容，谥桓。杞惠公（庄二十七·七·春秋）之子，杞成公（僖二十三·三·春秋）之弟。僖二十四年即位，在位十七年。文七年卒。【朝】补 见隐四·二·七·一。

左传 二十七年，春，杞桓公来朝。[杞]用夷礼，故[《春秋》]曰"子"。公鲁僖公卑杞，杞不共(恭)也。

【用夷礼，故曰"子"】补 杞桓公用的是东夷的礼节，因此《春秋》记载他的爵位为"子"。参见僖二十三·三·春秋。

僖公二十七年·二

地理 齐见僖地理示意图 1。

人物 齐孝公（僖十七—僖十八·一）

春秋 夏，六月庚寅十八日，齐侯昭齐孝公卒。

○杨 《史记·齐太公世家》："十年，孝公卒。孝公弟潘因卫公子开方杀孝公子而立潘，是为昭公。昭公，桓公子也，其母曰葛嬴。"此事《春秋》《左传》未载。

秋，八月乙未二十四日，葬齐孝公。

○正 杨 据隐元·五，诸侯五月而葬。齐孝公三月而葬，于礼为速。此条《春秋》无对应《左传》。

[左传] 夏，齐孝公卒。[我]有齐怨，不废丧纪，礼也。

【有齐怨】[正]指僖二十六年齐两次伐鲁。

【丧纪】[正][补]丧事总称，这里指邻国君主过世、鲁国应行的丧礼，主要包括吊唁死者以及馈赠助丧之物等。

僖公二十七年·三

[地理]鲁见僖地理示意图 1。鲁、杞 2 见僖地理示意图 4。

[人物]东门襄仲(僖二十五—僖二十六·春秋)

[春秋]乙巳九月四日，公子遂东门襄仲帅师入杞。

[左传]秋，[我]入杞，责礼也。

【责礼也】[补]阮刻《左传注疏》以及杨伯峻《春秋左传注》皆作"责无礼也"。陆德明《经典释文》："责礼也，本或作'责无礼'者非。""责"本是"求"的意思，"责礼"就是"用礼义来要求"的意思，文义通畅。"无"字可能是后人不明"责礼"之义而妄增，《经典释文》说可信。

僖公二十七年—僖公二十八年(僖公二十八年·一)

地理 楚、陈、蔡、郑、宋、鲁、晋、曹、卫2、齐、秦、周见僖地理示意图1。陈、蔡、郑、许、宋、鲁、晋、曹、卫2、齐、周(京师)、邧、尹、城濮、践土、温、河阳、谷、五鹿、敛盂、有莘之虚、衡雍、宛濮、南河、棘津、孟诸泽、河水见僖地理示意图3。宋、鲁、曹、卫2、齐、莒、邧、杞2、崔见僖地理示意图4。楚、陈、蔡、郑、许、宋、鲁、晋、曹、卫2、莒、周(京师)、邧、睽、申、息、汉水见僖地理示意图5。

人物 陈穆公(僖六—僖七·春秋)、蔡庄公(僖二十一·三·春秋)、郑文公(庄十九—庄二十一—庄二十一·十一·二)、许僖公(僖五·五·春秋)、鲁僖公(闵二·三·二)、晋文公(庄二十八·二·一)、公子买、曹共公(僖七—僖八·春秋)、成得臣(僖二十二—僖二十三·八·一)、卫成公(僖二十五—僖二十六·春秋)、齐昭公(僖二十五—僖二十六·春秋)、宋成公(僖二十四·四)、夷叔、莒兹丕公(僖二十五—僖二十六·春秋)、周襄王(僖五·五·春秋)、元咺、杞伯姬(庄二十五·四·春秋)、东门襄仲(僖二十五—僖二十六·春秋)、陈共公、邧文公(僖十九·二·二·一)、楚成王(庄十四·三·二)、斗穀於菟(庄三十·二)、芳贾、公孙固(僖二十二—僖二十三·一)、先轸、狐偃(僖二十三·二·二·一)、赵成子(僖二十三—僖二十四·一·一)、郤縠、郤溱、狐毛(僖二十三·二·二·一)、栾贞子、中行桓子、魏武子(僖二十三—僖二十四·一·一)、胥臣(僖二十三—僖二十四·一·一)、僖负羁(僖二十三—僖二十四·四·二)、颠颉、舟之侨(闵二·一·二)、门尹般、叔侯(僖二十六·四)、斗椒、若敖、宛春、国庄子、崔夭、小子憖、斗勃、子人九、尹氏、王叔文公、叔兴(僖十六·一·二·一)、成大心、荣黄、芳吕臣、元角、宁武子、长牂、公子歂犬、华仲、祁瞒、范武子、鍼庄子、士荣、公子瑕、孔子、侯獳、曹叔振铎、周文王(僖五·八·一)、唐叔虞、周武王(桓元—桓二·三·二)

春秋 冬,楚人、**陈侯**_{陈穆公}、**蔡侯**_{蔡庄公}、**郑伯**_{郑文公}、**许男**_{许僖公}围宋。

○正补据僖二十七—僖二十八·二，"楚子及诸侯围宋"。据僖二十七—僖二十八·十一，"楚子……使子玉去宋"。因此，开始实为楚子（楚成王）与诸侯一同围宋。不久之后，楚成王归国，而由令尹成得臣主兵。《春秋》不书"楚子"，亦不书"成得臣"，而书"楚人"，杜注认为是楚人由于围宋不得志，因此以微者通告鲁国，鲁史因而书之。

十有（又）二月甲戌五日，公鲁僖公会诸侯，盟于宋。

【诸侯】杨指楚成王、陈穆公、蔡庄公、郑文公、许僖公。
○正此条《春秋》无对应《左传》。

二十有八年，春，晋侯晋文公侵曹。晋侯伐卫。
○正曹、卫使者分别来告，故《春秋》再书"晋侯"。

公子买戍卫。[公子买]不卒戍，刺之。

【公子买】正补名买，字丛。鲁大夫，官至卿位。僖二十八年被鲁僖公使人刺杀。

楚人救卫。
○正补《春秋》书公子买被杀在前，楚人救卫在后，而《左传》则反之。可能《春秋》所据为楚人通告上所书时间，而《左传》所据为事件实际发生时间。

三月丙午八日，晋侯晋文公入曹，执曹伯曹共公。[分曹、卫之田以]畀 bì
宋人。

夏，四月己巳二日，晋侯晋文公、齐师、宋师、秦师及楚人战于城濮，楚师败绩。

【城濮】杨见庄二十七·八·春秋。

○补据清华简二《系年》,"令尹子玉遂率郑、卫、陈、蔡及群蛮夷之师以邀文公,文公率秦、齐、宋及群戎之师以败楚师于城濮",则晋一方尚有群戎,而楚一方尚有郑、卫、陈、蔡、群蛮夷。陈、蔡参与楚方见僖二十七—僖二十八·十七。郑参与楚方见僖二十七—僖二十八·十九。据僖二十七—僖二十八·二十一·一,卫成公听说楚失败后害怕出逃,也说明卫应该也参与了楚方。城濮之役后,郑、卫、陈、蔡改服于晋。

楚杀其大夫得臣成得臣。

○正补据文六·四·三及文七·二·三,则《春秋》书国杀,又书被杀卿大夫之名,则表明被杀之卿大夫有罪。成得臣之罪见僖二十七—僖二十八·二十二·一。《春秋》书楚杀其大夫在前,践土之盟在后,而《左传》反之。可能《春秋》所据为诸侯通告上所书时间,而《左传》则是为叙述平顺,故先叙晋及诸侯之事完毕,再叙楚事。

卫侯卫成公出奔楚。

五月癸丑十六日,公鲁僖公会晋侯晋文公、齐侯齐昭公、宋公宋成公、蔡侯蔡庄公、郑伯郑文公、卫子夷叔、莒子莒兹丕公,盟于践土。

【卫子】正补夷叔。姬姓,名武,谥夷,排行叔。卫文公(闵二·五·四·一)之子,卫成公(僖二十五—僖二十六·春秋)同母弟。僖二十八年卫成公奔楚,使元咺奉夷叔为君。同年卫成公归国复位,夷叔被其前驱公子歂犬所杀。卫成公此时出居在外,其弟夷叔摄位受盟,从未成君之礼,故《春秋》书"卫子"。【践土】正杨补在今河南荥阳广武镇王顶村。郑地。参见《图集》24—25④4。《图集》标注不准确,本书示意图依据《图志》标注。

○正补此处《春秋》所书则为会之班次,以诸侯国力大小为序。定三一定四·五·四述践土之盟载书,其盟之班次为晋、鲁、卫、蔡、郑、齐、宋、莒,以周之同姓(晋、鲁、卫、蔡、郑)在先,异姓(齐、宋、莒)在后,隐十一年《左传》所谓"周之宗盟,异姓为后"是也。周王室卿士王叔文公临盟而不歃血,故《春秋》不书其名氏。此事,《春秋》书癸丑(十六日),《左传》书癸亥(二十六日),杜注认为两者都是盟日,两者必有一误。笔者认为,有可能癸丑为会日,而癸亥为盟日。

陈侯陈穆公如会。

○正陈本服于楚,本年楚败,陈惧而改服于晋,到会时践土之盟已毕,故《春秋》书"如会"。此条《春秋》无对应《左传》。

公鲁僖公朝于王周襄王所。

【朝】补见隐四·二·七·一。

○正鲁僖公朝周襄王时,周王在践土而不在京师,故《春秋》书"朝于王所"。此条《春秋》无对应《左传》。

六月,卫侯郑卫成公自楚复归于卫。卫元咺 xuǎn 出奔晋。

【元咺】正补元氏,名咺。卫大夫,官至卿位。僖二十八年卫成公出奔楚,元咺奉夷叔为君。卫成公复位,夷叔被杀,元咺奔晋,诉卫成公。卫成公被晋人所执,元咺归于卫,立公子瑕。僖三十年,公子瑕、元咺被卫成公指使周歂、冶廑所杀。

○正杨据下文《左传》,"卫侯闻楚师败,惧,出奔楚,遂适陈",则此次卫成公应是从陈回到卫。《春秋》书"自楚",可能是承接上文"卫侯出奔楚"而言。据成十八·四·一,则在位国君出奔后归国复位,《春秋》书"复归"。

陈侯款陈穆公卒。

○正此条《春秋》无对应《左传》。

秋，<u>杞伯姬</u>来。

○正此条《春秋》无对应《左传》。

<u>公子遂</u>东门襄仲如齐。

○正此条《春秋》无对应《左传》。

冬，公鲁僖公会<u>晋侯</u>晋文公、<u>齐侯</u>齐昭公、<u>宋公</u>宋成公、<u>蔡侯</u>蔡庄公、<u>郑伯</u>郑文公、<u>陈子</u>陈共公、<u>莒子</u>莒兹丕公、<u>邾子</u>邾文公、秦人于温。

【陈子】正 杨 补 陈共公。妫姓，名朔，谥共。陈穆公（僖六—僖七·春秋）之子。僖二十九年即位，在位十八年。文十三年卒。陈穆公卒于本年，未葬，故陈共公称"陈子"。称子之例参见僖八—僖九·二。【温】补见隐三·四·二。此时为晋邑。

天王周襄王狩于河阳。

【狩】补见隐五·一。【河阳】正 杨 补在今河南孟州西北槐树乡桑洼村、古城村。晋地。参见《图集》24—25④3。

壬申十月七日，公鲁僖公朝于王周襄王所。

○正补《春秋》书鲁僖公朝周襄王在前，晋人执卫成公在后，而《左传》反之。一种可能是，《春秋》所据为事件发生时间（鲁僖公朝周襄王）及诸侯通告上所书时间（晋人执卫成公），而《左传》所据均为事件发生时间。另一种可能是，卫成公与元咺争讼在鲁僖公朝周襄王之前，而晋人执卫成公实在鲁僖公朝周襄王之后。《春秋》按照事件发生时间顺序，而《左传》述卫成公之事，欲求完整，故将从诉讼到被执全过程叙述清楚之后，再叙鲁僖公朝周襄王之事，并未严格按照时间顺序。

晋人执<u>卫侯</u>卫成公，归之于京师。<u>卫元咺</u>自晋复归于卫。

【京师】补见隐六・七。

诸侯遂围许。

曹伯襄_{曹共公}复归于曹，遂会诸侯围许。

左传【一】楚子_{楚成王}将围宋，使子文_{斗榖於菟}治兵于睽，终朝 zhāo 而毕，不戮一人。子玉_{成得臣}复治兵于蒍 wěi，终日而毕，鞭七人，贯三人耳。

【治兵】补讲武，军事演习。【睽】正补疑即僖二十六年楚所灭之夔（僖二十六・二），在今湖北秭归东的夔沱。楚邑。参见《图集》29—30⑥2。据《楚居》，则楚成王时期第二个都邑就是"睽郢"，应该就是此处之"睽"。也就是说，楚军第一次训练就是在楚都附近。

【终朝】正指从旦到大昕。参见昭四—昭五・十四"日之数十，故有十时"。

【蒍】正补楚邑。有可能在蓮澨（昭二十三・三）附近，具体地望可能在今河南淅川境。蒍位于南阳盆地西侧，楚军在此完成第二次训练之后，随即东出方城山执行围宋任务，从军事地理上说合乎情理。

【贯三人耳】杨指以箭穿三人之耳。《说文》有"聅"字，曰"军法以矢贯耳也，从耳从矢"，可能即指此事。

国老皆贺子文，子文饮 yìn 之酒。蒍贾 gǔ 尚幼，后至，不贺。子文问之。[蒍贾]对曰："不知所贺。子之传政于子玉，曰'以靖国也'。靖诸内而败诸外，所获几何？子玉之败，子之举也。[子]举[子玉]以败国，[吾]将何贺焉？子玉刚而无礼，不可以治民。过三百乘 shèng，其不能以入矣。[子玉]苟入而贺，何后之有?"

【国老】正 补 指国都中已告老致仕的、德高望重的卿大夫。

【芮贾】正 杨 补 芈姓,芮氏,名贾,字赢,排行伯。芮吕臣(僖二十二—僖二十三·八·二)之子。楚大夫,历任工正、司马。宣四年前被斗椒所杀。其名(贾)、字(赢)相应,赢通赢,商贾以营利为目的。

【子之……国也.'】正 参见僖二十二—僖二十三·八。

【诸】补 于。

【过三……入矣】杨 补 [如果让他带领]超过三百辆兵车[的军队去作战],恐怕就不能再带着[军队]进入[楚国了]。

○补 **出土文献对读**:上博简九《成王为城濮之行》亦叙此事,与《左传》互有详略,可扫码阅读。

据上博简版本所言,则斗榖於菟治兵是奉楚成王命教授成得臣治军之法。斗榖於菟此时已退休,而楚成王命其复出治兵,是不放心成得臣。至本年时,楚国的中原争霸事业已经接近成功,斗榖於菟认为这是最好的交班时机,于是在教授治军之法时故意宽简其事,不行威权,表示自己对于新令尹成得臣的器重和信任。而成得臣严格训练、惩处多人,也是为了证明自己的治军能力,以打消楚成王的疑虑。

[二] 冬,楚子楚成王及诸侯围宋。宋公孙固如晋告急。先轸曰:"报施、救患、取威、定霸,于是乎在矣。"狐偃曰:"楚始得曹,而新昏(婚)于卫。若伐曹、卫,楚必救之,则齐、宋免矣。"

【宋公孙固如晋告急】补 据《国语·晋语四》(引文见僖二十三—僖二十四·五),则公子重耳流亡经过宋国时,与公孙固交好,故此时宋遣公孙固如晋告急。

【先轸】正 杨 补 姬姓,先氏,又为原氏,名轸。先丹木(闵二·七·二)之子。晋大夫,官至执政卿(继郤榖)。僖二十七年任下军佐(卿职),僖二十八年任中军帅(卿职)。僖三十三年陷狄阵而死。食采于原。【先】补商、周时国,在今山西临汾浮山县桥北村一带。此时已被晋所灭。

【报施】正补报答[宋襄公的]施与,参见僖二十三—僖二十四·五。

【于是乎在矣】杨补即"在于是矣",可译为"就在现在了"。是,此,今。

【若伐……免矣】正补僖二十五年鲁以楚师伐齐,取谷,楚申公叔侯戍之;本年楚成王及诸侯围宋。若能使楚撤兵而救曹、卫,则可解齐、宋之围。

【三】[晋人]于是乎蒐 sōu 于被 pī 庐,作三军。

【蒐】补田猎并检阅军队。参见隐五·一。【被庐】正晋地。

谋元帅。赵衰 cuī,赵成子曰:"郤 xì 縠 hú 可。臣亟 qì 闻其言矣,说(悦)礼、乐而敦《诗》、《书》。《诗》《书》,义之府也;礼、乐,德之则也。德、义,利之本也。《夏书》曰:'赋(敷)纳以言,明试以功,车服以庸。'君晋文公其试之。"[晋侯]乃使郤縠将中军,郤溱 qín 佐之。

【郤縠】补姬姓,郤氏,名縠。晋大夫,官至执政卿。僖二十七年任中军帅(卿职)。僖二十八年卒。

【亟】补数,屡次。

【敦】正补看重。

【赋纳……以庸】正杨补今本《尚书·益稷》有此句,而"赋"作"敷","试"作"庶"。可译为"有益的话全部采纳,根据功效加以试验,[如果成功,则]用车马服饰作为酬劳"。赋,遍。庸,酬。

【郤溱】补姬姓,郤氏,名溱。晋大夫,官至卿位。僖二十七年任中军佐(卿职)。

[公]使狐偃将上军，[狐偃]让于狐毛，而佐之。

[公]命赵衰为卿，[衰]让于栾枝栾贞子、先轸 zhěn。[公]使栾枝将下军，先轸佐之。

【栾枝】 正 补 栾贞子。姬姓，栾氏，名枝，谥贞，栾共叔（桓二—桓三·六）之子，栾宾（桓二—桓三·二·一）之孙。晋大夫，官至卿位。僖二十七年任下军帅（卿职）。文六年前去世。栾共叔死于桓三年（前 708 年），栾贞子即使是栾共叔的遗腹子，最迟也应该在前 707 年出生，而僖二十八年（前 632 年）城濮之战，栾贞子作为下军帅迎击楚军，此时他至少也有 75 岁，颇不合常理。窃疑栾共叔和栾贞子之间可能脱漏一代。

荀林父 fǔ，中行桓子御戎，魏犨 chōu，魏武子为右。

【荀林父】 正 杨 补 中行桓子。姬姓，中行氏，出自荀氏，名林父，谥桓，排行伯。逝遨之子。晋大夫，官至执政卿（继郤成子）。僖二十七年任戎御，僖二十八年任中行帅，文六年前曾任下军佐（卿职），文六年可能已任上军佐（卿职），文七年已任上军佐（卿职），文十二年已任中军佐（卿职），宣十二年任中军帅（卿职）。宣十五年至宣十六年告老或去世。食采于荀。**【御戎】【为右】** 补 见《知识准备》"车马"。此为中军帅之御、右。

> ○ 补 **传世文献对读**：《国语·晋语四》叙赵成子让于郤縠、赵成子让于栾贞子及先轸、狐偃让于狐毛之事，与《左传》有所不同，可扫码阅读。

○ 补 本年被庐之蒐之后产生了晋国第一个六卿领导班子，其基本情况如下：郤縠将中军，郤溱佐之；狐毛将上军，狐偃佐之；栾贞子将下军，先轸佐之；中行桓子御戎，魏武子为右。据昭十三·二·十三，晋文公流亡时在国内"有栾、郤、狐、先以为内主"。与之完全对应的是，六军帅佐都出自栾、郤、狐、先四族，由此可见，奖赏有功旧族是此次安排三军帅佐未曾明言的重要考虑。笔者对于此次六卿领导班子任命的可能谋划过程有详细分析，请见专著《虎变：晋国大族的兴盛与衰亡》（出版中，暂定书名）相关章节。

○|补|晋军制演变概况如下：庄十六年，曲沃武公以一军为晋侯。闵元年晋献公作上、下二军。僖十年时晋已有上、下二军及左、右二行。僖二十七年晋文公作上、中、下三军（不知左、右二行是否仍在）。僖二十八年，晋文公在上、中、下三军之外又作左、中、右三行（步兵），相当于六军。僖三十一年，晋文公罢去三行，改设上、下新军，连同原有的三军共五军。文六年，晋襄公罢新军，恢复上、中、下三军旧制。成三年，晋景公在上、中、下三军基础上增加上、中、下新军，为六军。成十三年，晋厉公合并上、中、下新军为一军，成为上、中、下、新四军。襄十四年，晋悼公舍新军，恢复上、中、下三军。

自僖二十七年之后，晋上、中、下、新军，每军有将有佐，均为卿职。将、佐官位等级，按中军—上军—下军—新军（新军内亦按中、上、下顺序），以及将—佐的次序排列。中军帅为元帅，晋外朝官，卿职，晋国执政，全面负责国家的军事、政治、司法、经济、外交事务，其职掌事务有：一、战时统领全军，节制诸帅；二、执掌立法；三、主管刑罚；四、管理经济；五、掌人事任命；六、主管对外事务。中军帅以下，有中军佐、上军帅、上军佐、下军帅、下军佐、新军帅、新军佐，都是晋外朝官，卿职，其执掌事务有：一、在元帅及上级将、佐节制下指挥各自的军队；二、在元帅主导下参政议政；三、参与外交事务。据襄二十五·一·八，上、中、下三军在将佐之下，尚有五吏、三十帅、三军之大夫、百官之正长、师旅五个层次。

【四·一】晋侯晋文公始入而教其民，二年，欲用之。子犯狐偃曰："民未知义，未安其居。"[公]于是乎出定襄王，入务利民，民怀生矣。

【出定襄王】|正|见僖二十五·二。

753 年—前 632 年

【入务利民】正参见僖二十三—僖二十四·十一所引《国语》。

【怀】杨安。

【四·二】[公]将用之。子犯曰："民未知信,未宣其用。"[公]于是乎伐原以示之信。民易资者,不求丰焉,明征其辞。

【民未知信,未宣其用】正补人民不知道诚信,不明白它的作用。宣,明。

【于是乎伐原以示之信】正见僖二十五·五。

【民易……其辞】杨补民众做买卖,不求利润丰厚,而是明白地征验交易时的言辞。所谓"明征其辞",也就是明码实价,不虚报价格以求暴利。征,验。

【四·三】公晋文公曰："可矣乎?"子犯曰："民未知礼,未生其共(恭)。"[公]于是乎大蒐以示之礼,作执秩以正其官。民听不惑,而后用之。[晋人]出谷戍,释宋围,一战而霸,文晋文公之教也。

【作执秩】正补即昭二十九·五·二·一"文公是以作执秩之官",是指设立专门管理官员职级、位次、爵禄的机构。

【出谷……而霸】正补逼出戍守谷邑[的楚师],解除[楚对]宋的包围,一次战役之后成为诸侯霸主。详见《左传》下文。

○正**传世文献对读：**《论语·子路》："子曰：'……上好礼则民莫敢不敬。上好义则民莫敢不服。上好信则民莫敢不用情。……'"与本段狐偃之言义正相合。

【五】二十八年,春,晋侯晋文公将伐曹,假道于卫。卫人弗许。[晋师]还,自南河济,侵曹、伐卫。正月戊申九日,取五鹿。

【假道于卫】正杨补曹都在今山东定陶,卫都在今河南滑县东六十余里。晋在卫西,曹在卫东,因此晋师向卫借道伐曹。此即实践狐偃伐曹、卫以救齐、宋之计。

【还,自……伐卫】正杨如卫肯借道,则晋师由卫境渡河而伐曹。卫既不肯借道,则晋师南还,由南河渡河,再向东进侵曹、伐卫。

【南河】杨补河水从棘津(昭十七·四·二)至西面分叉处的河段。参见《图集》24—25③5。

【取五鹿】补首先攻取此邑的重要目的可能是应验狐偃僖十六年预言(参见僖二十三—僖二十四·二),从而宣扬晋文公有天命护佑。
○杨补《商君书》《吕氏春秋》《韩非子》都记载此次伐卫之后,晋迫使卫将其境内田垄方向变成东西方向,其目的应是方便晋师战车日后行军。成二年齐、晋鞌之役后,晋对战败国齐提出过类似要求,参见成元—成二·十四·二。

【六】二月,晋郤縠卒。原轸先轸将中军,胥臣佐下军,上德也。

○杜杨补中军帅郤縠去世后,不由中军佐郤溱递补,而由下军佐先轸连升五级担任,不合常理,所以《左传》在此有所解释。先轸被破格提升至中军帅,是由于他在攻取五鹿的决策过程中起了重要作用(参见僖二十七—僖二十八·三所引《国语》),有主帅之德,故曰"上德"。下军佐因此空缺,由胥臣充任。胥臣得以进入六卿行列,应是与赵成子举荐有关,参见僖二十七—僖二十八·三所引《国语·晋语四》。

【七】晋侯晋文公、齐侯齐昭公盟于敛盂。卫侯卫成公请盟,晋人弗许。卫侯欲与楚,国人不欲,故出其君卫成公以说于晋。卫侯出居于襄牛。

【敛盂】杜杨补在今河南濮阳东南。卫地。参见《图集》24—25③6。

【与】补从。【国人】补见《知识准备》"国野制"。

【故出其君以说于晋】正杨补[国人]于是逐出他们的君主来向晋

人解说。国人归于卫成公的罪名应该是：卫成公坚持要服从楚，即使遭到国人反对也不悔改。

【襄牛】正杨在今河南范县境。卫地。

【八】"公子买戍卫。""楚人救卫"，不克。公鲁僖公惧于晋，杀子丛公子买以说焉。[公]谓楚人曰[子丛]"不卒戍也"。

○正补卫为楚婚姻之国，而鲁至此时仍亲附楚，因此鲁为楚戍卫。楚人救卫不成，鲁僖公一方面担心晋因为鲁助楚戍卫而来讨伐，于是杀公子买以作为对晋的解说。鲁僖公归于公子买的罪名应该是：公子买欺蒙自己，主导并实施了出兵戍守卫的计划。另一方面，鲁僖公又不愿得罪楚，于是欺骗楚人，声称杀公子买是因为他戍守期限未到就擅自归国。

【九·一】晋侯晋文公围曹，门焉，[晋人]多死。曹人尸诸(之于)城上，晋侯患之。[公]听舆人之谋，称"舍 shè 于墓"。[晋]师迁焉。曹人凶惧，为其所得者，棺 guān 而出之。[晋人]因其凶也而攻之。三月丙午八日，入曹。[公]数 shǔ 之曹共公以其不用僖负羁，而乘轩者三百人也，且曰献状。

【门焉】正攻打曹都城门。
【曹人尸诸城上】正曹人将晋人尸体陈列在城墙上。
【听舆……于墓"】正杨补[晋文公]听到舆人的谋划，说"在墓地上宿营"。曹都城外墓地，所葬皆为曹都国人，而国人是曹师主力。舆人此谋，是希望曹人担心晋师惊扰发掘其祖坟而发生恐慌。【舆人】补见僖二十五·三。
【凶惧】正补金泽文库本作"凶凶惧"，与杜注"凶凶，恐惧声"正相应，而且得到《荀子·解蔽》"听漠漠而以为哅哅"、《韩非子·外储说右上》"是何訩訩"等辞例印证，"凶凶惧"应为杜预所见文本的写法。
【数】杨历数罪过。【不用僖负羁】补此一罪。曹共公不从僖负羁谏言之事见《国语·晋语四》(引文见<u>僖二十三—僖二十四·四·二</u>)。

【而乘轩者三百人也】 正 杨 补 此二罪。轩(见闵二·五·二)为大夫所乘车,曹为小国,而有三百位享受大夫待遇的官员,可见其任官之滥。

【且曰献状】 杨 补 此三罪。献状,即《国语·晋语四》之"观状"(引文见<u>僖二十三—僖二十四·四·一</u>),指当年曹共公观看自己骈胁的情状。献字用法参见昭二十七·二·三"献体改服"。

【九·二】[公]令无入僖负羁之宫,而免其族,报施也。魏犨魏武子、颠颉 jié 怒,曰"劳之不图,报于何有",爇 ruò 僖负羁氏。魏犨伤于胸。公晋文公欲杀之,而爱其材。[公]使问,且视之:病,将杀之。魏犨束胸见使者曰:"以君之灵,不有宁也!"距跃三百,曲踊三百。[公]乃舍之。[公]杀颠颉以徇 xùn 于师,立舟之侨以为戎右。

【令无……施也】 正 补 《韩非子·十过》:"[晋侯]又令人告釐负羁曰:'军旅薄城,吾知子不违也,其表子之闾!寡人将以为令,令军勿敢犯。'曹人闻之,率其亲戚而保釐负羁之闾者七百余家。"僖负羁先前私下事奉公子重耳之事见<u>僖二十三—僖二十四·四·二</u>。

【劳之不图,报于何有】 正 杨 补 [从亡臣子的]功劳都没人盘算[着奖赏],[对他国大夫的]报答又算得了什么?魏犨、颠颉都有跟随晋文公流亡的功劳,而僖二十七年作三军时,魏犨仅为戎右,颠颉官职更低。另一方面,晋卿郤縠(中军帅)、郤溱(中军佐)、栾枝(下军帅)、先轸(下军佐,后为中军帅)皆非从亡之人。魏犨、颠颉因此愤懑不平。

【爇】 正 烧。

【爱】 杨 惜。

【病】 杨 伤甚。

【以君之灵,不有宁也】 正 补 托国君的福,怎么会不安好!灵,福。

【距跃】正杨跳远。【三百】杨有多种说法,大概是三次的意思。

【曲踊】正杨跳高。

【徇】补巡行示众。

【立舟之侨以为戎右】正杨戎右魏犨虽得不死,却已免职,故晋人另立舟之侨作为戎右。

[+] 宋人使门尹般如晋师告急。

【门尹般】正补宋门尹。名般。【门尹】杨补宋外朝官,掌国都城门。

公晋文公曰:"宋人告急,舍之则绝,告楚不许。我欲战矣,齐、秦未可,若之何?"

【宋人……不许】正杨补宋人前来告急,[如果]舍弃[宋不救,宋]就将[与晋]断绝[关系];告诉楚[使其放过宋,楚又]不会答应。

先轸曰:"使宋舍我而赂齐、秦,藉 jiè 之告楚。我执曹君曹共公,而分曹、卫之田以赐宋人。楚爱曹、卫,必不许[齐、秦]也。[齐、秦]喜[宋]赂、怒[楚]顽,能无战乎?"

【使宋……告楚】正杨补让宋抛开我国而去给齐、秦送财礼,借他们两国去请求楚[放过宋]。

【我执……宋人】杨补我们逮捕曹君,然后将曹、卫的部分土地赐给宋人。晋人这样做,既是为了刺激楚,也是为了巩固宋抵抗的决心。

【楚爱……许也】正杨补楚人爱惜曹、卫,一定不会答应[齐、秦的请求]。楚人正在积极谋求称霸中原,决不能允许投靠自己的曹、卫丧失土地,而背叛自己的宋却得到土地,因此决不可能答应齐、秦的请求。

【喜赂……战乎】正补[齐、秦]为[宋的]财礼感到欣喜,而对[楚的]顽固感到愤怒,还能不参战吗?齐、秦都自诩为有称霸实力的大国,如果请求楚放过宋却被拒绝,自然愤怒。

公说(悦),执曹伯曹共公,分曹、卫之田以畀宋人。

【十一】楚子楚成王入居于申,使申叔叔侯去谷,使子玉成得臣去宋,曰:"无从晋师。晋侯晋文公在外,十九年矣,而果得晋国。险阻艰难,备尝之矣;民之情伪,尽知之矣。天假之年,而除其害。天之所置,其可废乎?《军志》曰'允当则归',又曰'知难而退',又曰'有德不可敌'。此三志者,晋之谓矣。"

【入居于申】 正 补 楚都核心区在方城(见僖三—僖四·六)西南,若以楚都核心区为本位,则方城以西为"内",以东为"外"。楚成王围宋时在方城之外,而申县在方城之内,故曰"入居于申"。据清华简二《系年》,则楚成王入居于申之前居于鏕。方城内外的地理形势参见僖地形示意图2(僖三—僖四·六,可扫码阅读)。【申】 补 见隐元·四·一。

【使申叔去谷】 正 补 使申公叔侯离开齐国谷邑回国。申公叔侯戍守谷邑之事见僖二十六·四。

【情伪】 杨 真伪。情,实。

【天假之年,而除其害】 正 补 上天借给他年寿,而又除掉他的祸患。晋献公九子,唯晋文公尚在,故曰"天假之年"。晋惠公、晋怀公、吕甥、郤芮等妨害晋文公之人,已经先后去世或被杀,故曰"而除其害"。

【允当则归】 正 杨 适可而止。允当,近义词连用,都是适当的意思。

子玉使伯棼fén,斗椒请战,曰:"非敢必有功也,愿以间jiàn执谗慝tè之口。"

【伯棼】 正 杨 补 斗椒。芈姓,斗氏(若敖氏大宗),名椒,字越,亦字芬(贲),排行伯。子良(宣四·五·一)之子,斗伯比(桓六·二·二)之孙。楚大夫,官至执政(继斗般)。任司马,后任令尹。宣四年叛乱兵败被杀。

【愿以间执谗慝之口】正 杨 补 希望借此[机会]塞住说人坏话[的小人]的嘴。谗慝之口,指去年芳贾对成得臣的负面评价(僖二十七—僖二十八·一)。

王楚成王怒,少与之师,唯西广guàng、东宫与若敖之六卒实从之。

【西广】正 杨 楚兵车部队分为二广,每广三十辆兵车(参见宣十二·一·七),西广应是其中一广。

【东宫】正 楚太子的军队。

【若敖之六卒】杨 应是若敖建立的若敖氏宗族兵车部队,一卒三十辆兵车,六卒共一百八十辆。【若敖】正 杨 补 楚君。芈姓,熊氏,名仪,号若敖,无谥。熊咢之子。若敖在位期间,先居于乔多,后徙居都(据清华简一《楚居》),都也应该是葬地,故称"若敖"(参见庄十四·三·二)。

○杨 成得臣所率楚师,由围宋军队和楚成王加派给他的西广、东宫、若敖之六卒组成。

○补 楚大夫中有申叔氏,《左传》所见有申叔/申公叔侯(僖二十七—僖二十八·十一)、申叔时(宣十一·五·二)、申叔展(宣十二·二·二)、申叔跪(成二·四·三)、申叔豫(襄二十一·四)。据《左传》记载可以看出,申叔某与申直接相关,往往是具有高度中原礼乐文化修养的贵族知识分子,经常作为楚王和高层官员的顾问。有学者认为,申叔氏应该是申国(隐元·四·一)公室后裔,其采邑在申,除了第一位担任申公的申叔外,申叔氏一般在郢都或申县担任文职官员。

【十二】子玉成得臣使宛春告于晋师曰:"请复卫侯卫成公而封曹,

臣亦释宋之围。"

【宛春】[杨]楚大夫。

【请复卫侯而封曹】[正]卫成公出居于襄牛,尚为国君;曹共公被晋人扣留,已失去君位。故成得臣称"复卫侯"(使卫成公复位)、"封曹"(使曹复国)。

子犯狐偃曰:"子玉无礼哉! 君取一,臣取二,不可失矣。"

【君取一,臣取二】[正][补][我国]君主[,只]取得[楚放过宋这]一项[成果],[而子玉作为]臣子[,却想]取得[使卫侯复位、使曹复国这]两项[成果]。

先轸曰:"子与之。定人之谓礼。楚一言而定三国,我一言而亡之,我则无礼,何以战乎? 不许楚言,是弃宋也。救而弃之,谓诸侯何? 楚有三施,我有三怨,怨仇已多,将何以战? 不如私许复曹、卫以携之,执宛春以怒楚,既战而后图之。"

【楚一言而定三国】[杨][补]楚凭[子玉]这句话[有可能]安定[曹、卫、宋]三国。这其实是在指出狐偃的分析还不够到位。

【已】[杨]太。

【不如……携之】[正][补]不如私下答应使曹、卫[复国,]以离间[曹、卫与楚的联盟]。携,离。

公晋文公说(悦),乃拘宛春于卫,且私许复曹、卫。曹、卫告绝于楚。

【曹、卫告绝于楚】[补]据清华简二《系年》,卫作为楚国的盟国参与了城濮之战,而此处又说在城濮之战之前"卫告绝于楚"。笔者认为,此时卫内部应该已经分为两股政治势力,宣布与楚断交的是卫都内守国的卿大夫势力,而派军队参与城濮之战的是出居于襄牛的卫成公势力。

【十三】子玉成得臣怒,从晋师。晋师退。

○杨据《国语·晋语四》,"子玉释宋围,从晋师"。

[晋]军吏曰:"以君晋文公辟(避)臣成得臣,辱也。且楚师老矣,何故退?"

【且楚师老矣】杨补而且楚师已经疲敝了。楚师去年冬围宋,至今已五、六月,故曰"老矣"。

子犯狐偃曰:"师直为壮,曲为老,岂在久乎? 微楚之惠不及此,退三舍 shè 辟(避)之,所以报也。[我若]背惠食言,以亢其雠,我曲楚直。其众素饱,不可谓老。我退而楚还,我将何求? 若其不还,君退、臣犯,曲在彼矣。"

【微楚……报也】正杨补如果没有楚的恩惠[我们]到不了这里,[依照晋侯当年对楚王的承诺而]后退三舍以避开楚师,就是报答楚。楚善待公子重耳之事见僖二十三—僖二十四·七。

【亢其雠】杨补捍卫楚的仇家(宋)。亢,当,捍蔽。

【素】杨向来。【饱】杨指士气饱满。

[晋师]退三舍。楚众欲止,子玉不可。

【十四·一】夏,四月戊辰初一,晋侯晋文公、宋公宋成公、齐国归父伕,国庄子、崔夭、秦小子憖 yìn 次于城濮。

【国归父】正补国庄子。姜姓,国氏,名或字归,谥庄。国懿仲之子,国共伯之玄孙。齐大夫,官至卿位。

【崔夭】正补姜姓,崔氏,名夭。齐丁公之子季子(食采于崔)之后。齐大夫,官至卿位。【崔】补在山东邹平崔八村。齐邑,崔氏初封采邑。参见《图集》26—27②4。《图集》标注不准确,本书示意图依据《图志》标注。

【小子憖】正补 嬴姓,名憖。秦穆公(僖九·二·三·二)之子。秦大夫,官至卿位。

【十四·二】楚师背酅 xī 而舍 shè,晋侯患之。[公]听舆人之诵,曰"原(趄)田每每,舍其旧而新是谋",公晋文公疑焉。

【酅】正 险峻的丘陵。

【原田……是谋】杨补 即"原田每每,舍其旧而谋新",可译为"肥沃的休耕地上青草茂盛,舍弃旧的而谋划新的"。原田,即趄田。休耕地,休耕时草茂盛,用以作为绿肥。每每,草茂盛貌。去年已耕种过的旧地今年不再使用而使其休耕,而使用去年已经休耕好的新田,故曰"舍其旧而新是谋"。其寓意是劝晋文公丢掉对楚旧恩的顾虑,建立新功业。

子犯狐偃曰:"战也! 战而捷,必得诸侯。若其不捷,表里山河,必无害也。"

【表里山河】正补 指晋国外有河水,如同天然护城河;内有高山,如同天然城墙。这里所说的"高山",应该主要是指太行山脉南段,以及太行山余脉王屋山、中条山。相关地理形势参见僖地形示意图6,可扫码阅读。

公曰:"若楚惠何?"

栾贞子曰:"汉阳诸姬,楚实尽之。思小惠而忘大耻,不如战也。"

【汉阳诸姬】正补 汉水[以东]以北那些姬姓小国。水北为阳。汉水见桓五—桓六·二。

【小惠】杨 补指楚成王对公子重耳的善待,参见僖二十三—僖二十四·七。【大耻】杨指楚国吞并周、晋同姓小国。

【十四·三】晋侯梦与楚子楚成王搏,楚子伏己而鹽 gǔ 其脑,是以惧。子犯曰:“吉。我得天,楚伏其罪,吾且柔之矣。”

【楚子伏己而鹽其脑】正 杨楚成王伏在自己(晋侯)身上,并咀嚼晋侯的脑。

【我得天】正晋文公仰卧,面向上,故曰“得天”。

【楚伏其罪】正楚成王伏,面向下,故曰“伏其罪”。

【吾且柔之矣】正 杨古人认为脑是阴柔之物。根据狐偃的解释,楚成王咀嚼晋文公的脑,表示楚被晋所柔服,故曰“吾且柔之矣”。

> ○补 **传世文献对读:**《论语·述而》:“子谓颜渊曰:‘用之则行,舍之则藏,惟我与尔有是夫!’子路曰:‘子行三军,则谁与?’子曰:‘暴虎冯河,死而无悔者,吾不与也。必也临事而惧,好谋而成者也。’”晋文公在城濮之战前的表现,就正是“临事而惧,好谋而成”。

【十五】子玉成得臣使斗勃请战,曰:“请与君晋文公之士戏,君冯(凭)轼而观之,得臣成得臣与 yù 寓目焉。”

【斗勃】正 补芈姓,斗氏(若敖氏大宗),名勃,字上。楚大夫,官至执政(继芳吕臣)。僖三十三年已任令尹。僖三十三年被太子商臣所谮杀。其名(勃)、字(上)相应,勃为兴起之意,兴起则上升。

【君冯轼而观之】杨 补先秦车马形制参见《知识准备》“车马”中的图 5。最可能的姿势是,乘员跪坐在车中,折叠的腿伸入到轼前方的空间中,而用手扶轼,或者用手臂凭靠在轼上。

【寓目】正 补观看。寓,寄。

晋侯晋文公使栾枝栾贞子对曰："寡君晋文公闻命矣。楚君楚成王之惠，未之敢忘，是以在此。为（谓）大夫成得臣退，其敢当君晋文公乎？［寡君］既不获命矣，敢烦大夫斗勃谓二三子：'戒尔车乘 shèng，敬尔君楚成王事，诘朝 zhāo 将见'。"

【楚君……在此】杨 补 楚君的恩惠，［我国君主］不敢忘记，因此到了这［退避三舍的］地方。

【为大……君乎】杨 补 认为大夫您会退兵，臣子（成得臣）怎敢抵挡国君（晋文公）？为，谓。

【二三子】补 诸位大夫，指成得臣、斗宜申。

【戒】正 敕令。

【诘朝】正 杨 明早。

○补 据《国语·楚语上》（引文见襄二十六·八·二），楚人王孙启在使晋人决心与楚人决战上起到了重要作用。

【十六】晋车七百乘 shèng，鞻 xiǎn、靷 yǐn、鞅 yāng、靽 bàn。晋侯登有莘 shēn 之虚（墟）以观师，曰："少长有礼，其可用也。"遂伐其木，以益其兵。

【鞻、靷、鞅、靽】补 形容晋君车马装备齐全。上述各器件参见《知识准备》"车马"。

【有莘之虚】补 应在城濮（庄二十七·八·春秋）附近。本为商代古国姒姓有莘氏的居地。

【十七】己巳二日，晋师陈于莘北。胥臣以下军之佐当陈、蔡。子玉成得臣以若敖六卒将 jiàng 中军，曰："今日必无晋矣。"子西斗宜申将 jiàng 左［师］，子上斗勃将 jiàng 右［师］。

【莘北】杨 即城濮。

【陈、蔡】补 陈、蔡作为楚属国参加这次战役。

○补 此次战役，晋、楚三军阵型如下：

	斗宜申	**楚左师**	**晋上军**	狐　毛(帅)	狐偃(佐)
若敖六卒	成得臣	**楚中军**	**晋中军**	先　轸(帅)	郤溱(佐)
陈蔡之师	斗　勃	**楚右师**	**晋下军**	栾贞子(帅)	胥臣(佐)

<u>胥臣</u>蒙马以虎皮,先犯陈、蔡。陈、蔡奔,楚右师溃。

○补战斗开始,晋下军佐胥臣给战马蒙上虎皮,先攻击对面楚右师阵营里的战斗力较弱的陈、蔡军队。陈、蔡军队奔逃,楚右师随之溃败。

<u>狐毛</u>设二斾 pèi 而退之,<u>栾枝</u>栾贞子使舆曳柴而伪遁。楚师驰之。<u>原轸</u>先轸、<u>郤溱</u>以中军公族横击之,<u>狐毛</u>、<u>狐偃</u>以上军夹攻<u>子西</u>,楚左师溃。

【斾】补军前大旗,参见庄二十八·四·二。

○补这时,晋上军帅狐毛让两辆前驱兵车插上大旗故意让楚军看到,然后率领并未受到攻击的晋上军向后撤退;晋下军帅栾贞子也命令战车托着树枝制造扬尘,使得其他楚军看不清晋下军—楚右师战场的真实状况,然后率领晋下军不但不乘胜追击楚右师,反而也向后撤退。

　　楚左师看到远处晋下军—楚右师阵地上尘土飞扬、晋下军似乎在向后撤退,自己面前的晋上军也往后撤退,以为晋军正在整体后撤,于是决定抓住战机,冲出阵地追击晋上军。

　　等楚左师大部分冲入晋上军所在区域之后,晋中军帅先轸、中军佐郤溱率领由远支公族组成的中军精锐部队横断楚军,然后与上军帅狐毛、上军佐狐偃一起前后夹击楚左师,楚左师溃败。

"楚师败绩"。<u>子玉</u>收其卒而止,故[楚中军]不败。

○补至此,楚右师、楚左师均已溃败,胜负已定。成得臣及时收束住中军士卒不让他们进攻，所以楚中军没有溃败，撤出战场。

【十八】晋师三日馆、谷，及癸酉六日而还。甲午二十七日，[晋师]至于衡雍，作王宫于践土。

【馆】正补舍，休整。【谷】正[食用楚师留下的]粮食。

【衡雍】正杨补在今河南原阳西三十里西圈村。郑地，践土东北。参见《图集》24—25③4。

【作王宫于践土】正周襄王得知晋师战胜，亲自前往慰劳，故晋人为周王在践土修筑行宫。

○补**传世文献对读**：有学者综合传世文献及清华简二《系年》认为，晋军在击败楚国之后，决定乘势压服与楚国关系最为密切的郑国，于是在回国路上讨伐郑国，其时间在六日至二十七日之间，其情形在《国语·晋语四》有描述，可扫码阅读。

【十九】乡 xiàng 役之三月，郑伯郑文公如楚致其师。[郑伯]为楚师既败而惧，使子人九行成于晋。晋栾枝栾贞子入盟郑伯。五月丙午九日，晋侯晋文公及郑伯盟于衡雍。

【乡役……其师】正杨补城濮之役三个月前（一说是城濮之役前的那个三月），郑文公曾亲自前往楚国输送军队。这印证了清华简二《系年》关于郑国参加楚联盟作战的记载。乡，《说文》引作"曏"，"先前"的意思。

【子人九】正补姬姓，子人氏，名九。公子语（桓十三—桓十四·春秋）（字人）之后。郑大夫，官至卿位。

【二十】丁未十日，[晋侯]献楚俘于王周襄王：驷介百乘 shèng，徒兵千。郑伯郑文公傅王，用平周平王礼也。

【驷介】正补[由]四匹披甲军马[牵拉的兵车]。驷，四马。介，甲。

【徒兵】正步兵。

【郑伯傅王，用平礼也】正 杨 补郑文公辅相周襄王［接受晋文公献楚俘］，使用［当年郑武公辅相］周平王［赐晋文侯命时所用］之礼（详见下引《尚书·文侯之命》）。当年郑武公辅相周平王，是因为郑武公本是周平王卿士。如今郑文公辅相周襄王，则是因为晋文公在城濮之役后命各国诸侯"各复旧职"（参见襄二十五·四·一）。

己酉十二日，王周襄王享醴lǐ，命晋侯晋文公宥（侑）yòu。

【王享醴，命晋侯宥】杨参见庄十八·一·一。

王命尹氏及王子虎王叔文公、内史叔兴父fǔ，叔兴策命晋侯为侯伯，

【尹氏】正周王室卿士。

【王子虎】正 补王叔文公。姬姓，王叔氏，名虎，谥文。周僖王（庄十六·六·一）之子，周惠王（庄十六·六·二）之弟。周王室卿士，任太宰。文三年卒。

【内史】补见桓元—桓二·三·三。

【侯伯】杨 补诸侯之长，即霸主。

赐之大辂lù之服、戎辂之服，彤弓一、彤矢百，玈lú（鑢）弓［十，玈］矢千，秬jù鬯chàng一卣yǒu，虎贲bēn三百人，

【大辂之服】正 杨大辂即大路，参见桓元—桓二·三·二。此处应是指金路，即以铜装饰的大路车。赐车必同时赐予相应服装与配备（如旌旗），故称"大辂之服"。

【戎辂】正 补即戎车，中军主帅之车，见《知识准备》"车马"。

【彤弓】正红弓。

【玈弓矢千】正 杨 补应以日本金泽文库本《左传》"旅弓十，旅矢千"为准，即"黑弓十把，黑箭千支"。根据金文资料，"旅"为正字，"玈"为后起字，是黑的意思。

【秬鬯】正 杨 补 用黑黍酿制并捣郁金香草合煮的酒,用于重大祭祀开始前的裸祭(参见襄九·五·五)。秬,黑黍。

【卣】正 杨 补 古代盛酒器。考古发掘尚未发现自名为"卣"的铜器,将一类铜器定名为"卣"始于宋人。因此先秦传世文献中提到的"卣"的具体形制仍不清楚。

【虎贲】正 杨 虎贲,古书亦作"虎奔",贲、奔古通,言其士之勇猛如虎之奔也。据《周礼·夏官·司马》,司马之下有虎贲氏,包括下大夫二名,虎士八百人,周王出征、会盟,行进时虎贲在周王前后负责安全保卫,宿营时则守卫周王行营,设置路障,禁止随意通行。《国语·鲁语下》:"天子有虎贲,习武训也;诸侯有旅贲,御灾害也;大夫有贰车,备承事也;士有陪乘,告奔走也。"

曰:"王谓叔父晋文公,'敬服王命,以绥四国,纠逖 tì 王慝 tè。'"

【叔父】杨 参见僖八—僖九·三·二。【绥】杨 安。

【纠逖王慝】正 补 惩治并驱逐对周王室行恶事的人。纠,治。逖,远。

晋侯三辞,从命,曰:"重 chóng 耳晋文公敢再拜稽 qǐ 首,奉扬天子之丕显休命。"受策以出。

【辞】补 推辞。【再拜稽首】见僖五·二·二·一。

【奉扬天子之丕显休命】正 杨 补 接受和宣扬天子重大光明的赏赐与策命。丕,大。显,明。休,赐。

[晋侯]出入三觐 jìn。

○正 杨 觐,朝见。一觐,向周襄王献楚俘。二觐,受周襄王享。三觐,受周襄王策命。

○杨 补 据《史记·晋世家》,则此次周襄王享晋文公,除赠秬鬯一卣之外,还随赠圭瓒。圭瓒,裸祭用玉器(参见昭十七·五·三)。据昭十五·八·二,则除文中所述之外,还赠予铖钺。因此,周襄王赠晋文公礼物更加完整的清单为：大辂、戎辂、铖钺、秬鬯、圭瓒、彤弓、彤矢、旅弓、旅矢、虎贲。据《礼记·王制》，则"诸侯赐弓矢，然后征；赐鈇钺，然后杀；赐圭瓒，然后为鬯"。

○正杨补命礼是周礼重要内容之一，是周王对诸侯、诸侯对卿大夫进行等级不同的册命和赏赐的礼制。据《周礼》《礼记》等传世文献记载，这种册命赏赐共有九个层次，即《周礼·春官·大宗伯》所谓"一命受职，再命受服，三命受位，四命受器，五命赐则，六命赐官，七命赐国，八命作牧，九命作伯"，命数越大则档次越高，赏赐的规格也越高。从金文和典籍可知，西周时期，尽管册命存在等级，但在春秋时期才形成了较为系统的命数制度。《左传》中有多处关于卿大夫接受"一命""再命""三命"的记载，参见僖三十·五·二·二、成元—成二·十六、襄十九·一·一·二、襄二十六·三·一、昭七·九·二·一、昭十二·十·一·二等，没有对更高命数的明确记载。此次策命晋文公为侯伯，应是用最高级别的"九命"。

○补**出土文献对读**：就在晋文公向周襄王献俘的同一天，重臣狐偃也接受了周王赏赐，并用诸侯国贡献的铜块，铸造了一套编钟。这套编钟有十六枚流传到了今天，现收存于台北的公、私藏家。两组编钟均有铭文，内容相同。每组铭文分铸在八枚上，合为全铭，释文如下：

唯王五月初吉丁未，子犯佑晋公左右，来复其邦。诸楚荆不听命于王所，子犯及晋公率西之六师搏伐楚荆，孔休大功，楚荆丧厥师，灭厥属。子犯佑晋公左右，燮诸侯，得朝王，克奠王位。王赐子犯辂车、四牡、衣、裳、黼黻、冠。诸侯羞元金于子犯之所，用为和钟九堵，孔淑且硕，乃和且鸣，用燕用宁，用享用孝，用祈眉寿，万年无疆，子子孙孙永宝用乐。

从编钟铭文可以看出：

第一，当时晋称楚为"楚荆"，一方面承认其正名"楚"，另一方面在后面加上暗示其为"荆蛮"的"荆"。这个称呼强调了晋的正统性，渲染了楚的南蛮属性。

第二，晋对城濮之战的官方表述是：楚荆不听周王之命，晋文公率六师（三军，每军两师，分别由将、佐率领）讨伐楚荆，楚荆一败涂地，晋协调诸侯，使他们共同朝见周王，成功地安定了周王的地位。这个表述将城濮之战塑造成晋"尊王攘夷"的伟大胜利，强调了晋作为霸主为协调诸侯、安定王室所作的重大贡献。

第三，狐偃在晋地位极高，是晋文公的首席辅臣，也是城濮之战的重要功臣，因此得到周王赏赐命服，还得到诸侯贡献铜块铸造编钟以记功劳。

○补 **传世文献对读**：《尚书·文侯之命》记载了周平王赐命晋文侯、命他回到晋的文告，赐命时间应该在前750年晋文侯杀携王、平王地位稳固之后（参见《知识准备》"两周之际"）。可与本段周襄王赐命晋文公合观，可扫码阅读。

【二十一·一】 <u>卫侯</u>卫成公闻楚师败，惧，出奔楚，遂适陈，使<u>元咺</u>奉<u>叔武</u>夷叔以受盟。

○补 这印证了清华简二《系年》关于卫成公势力参加楚联盟作战的记载。

【二十一·二】 癸亥五月二十六日，<u>王子虎</u>王叔文公盟诸侯于王庭，要 yāo 言曰："皆奖王室，无相害也。有渝此盟，明神殛 jí 之，俾 bǐ 队（坠）其师，无克祚 zuò 国，及而（尔）玄孙，无有老幼！"

【王庭】 正 践土王宫之庭。【要】 杨 约。

【奖】 正 助。

【渝】 正 变，背。【殛】 正 诛。【俾】 补 使。

【克】 正 能。【祚】 补 福佑。

○补据定三—定四·五·五,则践土之盟载书开头为:"王若曰:'晋重、鲁申、卫武、蔡甲午、郑捷、齐潘、宋王臣、莒期。'"

【二十一·三】君子谓是盟也信,谓晋于是役也,能以德攻。

○正补晋文公以德教民而后使之战(参见僖二十七—僖二十八·四),战前退避三舍以报答楚人恩惠,战胜后又通过修筑践土行宫、请王室卿士主持盟誓等行动尊崇周王室,故此处君子曰"能以德攻"。

【二十二·一】初,楚子玉成得臣自为琼弁 biàn、玉缨,未之服也。先战,[子玉]梦河神谓己曰:"[汝]畀余[弁、缨],余赐女(汝)孟诸之麋。"[子玉]弗致[弁、缨于河神]也。

【琼弁】正用琼玉做装饰的皮帽。

【玉缨】正用玉做装饰的弁下系绳。

【未之服也】补即"未服之也"。

【先战】补成濮之役之前。

【畀余,余赐女孟诸之麋】补给我[琼弁、玉缨],我赐给你[宋]孟诸泽的麋鹿。河神意谓,只要得到成得臣宝物,则自己将保佑楚军击败晋军,收服宋,从而可以在宋地孟诸泽田猎捕获麋鹿。所谓将琼弁、玉缨给河神,实际上就是将琼弁、玉缨沉入河水之中。春秋时以宝物沉祭河神之事参见僖二十三—僖二十四·九·二。**【孟诸】**正杨补泽名,在河南商丘东北。宋地。参见《图集》24—25④6。**【麋】**补麋鹿(据清华简二《系年》)。

大心成大心与子西斗宜申使荣黄谏,[子玉]弗听。荣季荣黄曰:"死而利国,犹或为之,况琼玉乎?是粪土也,而可以济师,将何爱焉?"[子玉]弗听。[荣季]出,告二子曰:"非神败令尹成得臣,令尹其不勤民,实自败也。"

【大心】正 补 成大心。芈姓,成氏(若敖氏小宗),名大心,字孙,排行伯。成得臣(僖二十二—僖二十三·八·一)之子。楚大夫,官至执政(继斗勃)。任令尹。文十二年卒。【荣黄】正 杨 荣氏,名黄,排行季。

【而】杨 如。

【粪土】补 秽土。粪,扫除秽物,参见昭三·六·二·二。

【济师】补 使楚师成功。济,成。

【爱】杨 惜。

【二子】补 成大心、斗宜申。

【令尹】补 见庄四·二·二。

【勤民】正 为民众尽心尽力。

○正 补 如果荣黄是真心相信河神法力,那么他劝谏的主要原因就是担心河神被子玉拒绝之后,会发怒降祸于楚军,导致楚军在战斗中失败。如果不是,那就是看重这一举动对于相信鬼神的普通楚军将士心理上的影响作用。子玉如果愿意将皮帽拿出来献给河神,那么楚军领导层就可以在河水边举行一场沉宝祭神仪式,广为宣扬,使军中将士相信河神会帮助楚国,作战时楚军将士必将奋勇争先。如果消息传到晋军营垒中,还能动摇晋人军心士气,总之对于取得胜利只有好处。然而,由于子玉拒绝将宝物献给河神,这就使得楚军高层必须要将此事保密,如若泄露出去,就会使将士认为河神将不会帮助楚国,甚至可能会加以阻害,那么作战时楚军将士将心存疑虑,遇到困难时更容易溃退,从而导致楚军战败。泄露范围越大,副作用越大。子玉不以大战胜败、国家荣辱为重,而爱惜区区琼弁、玉缨,主动放弃这一大好的借助神力作战、鼓舞军心士气的机会,因此荣黄认为:第一,此战必败;第二,如果战败,子玉要承担全部责任,而不能扯上河神为自己辩白。

【二十二·二】既败,王楚成王使谓之成得臣曰:"大夫成得臣若入,其若申、息之老何?"子西、孙伯成大心曰:"得臣成得臣将死,二臣止之曰'君楚成王其将以为戮。'"[子玉]及连谷而死。

【大夫……老何】申、息是楚北方军事重镇(参见僖二十五·三),楚争霸中原所用军队兵源常来自此二县。此次城濮之战死伤楚人很多都是申、息子弟,楚王因有此言。

【申】见隐元·四·一。【息】见隐十一·四·一。

○正补据文十·二·一,"初,楚范巫矞似谓成王与子玉、子西曰:'三君皆将强死。'城濮之役,王思之,故使止子玉曰'毋死',不及;止子西,子西缢而县绝,王使适至,遂止之,使为商公"。据本年上文及文十年《左传》,可还原楚师战败后情事如下:

楚成王得知楚师大败,大怒,在非理性的精神状态下派出第一批使者前往撤退中的楚军队伍中,质问成得臣有何面目回国面对申息父老。当时在场的斗宜申、成大心对使者解释说,成得臣早想以死谢罪,是他们两位劝住了成得臣,让他回到郢都后听候楚成王发落。

楚师行至连谷,成得臣惭愤不已,终于自杀。斗宜申见成得臣自杀,也自缢求死。

楚成王在派出第一批使者之后,逐渐冷静下来,想起范巫矞似之言,担心成得臣、斗宜申不堪前番使者质问而自杀,而自己并不想在大败之后又折损重臣,因此又派出第二批使者前往解释。

楚成王第二批使者赶到连谷时,成得臣已死,而斗宜申则在此前不久自缢,因自缢绳索断绝而坠地。使者于是劝阻斗宜申不要自杀。

○补成得臣战败后自杀谢罪,不仅是作为楚成王臣下来勇敢地承担责任,也是作为成氏族长为家族发展作最后一份贡献。成得臣通过自杀表明自己战败绝非怕死怯懦,在一定程度上洗刷了他的败军之罪,为他的两个儿子成大心(僖二十七—僖二十八·二十二·一)、成嘉(文十二·三)先后担任令尹打好了基础,与晋中军帅先轸羞辱晋襄公后主动陷阵而死、其子先且居继任中军帅(僖三十三·五·一·二)有异曲同工之妙。

【二十二·三】晋侯晋文公闻之而后喜可知也,曰:"莫余毒也已!

<u>芴</u> wěi <u>吕臣</u>实为令尹,奉己而已,不在民矣。"

【喜可知也】正喜形于色。

【莫余毒也已】补即"莫毒余也已",可译为"[楚]没人可以毒害我了"。

【奉己而已,不在民矣】正 补奉养自己而已,[心思]不在民众。

○补宣十二・一・十九载城濮之战后晋文公忧虑之事更为详细,可参看。

○杨 补**传世文献对读**:《史记・晋世家》载城濮之战后晋文公忧虑之事,可扫码阅读。

【二十三・一】或诉<u>元咺</u>于<u>卫侯</u>卫成公曰:"[元咺]立<u>叔武</u>夷叔[为君]矣。"其子<u>角</u>元角从公卫成公,公使杀之。<u>咺</u>元咺不废命,奉<u>夷叔</u>以入守。

【二十三・二】六月,晋人复<u>卫侯</u>卫成公。

○正先前卫卿元咺奉夷叔受盟于践土以示臣服,故晋人允许卫成公归国复位。

<u>宁</u> nìng <u>武子</u>与卫人盟于宛濮,曰:

【宁武……宛濮】杨 补据哀二十六・三,"宁武子、孙庄子为宛濮之盟而君入",则除宁武子外,还有孙庄子。【宁武子】正 杨 补姬姓,宁氏,名俞,谥武。宁庄子(闵二・五・二)之子,卫武公(襄二十九・九・一・二)之后。卫大夫,官至卿位。《论语・公冶长》:"子曰:'<u>宁武子</u>,邦有道,则知;邦无道,则愚。其知可及也,其愚不可及也。'"其人风格可以想见。【宛濮】正 杨 补在今河南封丘戚城乡。卫地。参见《图集》24—25③5。

"天祸卫国,君臣不协,以及此忧也。

"今天诱其衷,使皆降心以相从也。不有居者,谁守社稷? 不有行者,谁扞牧圉 yǔ?［居者、行者］不协之故,用昭乞盟于尔大神以诱天衷。自今日以往,既盟之后,行者无保其力,居者无惧其罪。

【天诱其衷】正补上天引导出自己的本心,也就是上天不再沉默或者只是通过降祸来警醒世人,而是通过出手干预人间事务来表达出自己的意愿。当时人认为,上天的意愿必然是符合于人间的道德和正义的,所以这句俗语常被春秋时人用来宣称某事是顺应天命、符合道义的。也就是我们今天俗语说的"老天开眼"。诱,引导。其,指上天自己(参见定三—定四·十八·一"天诱其衷,致罚于楚")。衷,中心,本心。

【降心】杨补降低心气［,放弃成见］。

【居者】补留守卫都之人。【行者】补随君流亡之人。

【牧圉】正杨养牛为牧,养马为圉。牧圉引申指流亡君主携带的财产。

【不协……天衷】杨补因为［居者、行者］不能和协的缘故,因此明白乞求在大神之前盟誓,以求感动天帝之心。用,因。天衷,天帝之心。

【行者无保其力】正杨补行者不要仗恃自己的功劳［而骄傲］。保,恃。力,功劳。

"有渝此盟,以［祸］相及也。明神先君,是纠是殛。"

【渝】补变。

【纠】正绳治。【殛】补诛。

国人闻此盟也,而后不贰。

【国人】见《知识准备》"国野制"。

卫侯先期入。宁子_{宁武子}先，长牂 zāng 守门，以[宁子]为[卫侯]使
也，与之乘 chéng 而入。公子歂 chuán 犬、华仲前驱。叔武_{夷叔}将
沐，闻君_{卫成公}至，喜，捉发走出，前驱射而杀之。公_{卫成公}知其
无罪也，枕之股而哭之。歂犬_{公子歂犬}走出，公使杀之。元咺
出奔晋。

【卫侯先期入】正 杨 补 卫成公在约定日期之前进入卫都。卫成公
应是不信元咺、夷叔，因此提前回国，以出其不意。

【宁子先】正 宁武子见卫成公提前回国，恐生事变，故先行入国，欲
先作宣喻，安定国人。

【长牂】正 卫大夫。

【以为使也】杨 长牂把宁武子当成卫成公的使者。

【公子歂犬、华仲前驱】正 补 二人是卫成公党羽，驾车超过宁武子、
长牂，成为整个队伍的前驱。若宁武子、长牂在前，则不会发生下文
所说射杀夷叔之事。

【枕之股而哭之】杨 补 [卫成公]把自己的头枕在夷叔尸体大腿上，
为夷叔哭泣。参见襄二十五・一・三・二"枕尸股而哭"。

【二十四・一】城濮之战，晋中军风 fèng 于泽，亡大旆 pèi 之左
旃 zhān，祁瞒奸 gān 命。司马杀之_{祁瞒}，以徇 xùn 于诸侯，使茅茷
fá 代之。

【晋中……奸命】正 杨 补 晋中军在沼泽中遇到大风，丢掉了前驱
大兵车左边的旃旗，祁瞒触犯了军令。大旆，此处指插有旃的前驱大
兵车，曾侯乙墓简书写作"大斾"，参见庄二十八・四・二。

【司马】补 晋外朝官，大夫职，其执掌事务有：一、执掌军法；二、执
掌军需人员物资；三、掌训练兵士；四、掌战斗布置。春秋晚期，司马
也可率师作战，也开始参加外事活动。

【二十四·二】〔晋〕师还。壬午六月十六日，济河。舟之侨先归，士会范武子摄右。

【河】补见闵二·五·三。

【舟之……摄右】正杨戎车车右舟之侨无视军纪，先行回国，因此范武子摄行戎右之职。【士会】正杨补范武子。祁姓，范氏，又为随氏，出自士氏，名会，谥武，排行季。成伯之子，士蒍（庄二十三·七）之孙。晋大夫，官至执政卿（继中行桓子）。僖二十八年任戎右。文七年奔秦，文十三年自秦归于晋。宣元年可能已任上军佐（卿职），宣十年已任上军帅（卿职），宣十三年可能已任中军佐（卿职），宣十六年任中军帅（卿职）兼太傅，宣十七年告老还家。食采于随、范。据《大戴礼记·卫将军文子》，孔子认为："其事君也不敢爱其死，然亦不忘其身，谋其身不遗其友，君陈则进，不陈则行而退，盖随武子之行也。"

【二十四·三】秋，七月丙申，〔晋师〕振旅，恺(凯)以入于晋，献俘、授馘 guó，饮至、大赏，征会、讨贰，杀舟之侨以徇于国。民于是大服。

【振旅】杨参见隐五·一。

【恺】正杨俗字作凯，奏得胜乐。

【献俘、授馘】正杨在宗庙进献俘虏以及被杀敌人的左耳。俘，生擒。馘，本义是被杀敌人的左耳，这里指死获。

【饮至、大赏】杨补在宗庙召开庆功酒会，并犒赏有功之人。参见隐五·一。

【征会、讨贰】正杨补征召诸侯会盟[以观其向背]，并讨伐[有]二心[的诸侯]。下文会于温，即所谓"征会"。下文执卫成公与伐许，即所谓"讨贰"。

○杨补**传世文献对读**：《史记·晋世家》载晋文公行赏之事，可扫码阅读。

【二十四·四】君子谓："文公晋文公其能刑矣,三罪而民服。《诗》云'惠此中国,以绥四方',不失赏、刑之谓也。"

【三罪而民服】正 杨 补 三次治罪而民众顺服。三罪的对象即颠颉、祁瞒、舟之侨。

【惠此中国,以绥四方】正 杨 补《毛诗·大雅·民劳》有此句,可译为"施惠于这些中原国家,安定四方的诸侯"。绥,安。

【二十五·一】冬,会于温,讨不服也。

【不服】正 指卫、许。

【二十五·二】卫侯卫成公与元咺讼,宁武子为辅,鍼 qián 庄子为坐,士荣为大士。卫侯不胜。[晋人]杀士荣,刖 yuè 鍼庄子,谓宁俞宁武子忠而免之。"执卫侯,归之于京师",置诸(之于)深室,宁子宁武子职纳橐 tuó 饘 zhān 焉。元咺归于卫,立公子瑕。

【宁武子为辅】杨 补 宁武子担任[卫成公的]辅相[,陪同卫成公在旁等候]。

【鍼庄子为坐】正 补 鍼庄子担任坐[,代表卫成公出席诉讼]。

【士荣为大士】正 杨 士荣担任大士[,具体负责与元咺一方往来辩论]。【大士】正 补 即大理,卫外朝官,掌诉讼审判。《左传》所见,齐(成十八·二·一)、郑(襄十九·六·一·二)皆有大士,晋有大理(昭十四·九·一),亦即大士。

【刖】补 见庄十六·三·一。

【橐饘】正 杨 补 衣食。橐,本义为盛衣物口袋,两边盛物,中间用肩扛或车载,这里指衣物。饘,本义为稠粥,这里指食物。

【公子瑕】正 补 姬姓,名瑕,字适。僖二十八年卫成公被晋人所执,元咺立公子瑕为君。僖三十年,公子瑕、元咺被卫成公指使周歂、冶廑所杀。其名(瑕)、字(适)相应,《管子·水地》注:"瑕适,玉病也。"○正 补 元咺因夷叔被杀之事而诉卫成公于晋,故霸主晋在温之会期间安排卫成公与元咺诉讼。元咺为臣,卫成公为君,君臣不得对讼,故宁武子辅相卫成公在旁等候,鍼庄子代表卫成公出席诉讼,士荣具体负责与元咺一方论辩曲直。卫成公败诉,士荣责任最重,鍼庄子次之,宁武子再次之,故士荣被杀,鍼庄子被刖,而宁武子不受刑罚,负责卫成公扣押在周王室期间衣食。宁武子亲自负责卫成公衣食,一则使国君免于饥渴,一则防止他人以鸩毒贼害国君。

【二十五·三】是会也,晋侯晋文公召王周襄王,以诸侯见[王],且使王狩。仲尼孔子曰:"以臣召君,不可以训。"故[《春秋》]书曰"天王狩于河阳",言非其地也,且明德也。

【是会……王狩】正杨补此次会盟期间,晋文公召周襄王出王城、来到河水以北的"南阳"地区温邑附近,率领诸侯朝见周王,并且让周襄王狩猎。据《史记·十二诸侯年表》,则朝王之诸侯有齐、晋、秦、卫、陈、蔡。晋文公之所以这样做,而不是率诸侯入王城朝见周襄王,其原因有不同说法。杜注、孔疏认为,当时周王室衰弱,如果晋文公率诸侯之师入王城、临天子,似有篡夺之谋,恐怕天子拒逆或怖惧出奔,因此晋文公讽喻周王,使其以狩猎为名来到温邑,然后再率诸侯共同朝见。而《史记·晋世家》则说,"冬,晋侯会诸侯于温,欲率之朝周,力未能,恐其有畔者,乃使人言周襄王狩于河阳",也就是说,晋文公担心自己掌控力不够,率诸侯入王城会出事故,因此讽喻周襄王出王城来接受朝见。

【仲尼】补孔子。子姓,孔氏,名丘,字尼,排行仲。孔纥(襄十一·二·二)之子,颜征在所生,孔父嘉(隐三·六·一·一)(字孔)之后。襄二十二年生(据《史记》,《公羊传》《穀梁传》则认为襄二十一年生)。昭五年(十五岁)"有志于学"。昭二十年(三十岁)"立",指"立于礼"。昭二十四年至昭二十五年(三十四岁至三十五岁)至周王室,问礼于老子。至齐,求仕于齐景公不成,昭二十六年(三十六岁)自齐归鲁。昭三十年(四十岁)"不惑"。定八年(五十岁)"知天命"。定九年(五十一岁)任中都宰。定十年(五十二岁)任少司空,同年任司寇。定十三年(五十五岁)离鲁至卫。定十四年(五十六岁)试图离卫至晋,过匡被围,经蒲返卫。定十五年(五十七岁)至哀二年(五十九岁)事卫灵公。哀二年卫灵公卒,孔子离卫,哀三年(六十岁)"耳顺",是年经曹、宋、郑至陈,途中险遭宋司马向魋杀害。哀四年(六十一岁)至哀六年(六十三岁)事陈闵公。哀六年离陈适蔡,在陈、蔡之间遭绝粮之困,至楚叶县,见叶公,求仕于楚昭王不成,自叶至卫。哀七年(六十四岁)至哀十一年(六十七岁)事卫出公。哀十一年(六十七岁)自卫归鲁。哀十三年(七十岁)"从心所欲,不逾矩"。哀十四年(七十一岁)鲁人西狩获麟,孔子闻之出涕,绝笔《春秋》。哀十六年(七十三岁)卒。

【故书……德也】 正 杨 补《春秋》记载成"天王狩于河阳",表明河阳已经不是周地,而且是为了昭明晋勤王之功德而有所避讳,没有直书晋文公召周襄王之事,而好似周襄王自行出京师而狩于河阳。

○补晋文公召来周襄王,带领诸侯朝见他,并邀周王到河水以北的"南阳"地区狩猎,这从表面上看是晋文公"尊王",可是他"以臣召君"的行为,严格说来已是违礼,体现了晋文公在内心深处只是将周王作为证明自己霸业成就的工具。选择"南阳"地区的目的,应该是利用周王狩猎向天下宣示:"南阳"这块周王室和郑都没能成功收服的地区,在赐予晋短短三年后,已经完全处于晋人控制之下,是周王可以安心狩猎的地方了。也就是说,周襄王此次前来,其实是在给晋的"南阳新区"剪彩,给新科霸主晋文公的内政成就背书。

○补传世文献对读:《孔子家语·曲礼子贡问》记载了孔子评论的上下文背景,可扫码阅读。

【二十五·四】"壬申,公朝于王所。"

【二十六·一】丁丑十月十二日,诸侯围许。

○[杨][补]从楚诸国,本有郑、卫、陈、蔡、许。践土之会,郑、卫、陈、蔡参与,故城濮之役之后,此四国皆已改服于晋。许不参与践土之盟、温之会,亦不朝王,故诸侯围许。据《说苑·敬慎》,则诸侯围许,最终无功而罢。

【二十六·二】晋侯[晋文公]有疾,曹伯[曹共公]之竖侯獳 nòu 货筮 shì 史,使[筮史]曰:"以曹为解。齐桓公为会而封异姓,今君为会而灭同姓。曹叔振铎 duó,[文]周文王之昭也;先君唐叔[唐叔虞],[武]周武王之穆也。且合诸侯而灭兄弟,非礼也;与卫偕命,而不与偕复,非信也;同罪异罚,非刑也。礼以行义,信以守礼,刑以正邪。舍此三者,君将若之何?"公[晋文公]说(悦),复曹伯,遂会诸侯于许。

【竖】[补]曹内朝官,是供使唤的小吏,其职掌包括掌管国君私人财物。【货】[杨]贿赂。【筮史】[杨]晋外朝官,是掌管占筮的史官。

【齐桓公为会而封异姓】[正][杨]指僖元年齐桓公封邢,僖二年封卫。齐为姜姓,而邢、卫为姬姓,故曰"封异姓"。

【曹叔振铎】[正][补]曹始封君。姬姓,名振铎,排行叔。周文王(僖五·八·一)之子,周武王(桓元—桓二·三·二)、管叔鲜(襄二十一·五·四·三)、周公旦(隐八·二)、蔡叔度(襄二十一·五·四·三)同母弟,太姒(定六·二·一)所生。

【文之昭也】[正][补]周文王之子。参见僖二十四·二·二·一。

【先君唐叔】[杨]唐叔虞,晋始封君。

【武之穆也】[杨][补]周武王之子。参见僖二十四·二·二·一。

【与卫……偕复】[正][补][曹]与卫一样[在城濮之役前]得到[了晋许诺使其复国的]命令,[但在战事结束以后]却不能与卫一同复国。

○[补]笔者对晋文公"一战而霸"的原因以及城濮之战的意义有详细分析,请见专著《称霸:春秋国际新秩序的建立(晋文篇)》(中华书局 2019 年版)相关章节。

僖公二十八年·二

地理 晋见僖地理示意图1。

人物 晋文公（庄二十八·二·一）、中行桓子（僖二十七—僖二十八·三）、屠击、先蔑

春秋 晋侯晋文公作三行 háng 以御狄：荀林父 fǔ，中行桓子将 jiàng 中行，屠击 jī 将右行，先蔑将左行。

【御】补 抵抗。

【先蔑】补 姬姓，先氏，名蔑。晋大夫，官至卿位。僖二十八年任左行帅，文六年可能已任下军帅（卿职），文七年已任下军帅（卿职），同年奔秦。

○正 杨 行为步兵部队，主帅为大夫，参见僖十一—僖十一·四·二。僖十年前晋已有两行，至此增为三行。至此晋有中、上、下三军，以及中、右、左三行。

僖公二十九年·一

地理 鲁见僖地理示意图1。鲁、昌衍见僖地理示意图4。

人物 介葛卢、鲁僖公(闵二·三·二)

春秋 二十有(又)九年,春,介葛卢来。

【介葛卢】正 介君,名葛卢。【介】正 杨 东夷国,应在鲁都(山东曲阜)与萧(安徽萧县)之间。

○正 介葛卢不得见鲁僖公,未行朝礼,故《春秋》不书"来朝"。虽不见鲁僖公,而鲁以国宾之礼待之,故《春秋》书之。

左传 二十九年,春,介葛卢来朝,舍 shè 于昌衍之上。公鲁僖公在会,馈之刍、米,礼也。

【朝】补 见隐四·二·七·一。

【昌衍】正 杨 补 在山东曲阜东南的昌平山。鲁地。参见《图集》26—27④4。

【公在会】杨 鲁僖公当时正会诸侯围许。

【刍】杨 干草。

僖公二十九年·二

地理 鲁见僖地理示意图1。鲁、许见僖地理示意图3。

人物 鲁僖公(闵二·三·二)

春秋 公鲁僖公至自围许。

僖公二十九年·三

地理 鲁、周、晋、宋、齐、陈、蔡、秦见僖地理示意图1。鲁、周、晋、宋、齐、陈、蔡、翟泉见僖地理示意图3。

人物 鲁僖公（闵二·三·二）、王叔文公（僖二十七—僖二十八·二十）、狐偃（僖二十三·二·二·一）、公孙固（僖二十二—僖二十三·一）、国庄子（僖二十七—僖二十八·二十）、辕宣仲（僖三—僖四·春秋）、小子憖（僖二十七—僖二十八·十四·一）

春秋 夏，六月，［公］会王人、晋人、宋人、齐人、陈人、蔡人、秦人盟于翟 dí 泉。

【翟泉】 正 杨 补 泉名，在今河南孟津平乐镇翟泉村，汉魏洛阳故城北隅。此时在成周城外。定元年城成周，将其纳入城内。成周见隐三·四·二。

左传 夏，公鲁僖公会王子虎王叔文公、晋狐偃、宋公孙固、齐国归父 fǔ、国庄子、陈辕涛涂辕宣仲、秦小子憖 yìn 盟于翟泉，寻践土之盟，且谋伐郑也。卿不书［于《春秋》］，罪之也。在礼，卿不会公、侯，会伯、子、男可也。

【寻践土之盟】 补 重温僖二十八年践土之盟（僖二十七—僖二十八·春秋）。

【且谋伐郑也】 正 补 僖二十八年郑文公辅相周襄王接受晋文公献楚捷，践土之盟、温之会也都出席，并无明显的叛晋情状。然而，城濮之战后，楚国虽败，实力未损。因此，郑国虽然一度表现出服晋的姿态，但随后又开始在晋、楚之间开始摇摆，此次翟泉之盟郑文公缺席就是郑有二心的明显证据。晋文公希望通过收服郑国进一步巩固霸主地位，因此准备以流亡时不被郑国以礼相待、郑国对晋国有二心为理由伐郑（参见僖三十·三·一），谋划在本年，实施在僖三十年。

【卿不书，罪之也】 补 《春秋》没有记载参会各国卿的名氏，而皆称"某人"，是表达对他们的怪罪。

【在礼…可也】 正 补 根据礼制的规定，诸侯之卿依礼不应与公爵或伯爵诸侯盟，可以与伯爵、子爵、男爵诸侯会盟。此处之"公侯"指鲁僖公(鲁为侯爵)。列国之卿相当于小国之君,故可会伯、子、男国之君。

○⃞补 这是春秋时期第一次由卿大夫(狐偃)主持盟会与有君主(鲁僖公)的各国代表会面,是春秋时期君权下移的标志性事件。

僖公二十九年·四

⃞地理 鲁见僖地理示意图1。

⃞春秋 秋,[我]大雨 yù 雹。

⃞左传 "秋,大雨雹。"[《春秋》书之,]为灾也。

僖公二十九年·五

⃞地理 鲁见僖地理示意图1。

⃞人物 介葛卢(僖二十九·一·春秋)、鲁僖公(闵二·三·二)

⃞春秋 冬,介葛卢来。

⃞左传 [一] "冬,介葛卢来。"[介葛卢]以未见公鲁僖公故,复来朝。[公]礼之,加燕好。

【朝】⃞补 见隐四·二·七·一。

【燕好】⃞正 ⃞补 行燕(宴)礼时馈赠宾客的礼物。燕,燕礼,参见文四·四。好,好货。

[二] 介葛卢闻牛鸣,曰:"是生三牺,皆用之矣,其音云。"问之,而信。

【是生……音云】⃞杨 ⃞补 这头牛曾经生了三头小牛,都已经被杀掉用作祭品了,这从它的鸣声中反映出来了。

僖公三十年·一

地理 齐、晋、郑见僖地理示意图 1。

春秋 三十年,春,王正月。

夏,狄侵齐。

【狄】 补 晋东狄,主力应为赤狄,见宣三·六·春秋。

左传 三十年,春,晋人侵郑,以观其可攻与否。狄间 jiàn 晋之有郑
虞也,"夏,狄侵齐"。

【狄间……侵齐】 正 杨 补 齐为晋盟国,因此狄人抓住晋专注于郑
的时机侵齐。间,钻……的空子。虞,忧。

僖公三十年·二

地理 卫 2、晋、周见僖地理示意图 1。

人物 元咺(僖二十七—僖二十八·春秋)、公子瑕(僖二十七—僖二
十八·二十六·二)、卫成公(僖二十五—僖二十六·春秋)、晋文公
(庄二十八·二·一)、宁武子、鲁僖公(闵二·三·二)、周襄王(僖
五·五·春秋)、周歂、冶廑、子仪

春秋 秋,卫杀其大夫元咺 xuǎn 及公子瑕。卫侯郑 卫成公归于卫。

○ 正 补 据文六·四·三及文七·二·三,《春秋》书国杀,又书被杀
卿大夫之名氏,都表明元咺有罪。杜注认为,元咺之罪在于与国君争
讼曲直,又先归立公子瑕。然而,据僖二十七—僖二十八·二十一·
一、僖二十七—僖二十八·二十三·一、僖二十七—僖二十八·二十
三·二、僖二十七—僖二十八·二十五·二、僖三十·二·一,则卫
成公听信谗言杀元咺之子,不守承诺先期回国放纵前驱杀无辜之夷

叔,温之会期间诉讼又败诉,连霸主晋文公也打算毒死卫成公以绝后患,因此在当时人看来,元咺未必有罪。很可能本年卫成公归国复位、杀元咺之后,以元咺有罪被杀通告诸侯,鲁史因而书之。卫文公所罗织的元咺罪状,是否就是杜注总结的这两条,则已不可知。公子瑕此时实为卫君。臣弑君,依《春秋》惯常书法,应为"卫人弑其君瑕",此处不称"其君",且不称"弑"而称"杀",是由于公子瑕尚未参加过诸侯会盟,未得到诸侯承认,故不以为君。参见隐四·二·春秋。

左传【一】晋侯晋文公使医衍鸩 zhèn 卫侯卫成公。宁 nìng 俞宁武子货医医衍,使薄其鸩,[卫侯]不死。公鲁僖公为之卫成公请,纳玉于王周襄王与晋侯,皆十瑴 jué。王许之。秋,乃释卫侯。

【医衍】正晋医,名衍。【医】补晋内朝官,职掌诊治疾病。除晋之外,《左传》所见,齐(文十七—文十八·二)、秦(成十·五·二)、楚(襄二十一·四)皆有医。

【宁俞……不死】正补宁武子负责供应卫成公衣食,经常出入卫成公囚禁之处,得以知晓医衍下毒之事,故随机应变,以财货贿赂医衍,使其仍旧下毒,但是减少鸩毒剂量,从而一方面保证卫成公出现中毒症状,另一方面能确保卫成公不死。这样一来,宁武子达到了保全卫成公性命的目的,而医衍也能以卫成公身体耐受力强、常规剂量未能将其毒死来为自己开脱。货,贿赂。鸩见庄三十二·四·三。

【瑴】正双玉。

○正补**传世文献对读**:据《国语·鲁语上》,则臧文仲曾劝鲁僖公为卫成公请命,可扫码阅读。
○补**传世文献对读**:据《国语·周语中》,则周襄王曾拒绝晋人杀卫成公,可扫码阅读。

【二】卫侯卫成公使赂周歂 chuán、冶廑 jǐn,曰:"苟能纳我,吾使尔为卿。"周周歂、冶冶廑杀元咺及子適 dí,公子瑕、子仪。公卫成公入,祀先君。周、冶既服,将命。周歂先入[大庙],及门,遇疾而死。冶廑辞卿。

【子仪】 正 补 姬姓,字仪。公子瑕(僖二十七—僖二十八·二十五·二)同母弟。僖三十年被卫成公指使周歂、冶廑所杀。

【周、冶既服,将命】 正 补 周歂、冶廑已穿好礼服,准备[在太庙接受]任命。《礼记·祭统》:"古者,明君爵有德而禄有功,必赐爵禄于大庙,示不敢专也。"

【辞】 补 辞让不受。

僖公三十年·三

地理 晋、秦、郑、楚见僖地理示意图1。晋、秦、郑、函陵、氾南、焦、瑕见僖地理示意图2。

人物 晋文公(庄二十八·二·一)、秦穆公(僖九·二·三·二)、佚之狐、郑文公(庄十九—庄二十一—庄二十一·十一·二)、烛之武、晋惠公(庄二十八·二·一)、杞子、逢孙、杨孙、狐偃(僖二十三·二·二·一)、公子兰、石癸(僖二十四·五·二)、侯宣多(僖二十四·五·二)

春秋 晋人、秦人围郑。

左传 [一] 九月甲午[十日],晋侯[晋文公]、秦伯[秦穆公]围郑,以其无礼于晋,且贰于楚也。晋军函陵,秦军氾 fán 南。

【无礼于晋】 正 杨 指公子重耳流亡过郑时,郑文公不以礼相待。参见僖二十三—僖二十四·六。

【贰于楚】 杨 补 [对晋]有二心而暗通于楚。《史记·郑世家》:"[郑文公]四十一年(僖二十八年),助楚击晋。自晋文公之过无礼,故背晋助楚。"

【函陵】 杨 补 在今河南新郑西北铁岭村附近。郑地。参见《图集》

24—25④4。

【氾南】补氾水南岸，与函陵邻近。郑地。【氾】正杨补水名，在今河南中牟南。参见《图集》24—25④5。

〔二〕佚之狐言于郑伯郑文公曰："国危矣，若使烛之武见秦君秦穆公，师必退。"公郑文公从之。〔烛之武〕辞曰："臣烛之武之壮也，犹不如人；今老矣，无能为也已。"公曰："吾不能早用子，今急而求子，是寡人之过也。然郑亡，子亦有不利焉。"〔烛之武〕许之。

【佚之狐】正补郑大夫。清华简六《郑文公问太伯》(释文见僖六—僖七·五·三)，太伯建议郑文公重用的四位贤大夫中有"佚之夷"，可能就是这里的佚之狐。

【烛之武】正杨烛氏，名武，之为语助词。郑大夫。

〔三〕夜，〔烛之武〕缒 zhuì 而出。〔烛之武〕见秦伯秦穆公，曰：

【缒而出】正〔烛之武〕借助绳索下到城外。

"秦、晋围郑，郑既知亡矣。若亡郑而有益于君秦穆公，敢以烦执事〔亡之〕。

"越国以鄙远，君知其难也。焉用亡郑以陪邻？邻之厚，君之薄也。〔秦〕若舍郑以为东道主，行李之往来，〔郑〕共(供)其乏困，君亦无所害。

【越国以鄙远】正补越过其他国家(晋)，而将远方的土地(郑)收纳为[自己的]边鄙之地。

【陪邻】正补增加邻国(晋)[的土地]。陪，增加。

【若舍……所害】正杨补如果赦免郑[，让郑]作为秦在东路的主人，[这样的话，秦]使者往来[于秦和中原，经过郑时，郑将]供给照顾使者的缺乏和困难，这对君主实在没有什么坏处。舍，放过。行李，亦作"行理",即外交使节。李白《望九华山赠青阳韦仲堪》"君为东道主"、《出妓金陵子呈卢六四首》"东道烟霞主"典出于此。

"且君尝为晋君[晋惠公]赐矣。[晋君]许君焦、瑕,朝 zhāo 济而夕设版焉,君之所知也。夫晋,何厌之有? [晋]既东封郑,又欲肆其西封,不阙 quē 秦,将焉取之? 阙秦以利晋,惟君图之。"

【且君尝为晋君赐矣】 正 补 而且您曾被晋君"赐予"过。参见哀十四·八·二"鲁为齐弱"。

【许君……版焉】 正 补 [晋惠公]许诺割让给您焦、瑕,[可他]早晨渡过[河水],晚上就开始竖立筑墙板[筑城以防御秦国]。先秦时夯土筑城技术参见宣十一·二·二。【焦】 正 杨 补 在今河南三门峡陕州区西北陕县老城。本为周时国,侯爵,姬姓。西周末年被西虢所灭。僖五年晋灭西虢之后地入于晋,僖十五·八·一·一所谓"河外列城五"之一。僖十五年地入于秦。宣二年地已复入于晋。参见《图集》17—18②3、22—23⑦8。【瑕】 正 杨 补 在今河南灵宝南寨村,晋邑,僖十五·八·一·一所谓"河外列城五"之一。僖十五年地入于秦。文十二年地已复归于晋。参见《图集》22—23⑦7。瑕应该就是殽函道重要关塞"桃林之塞"所在,参见文十三·一·一。

【厌】 补 满足。

【肆】 正 补 伸张。

秦伯说(悦),与郑人盟,使杞子、逢孙、杨孙戍之,乃还。

【杞子、逢孙、杨孙】 正 三人皆为秦大夫。

【四】子犯狐偃请击之。公晋文公曰:"不可。微夫 fú 人秦穆公之力[吾]不及此。因人之力而敝之,不仁;失其所与,不知(智);以乱易整,不武。吾其还也。"[晋师]亦去之。

【微】 补 若非。

【因人之力而敝之】 杨 补 [先前]依靠他人(秦穆公)的力量[才得到晋],[如今]却要损害他。敝,败。

【失其所与】 杨 补 失去我们这个亲近的国家(秦)。与,亲。

【以乱易整】 正 杨 补 用动乱代替齐整。晋、秦相争为乱,秦、晋和睦为整。晋击秦,则是"以乱易整"。

【去之】 补 离开。

[五] 初,郑公子兰出奔晋,从于晋侯晋文公伐郑,请无与 yù 围郑。[晋侯]许之,使[公子]待命于东。郑石甲父 fǔ、石癸、侯宣多逆[公子]以为大(太)子,以求成于晋,晋人许之。

【初,郑公子兰出奔晋】 杨 据宣三·八·二·五,"公逐群公子,公子兰奔晋"。【公子兰】 正 补 后为郑穆公。姬姓,名兰,谥穆。郑文公(庄十九—庄二十一庄二十一·十一·二)庶子,燕姞(宣三·八·二·一)所生。曾被郑文公所逐奔晋。僖三十年自晋归于郑,被石癸、侯宣多立为太子。僖三十三年即位,在位二十二年。宣三年卒。

【许之,使待命于东】 正 杨 补 [晋文公]答应了,让[他]在[晋]东部[边境]等候命令。郑在晋南部以东。晋人既许公子兰不参与包围郑都之役,便使其待命于晋东部边境地区,不随晋师入郑。

【求成于晋】 补 请求与晋讲和修好。实际上就是"求服于晋"。

○ 补 宣三·八·二·五叙此事较详,可参看。

僖公三十年·四

地理 萧见僖地理示意图 3。

春秋 介人侵萧。

○ 补 僖二十九年介葛庐两次朝见鲁僖公,可能就是为本年侵萧而事先寻求鲁国谅解不予干涉。

僖公三十年·五

地理 周、鲁、晋见僖地理示意图1。

人物 周襄王（僖五·五·春秋）、周公阅、东门襄仲（僖二十五—僖二十六·春秋）

春秋 冬，天王周襄王使宰周公周公阅来聘。

【宰周公】补 周公阅。姬姓，周氏，名阅。周公忌父（庄十六·六·二）之后。周王室卿士，任太宰。【宰】补 见僖八—僖九·春秋。
【聘】补 见隐七·四·春秋。

公子遂东门襄仲如京师，遂如晋。

【京师】补 见隐六·七。【遂】补 又。
○正 东门襄仲前往京师，是回报周公阅聘鲁。

左传【一】冬，王周襄王使周公阅来聘。飨有昌歜zǎn、白黑、形盐。〔周公阅〕辞曰："国君，文足昭也，武可畏也，则有备物之飨，以象其德；荐五味、羞嘉谷、盐虎形，以献其功。吾何以堪之？"

【飨】补 见桓九—桓十·一·二。
【昌歜】正 杨 补 又称菖蒲菹，是用菖蒲根制成的腌菜。"昌歜"之"歜"在南朝梁代时字形尚作"歠"，读音为"徂感反"（杨注音 cǎn，恐不确）。至唐代时其字形与"歜"（今音 chù）混同，而其读音仍有相传。
【白】正 熬稻。【黑】正 熬黍。
【形盐】正 老虎形的块状盐。
【备物之飨】补 具有特备物品的飨礼。
【五味】杨 指昌歜，因为它五味俱备。
【嘉谷】杨 补 美好的粮食，指熬稻、熬黍。

【二】东门襄仲将聘于周,遂初聘于晋。

○正 补 杜注、孔疏认为,《春秋》"公子遂如京师,遂如晋"说的都是已经发生的事,而《左传》所述都是鲁僖公对东门襄仲聘问任务的指令,也就是说,这句《左传》应理解为"〔根据鲁僖公的命令,〕东门襄仲将前往周王室聘问,然后首次前往晋国聘问"。然而,笔者认为,此句《左传》是很标准地解《春秋》,以"东门襄仲"解"公子遂",提供关于此人的更多信息;以"聘于周"解"如京师",指出此次前去京师是正规聘问;以"遂初聘于晋"解"遂如晋",指出随后前往晋国也是正规聘问,而且是鲁国在入春秋之后首次派卿大夫至晋国聘问。遍检《左传》,如果是这样贴合地解《春秋》,则这句《左传》在时态上与它所解的《春秋》不应有区别。此外,如果这句《左传》真是在描述鲁僖公的命令,则应该写成"公命东门襄仲聘于周,遂初聘于晋"。因此,笔者认为,这句《左传》中,"将"应该是很早就有的衍文。

僖公三十一年·一

地理 鲁、晋、曹见僖地理示意图1。鲁、晋、曹、重、洮、济水见僖地理示意图3。

人物 东门襄仲（僖二十五—僖二十六·春秋）、臧文仲（庄十一·二·二·二）、重馆人

春秋 三十有(又)一年，春，[我]取济西田。

【济西田】杨 补 济水以西土田。本为曹地。僖三十一年地入于鲁。宣元年地入于齐。宣十一年地复入于鲁。【济】补 见隐三·七。

○正 据昭四·四，"凡克邑不用师徒曰'取'"。得田亦如此。

<u>公子遂</u>东门襄仲如晋。

左传 {一·一} 三十一年，春，"取济西田"，分曹地也。

○杜 僖二十八年晋文公伐曹分其地，境界未定，至此乃以赐诸侯。

{一·二} [我]使臧文仲往，宿于重 chóng 馆。重馆人告曰："晋新得诸侯，必亲其共(恭)。[子]不速行，将无及也。"[臧文仲]从之。[我]分曹地，自洮以南，东傅于济，尽曹地也。

【重】正 杨 在今山东鱼台古城集西北11里。鲁地。参见《图集》26—27⑤3。《图集》标注不准确，本书依据《图志》标注。

【重馆人】杨 补 管理重地客馆的低级官员。

【必亲其共】杨 补 一定会亲近诸侯中[对晋]最恭敬的。

【分曹……于济】补 [鲁]分得曹地，在洮地以南，东部靠近济水。傅，靠近。【洮】杨 见僖七—僖八·春秋。

○ 正 杨 补 **传世文献对读**：《国语·鲁语上》叙此事较详，可扫码阅读。

【二】襄仲东门襄仲如晋，拜曹田也。

僖公三十一年·二

地理 鲁见僖地理示意图 1。

春秋 夏，四月，[我]四卜郊，不从，乃[不郊、]免牲。[我]犹三望。

【郊】见桓五·四。

左传 "夏，四月，四卜郊，不从，乃免牲"，非礼也。"犹三望"，亦非礼也。礼，不卜常祀，而卜其牲、日。牛卜日曰"牲"。牲成而卜郊，上怠、慢也。望，郊之细也。不郊，亦无望可也。

○ 正 杨 补 "夏季，四月，四次占卜是否适宜举行郊祭，都不吉利，于是不举行郊祭，不杀牛"，这种做法不合于礼。"仍然望祭泰山、淮水、东海三处"，这也不合于礼。按礼制，不占卜是否适宜举行诸如郊祭的常规祭祀，而只是占卜使用的牺牲和日期。牛在占卜祭祀日期以后就改称"牲"。已经确认了牲（也就是确认了祭祀日期）却还占卜是否适宜举行郊祭，这是主事者怠于典章、亵渎龟甲。望祭，是郊祭的附属细节。不举行郊祭，也就不必举行望祭。

僖公三十一年·三

地理 晋见僖地理示意图 1。晋、清原见僖地理示意图 2。

人物 赵成子（僖二十三—僖二十四·一·一）

春秋 秋,七月。

左传 秋,晋蒐 sōu 于清原,作五军御狄。赵衰 cuī,赵成子为卿。

【蒐】补 见僖二十七—僖二十八·三。【清原】正 杨 补 在今山西闻喜西北大马村已发现其遗址(详见下)。晋邑。参见《图集》22—23 ⑩16。

○正 补 晋本有中、上、下三军,军为车兵。僖二十八年,晋作中、右、左三行以御狄,行为步兵。今罢三行,而改为上、下新军,共五军以御狄。据《左传》及《国语·晋语四》(僖二十七—僖二十八·三),僖二十七年晋文公作三军谋元帅时,曾命赵成子为卿,赵成子一让于栾贞子、先轸,栾贞子将下军,先轸佐之。后晋文公又使赵成子为卿,赵成子二让于狐偃,狐偃让于狐毛,狐毛将上军,狐偃佐之。狐毛卒后,晋文公又使赵成子代之,赵成子三让于先且居,先且居将上军。据《国语·晋语四》,"公曰:'赵衰三让。其所让,皆社稷之卫也。废让,是废德也。'"因为赵成子的缘故,本年在清原举行阅兵,作五军,终于使赵成子为卿,将新上军,箕郑佐之;胥婴将新下军,先都佐之。除新军之外,此时三军帅、佐为:先轸将中军,郤溱佐之;先且居将上军,狐偃佐之;栾贞子将下军,胥臣佐之。

○正 补 **大马古城遗址**:城址平面呈长方形,南北长1 300米,东西宽900米。在城址中采集到龙山文化、春秋战国和汉代遗物。有学者认为这里就是春秋时期清原邑所在地。

僖公三十一年·四

春秋 鲁见僖地理示意图1。鲁、杞2见僖地理示意图4。

人物 杞伯姬(庄二十五·四·春秋)

春秋 冬,杞伯姬来求妇。

○ 正 杞伯姬前来为其子娶鲁公室女为妻。

僖公三十一年·五

地理 卫 2、卫 3(帝丘)见僖地理示意图 1。卫 2、卫 3(帝丘)、杞 2、鄫
见僖地理示意图 4。

人物 卫成公(僖二十五—僖二十六·春秋)、康叔封、夏相、宁武子
(僖二十七—僖二十八·二十三·二)、周成王(僖二十五—僖二十
六·四·二)、周公旦(隐八·二)

春秋 狄围卫。十有(又)二月,卫迁于帝丘。

【狄】 补 晋东狄,主力应为赤狄,见宣三·六·春秋。

【帝丘】 正 杨 补 在今河南濮阳东南五星乡高城村南已发现其遗
址。传为远古时颛顼所居。夏时,从相至杼为夏都。周时为卫邑。
僖三十一年卫成公迁于帝丘,自此至卫亡为卫都。参见《图集》9—10
③7、24—25③5。

左传 【一】 冬,"狄围卫"。"卫迁于帝丘",卜曰"三百年"。

【卜】 补 见《知识准备》"卜"。

○ 正 补 卫从僖三十一年之后,以帝丘为都,共历 19 君,积 430 年。
之后卫元君迁于野王,如国以卫迁于野王为标志,则此处"卜曰三
百年"的预言并没有应验。不过,战国魏惠王时发生卫臣子南劲夺
位之事,此后卫完全沦为魏之附庸,等于一小封君,与灭亡无异。
僖三十一年(公元前 629 年)距子南劲夺位(约公元前 330 年)为
299 年,如果以子南劲夺位为标志,则此处"卜曰三百年"的预言是
应验的。

○ 补 下启僖三十二年卫人侵狄(僖三十二·三)。

【二】 卫成公梦康叔康叔封曰:"相夏相夺予享。"公卫成公命祀相。

宁 nìng 武子不可,曰:"鬼神非其族类,不歆 xīn 其祀。杞、鄫 zēng 何事?相之不享于此久矣,非卫之罪也,不可以间(干)成王周成王、周公周公旦之命祀。请改祀命。"

【康叔】 杨 补 康叔封。卫始封君。姬姓,康氏,名封,排行叔。周文王(僖五·八·一)之子,周武王(桓元—桓二·三·二)、管叔鲜(襄二十一·五·四·三)、周公旦(隐八·二)、蔡叔度(襄二十一·五·四·三)、曹叔振铎(僖二十七—僖二十八·二十六·二)、成叔武、霍叔处同母弟,太姒(定六·二·一)所生。初封于康,在今河南禹州西北三十五里,后改封于卫。兼任周司寇。

【相夺予享】 正 补 夏相夺取了[卫人敬献给]我的祭品。享,祭。【相】 正 杨 补 夏相。夏君(后)。姒姓,号相。夏仲康之子,夏启(昭四·三·二·一)之孙。居于帝丘。后失国,被有过浇所杀。

【歆】 补 见僖十一—僖十一·三。

【杞、鄫何事】 正 杨 杞、鄫为何不祭祀[夏相]?杞、鄫始封君皆为夏王室之后,自应祭祀夏代先君。

【不可……命祀】 正 杨 补 不可以触犯周成王、周公旦所命令的[卫国]祭祀[神祇范围]。也就是不能祭祀夏相,因其不在命祀范围之内。间,犯。

僖公三十一年·六

地理 郑、楚见僖地理示意图1。

人物 泄驾、公子瑕、郑文公(庄十九—庄二十一—庄二十一·十一·二)

左传 郑泄驾恶 wù 公子瑕,郑伯郑文公亦恶之,故公子瑕出奔楚。

【泄驾】 正 补 泄氏,名驾。郑大夫,官至卿位。与隐五年泄驾非一人。

【公子瑕】 正 补 姬姓,名瑕。郑文公(庄十九—庄二十一—庄二十

二·十一·二)之子,文夫人(僖三十三·九·一)所生。僖三十一年
奔楚。僖三十三年楚纳公子瑕于郑,不成而死。

○正下启僖三十三年楚纳公子瑕(僖三十三·九·一)。

僖公三十二年·一

地理 楚、晋见僖地理示意图 1。晋、阳参见僖地理示意图 2。

人物 斗章(僖二·七)、阳处父

春秋 三十有(又)二年,春,王正月。

左传 三十二年,春,楚斗章请平于晋,晋阳处父 fǔ 报之。晋、楚始通。

【请平于晋】补 请与晋讲和。

【阳处父】正 杨 补 阳氏,名或字处。晋大夫,官至卿位。先任狐偃、赵成子属大夫,晋文公时已任太子傅,文六年已任太傅(卿职),同年被狐射姑指使续简伯所杀。食采于阳、温。【阳】杨 补 在今山西太谷阳邑乡。晋邑。参见《图集》22—23④9。

【晋、楚始通】正 这是春秋以来晋、楚两国首次外交往来。

僖公三十二年·二

地理 郑见僖地理示意图 1。

人物 郑文公(庄十九—庄二十一—庄二十一·十一·二)

春秋 夏,四月己丑十五日,郑伯捷郑文公卒。

僖公三十二年·三

地理 卫 3 见僖地理示意图 1。

春秋 卫人侵狄。

【狄】补 晋东狄,主力应为赤狄,见宣三·六·春秋。

○正 卫人此举是报复僖三十一年狄围卫(参见僖三十一·五)。

秋，卫人及狄盟。

○⬜正《春秋》不书会盟地点，可能是因为会盟是在狄人居处举行，而狄人居处并不固定。

⬜左传夏，狄有乱。"卫人侵狄"，狄请平焉。"秋，卫人及狄盟。"

僖公三十二年—僖公三十三年(僖公三十三年·一)

地理 晋、秦、郑、周、齐、宋见僖地理示意图 1。晋(绛)、秦、滑、郑、周、宋、曲沃、殽山、原圃泽、具圃泽见僖地理示意图 2。晋(绛)、曲沃、殽山、南陵见僖地理示意图 2 小图。

人物 晋文公(庄二十八·二·一)、卜偃(闵元·四·一·二)、杞子(僖三十·三·三)、秦穆公(僖九·二·三·二)、蹇叔、孟明视、西乞术、白乙丙、夏皋、周文王(僖五·八·一)、王孙满、周襄王(僖五·五·春秋)、弦高、郑穆公(僖三十·三·五)、皇武子(僖二十四·四)、逢孙(僖三十·三·三)、杨孙(僖三十·三·三)

春秋 冬,十有(又)二月己卯九日,晋侯重chóng耳晋文公卒。

三十有三年,春,王二月,秦人入滑。

○正补 据下文《左传》,则秦实灭滑。《春秋》书"入"而不书"灭",是因为秦人不能占有其地。参见襄十三·二。

左传[一] 冬,晋文公卒。庚辰十二月十日,将殡于曲沃。出绛,柩jiù有声如牛。卜偃使大夫拜,曰:"君命大事:将有西师过轶yì我,击之,必大捷焉。"

【将殡于曲沃】正补 殡参见隐元·五。曲沃是晋武公这支晋国公室的兴起之地,晋文公去世后殡于曲沃,可能是一种纪念性的安排。后世晋侯是否也殡于曲沃已不可知。

【绛】补 晋都,见庄二十五—庄二十六·二。

【卜】补 见闵元·四·一·二。

【大事】正补 指战事。据成十三·一·三·二,"国之大事,在祀与戎"。

【西师】补 来自西方的军队,指秦师。【轶】杨 从后包抄而突然出现在前方。

○补 笔者对于此次"晋文公显灵事件"的可能真相有详细分析，请见专著《虎变：晋国大族的兴盛与衰亡》(出版中，暂定书名)相关章节。

[二] 杞子自郑使告于秦，曰："郑人使我掌其北门之管，若潜师以来，国可得也。"穆公秦穆公访诸蹇jiǎn叔。蹇叔曰："劳师以袭远，非所闻也。师劳力竭，远主郑穆公备之，无乃不可乎！师之所为，郑必知之。[师]勤而无所，必有悖心。且行千里，其谁不知？"

【杞子……得也。"】正 补 僖三十年秦穆公委派杞子、逢孙、杨孙戍郑。如今杞子等人掌管郑都北门，因而派人到秦报信，怂恿秦偷袭郑。管，钥匙。

【蹇叔】正 补 蹇氏，排行叔。秦大夫。

【勤而无所】补 [秦军远征]劳顿又没有用武之地。

【且行千里，其谁不知】补 此句是提醒秦穆公，秦师远征，除了郑会知道并严阵以待之外，其他国家(实指晋)也会知道，从而有可能采取对秦不利的行动。

公秦穆公辞焉，[公]召孟明孟明视、西乞西乞术、白乙白乙丙，使出师于东门之外。蹇叔哭之，曰："孟子孟明视！吾见师之出而不见其入也！"公使谓之曰："尔何知？[孟子]中寿，尔墓之木拱矣。"

【公辞焉】正 补 秦穆公不受蹇叔之言。

【孟明】正 补 孟明视。百里氏，名视，字明，排行孟。百里奚(僖十三·二)之子。秦大夫。其名(视)、字(明)相应，善视为明。

【西乞】正 补 西乞术。名术，字西乞。秦大夫。

【白乙】正 补 白乙丙。名丙，字白乙。秦大夫。

【尔何……拱矣】正 杨 补 你知道什么？[等孟明视安然活到]六七

十岁时,你坟头上的树早已有两手合围那么粗了。蹇叔此时年岁已高,秦穆公忿然而有此揶揄之言。拱,两手合围。古人常以"拱把"形容枝干粗细,拱是两手合围,把是单手一匝。《公羊传》载秦穆公之言为"若尔之年者,宰上之木拱矣,尔何知",是咒百里奚和蹇叔早就该死,与《左传》不同。杜甫《观公孙大娘弟子舞剑器行》"金粟堆南木已拱"典出于此。

蹇叔之子与 yù 师,［蹇叔］哭而送之,曰:"晋人御师必于殽 xiáo。殽有二陵焉:其南陵,夏后皋 夏皋 之墓也;其北陵,文王 周文王 之所辟(避)风雨也。［尔］必死是间,余收尔骨焉!"

【晋人御师必于殽】杨 补 晋人定会在殽山抵御秦师。从秦到郑,必经晋地殽山。依礼制(参见隐七·四·春秋),征伐、朝聘经过别国,必须派使者借道。秦师此次为偷袭,将会不借道而直接通过,晋将以秦师不借道为由而抵御秦师。【殽】正 杨 补 山脉名,是秦岭东段规模较大的支脉,黄河/洛河分水岭,西南—东北走向,从河南卢氏西部向延伸至渑池北部黄河南岸。参见《图集》22—23⑪16。《图集》标注不准确,本书示意图依据《图志》标注。

【二陵】正 补 指殽山南陵与殽山北陵。

【南陵】补 三门峡市陕州区雁翎关村附近的山陵,殽山南道(僖五·八·四)所经。在雁翎关西口路北侧有夏后皋墓遗迹。

【夏后皋】杨 补 夏皋。夏君(后)。姒姓,号皋。夏孔甲(昭二十九·四·二)之子。

【北陵】补 一说"北陵"位于殽山北道(僖五·八·四)上,即三门峡市陕州区硖石乡西的金银山(殽山主峰),在硖石乡有相传文王避风雨处遗迹。如此则南陵在南道,北陵在北道。一说"北陵"是殽山南道上另一处山陵,在南陵以北。如此则南陵、北陵皆在南道。

【必死是间】补［你］一定会死在南陵和北陵之间。

秦师遂东。

○ 杨 补 **传世文献对读**：《公羊传·僖公三十三年》叙秦师出征之事与《左传》有所不同,可扫码阅读。

在《公羊传》版本中,蹇叔只提到了文王避风雨处,也就是《左传》版本所说的北陵。此外,《公羊传》版本中,百里奚也参与了送师和哭师。

【三】三十三年,春,秦师过周北门,左右免胄而下,超乘 chéng 者三百乘 shèng。王孙满尚幼,观之,言于王_{周襄王}曰:"秦师轻而无礼,必败。轻则寡谋,无礼则脱。入险而脱,又不能谋,能无败乎?"

【左右免胄而下】 正 一般兵车,御者(驾车人)居中,另外有车左、车右。此处秦师车左、车右脱去头盔下车致敬,御者不下,仍然驾车前行。

【超乘者三百乘】 杨 补 有三百辆兵车的车左、车右在下车后又从车舆后部的开口处跃上车,以显示其勇猛。参见《知识准备》"车马"。

【王孙满】 杨 补 姬姓,名满。周王后代。周王室大夫。

【轻】 杨 指超乘,谓秦军轻佻不庄重。**【无礼】** 杨 指仅免胄而不卷甲束兵,过天子之门而不敬。

【脱】 正 杨 脱略,粗疏。

【四】_{秦师}及滑。郑商人弦高将市于周,遇之。_{弦高}以乘 shèng 韦先,牛十二,犒师,曰:"寡君_{郑穆公}闻吾子将步师出于敝邑,敢犒从者。不腆敝邑,为从者之淹,_{吾子}居则_{敝邑}具一日之积,_{吾子}行则_{敝邑}备一夕之卫。"且使遽告于郑。

【以乘……犒师】 正 补 先送上四张熟牛皮,再送上十二头牛,犒劳秦师。乘,四。一乘必配四马,故乘为四名。熟牛皮为轻礼,牛为重礼。春秋时送礼,以轻礼为引,再致送重礼。犒师参见僖二十五—僖二十六·四·二。

【步师】［正］行军。

【不腆】［杨］表谦礼辞,亦可作"无腆",可译为"不丰厚"。

【淹】［正］［补］久留。

【积】［正］［补］草料、米粮、蔬菜、木柴等生活物资。

【遽】［正］［杨］［补］又称为"驲""传",春秋时运送人员、传递信息的快车(详见下)。一说作副词,疾速之意,与僖三十三·三·一"遽兴姜戎"之"遽"同义。

○［补］中国古代用专门运输工具(快车或快马)运送人员、传递信息的制度在商代已经出现,春秋时期得到进一步发展。根据《左传》的记载,春秋时期用的是马车,这类快车有"遽""驲""传"三种称呼:

一、遽:见于僖三十二—僖三十三·四(传递信息)、昭二·二·一(运送正卿)、哀二十一·二·三(传递信息)。

二、驲:见于文十六·三·四(运送国君)、襄二十一·五·四·三(运送大夫)、襄二十七·三·二·二(传递信息)、襄二十八·八·一(传递信息)、昭五·八·一(运送国君)。

三、传:见于成五·四(运送大夫)、定十三·一·一(传递信息)、哀二十一·二·三(传递信息)。

有学者认为,春秋时期的这类快车是由单一车乘执行任务,而并不是采用接力方式,每日行进里程以一百里为限。

【五】郑穆公使视客馆,则［秦人］束载、厉(砺)兵、秣 mò 马矣。［郑伯］使皇武子辞焉,曰:"吾子淹久于敝邑,唯是脯资、饩 xì 牵竭矣,为(谓)吾子之将行也。郑之有原圃,犹秦之有具囿 yòu 也。吾子取其麋 mí 鹿,以闲 xián 敝邑,若何?"杞子奔齐,逢孙、杨孙奔宋。

【客馆】［杨］安置他国宾客的寓所,这里指秦人杞子、逢孙、杨孙的住所。

【则束……马矣】［正］［杨］［发现三人及其部下已经在］捆扎车载［物

品〕、磨砺兵器、饲喂马匹了。这是在作好准备等待秦师到来，到时里应外合拿下郑都。

【辞】⃞补 告。

【淹久】⃞正 久留。

【脯资】⃞正 ⃞杨 干肉和粮食。【饩牵】⃞正 ⃞补 活牲口。饩，活物。牵，牛、羊、豕等可牵行的牲口。

【为】⃞补 谓，认为。参见僖二十七—僖二十八·十五。

【原圃】⃞杨 ⃞补 泽名，在今河南中牟西。郑地。参见《图集》24—25④4。

【具囿】⃞杨 ⃞补 泽名，在今陕西华阴东。秦地。参见《图集》22—23⑥3。

【麋鹿】⃞补 即麛，见庄十七·四·春秋。

【以闲敝邑】⃞正 以使我国得到空闲。

【杞子……奔宋】⃞杨 三人害怕晋、郑已将西归道路截断，因此不逃归秦，而向东逃至齐、宋。

〔六〕孟明孟明视曰："郑有备矣，不可冀也。攻之不克，围之不继，吾其还也。"灭滑而还。

【围之不继】⃞杨 包围〔郑都〕又没有增援部队。

僖公三十三年·二

⃞地理 齐、鲁见僖地理示意图 1。

⃞人物 国庄子(僖二十七—僖二十八·二十)、臧文仲(庄十一·二·二·二)、鲁僖公(闵二·三·二)

⃞春秋 齐侯使国归父国庄子来聘。

【聘】⃞补 见隐七·四·春秋。

⃞左传 齐国庄子来聘，自郊劳至于赠贿，礼成而加之以敏。臧文仲言于公_{鲁僖公}曰："国子_{国庄子}为政,齐犹有礼,君其朝焉! 臣闻之,服于有礼,社稷之卫也。"

【郊劳】⬚正 ⬚杨 ⬚补受聘国在国都郊外迎宾之礼,是聘问正礼之始。参见隐七·四·春秋"聘礼"。【赠贿】⬚杜 ⬚杨 ⬚补受聘国在国都郊外送宾之礼,是聘问正礼之终。参见隐七·四·春秋"聘礼"。

【敏】⬚正 ⬚补审慎恰当。

【朝】⬚补见隐四·二·七·一。

○⬚正下启本年鲁僖公朝齐(僖三十三·六)。

僖公三十三年·三

⬚地理晋、秦、齐见僖地理示意图 1。晋、秦、殽山、河水见僖地理示意图 2。

⬚人物晋文公(庄二十八·二·一)、先轸(僖二十七—僖二十八·二)、蹇叔(僖三十二—僖三十三·二)、栾贞子(僖二十七—僖二十八·三)、晋襄公、梁弘、莱驹、孟明视(僖三十二—僖三十三·二)、西乞术(僖三十二—僖三十三·二)、白乙丙(僖三十二—僖三十三·二)、文嬴(僖二十三—僖二十四·十一)、阳处父(僖三十二·一)、秦穆公(僖九·二·三·二)

⬚春秋夏,四月辛巳_{十三日},晋人及姜戎败秦师于殽。

【姜戎】⬚正 ⬚补此部戎人,姜姓,子爵。初居于瓜州(襄十四·一·二·二)。僖二十二年,秦、晋东迁陆浑之戎(僖二十二·三·二)至伊川,姜戎应该是在同一时间段被东迁至晋国南部边境地区,包括河南灵宝至渑池之间的殽山地区。

○⬚正《春秋》不书"晋侯"而书"晋人",可能是晋国为了避讳晋侯在服丧期间用兵,因此以"晋人"通告诸侯,鲁史亦照书之。

癸巳_{二十五日},葬晋文公。

○ 杨 据昭二一昭三·四，"昔文、襄之霸也……君薨，大夫吊，卿共葬事"。然则此次送葬者为盟国之卿。

狄侵齐。

【狄】 补 晋东狄，主力应为赤狄，见宣三·六·春秋。

左传 【一】 晋原轸 zhěn，先轸曰："秦违蹇 jiǎn 叔，而以贪勤民，天奉我也。奉不可失，敌不可纵。纵敌，患生；违天，不祥。必伐秦师！"

【勤】 补 劳。【奉】 正 与。

栾枝 栾贞子曰："未报秦施而伐其师，其为死君晋文公乎？"

【秦施】 补 秦穆公对晋文公的施惠，详见僖二十三—僖二十四。
【其为死君乎】 补 这是蔑视死去的先君吗？死，以死人为无知觉而蔑视之，因而改变其生前制定的政策。参见成十三·一·四"蔑死我君"。

先轸曰："秦不哀吾丧，而伐吾同姓，秦则无礼，何施之为？吾闻之，'一日纵敌，数世之患也。'谋及子孙，可谓死君乎？"

【同姓】 杨 补 指滑。滑与晋同为姬姓。
【可谓死君乎】 补 这能说是蔑视死去的先君吗？

［晋］遂发命，遽兴姜戎。子晋襄公墨衰 cuī 绖 dié，梁弘御戎，莱驹为右，夏，四月辛巳 十三日，［晋师］败秦师于殽 xiáo，获百里孟明视、西乞术、白乙丙以归。［晋人］遂墨以葬文公 晋文公。晋于是始墨。

【遂发命】 补 此时先轸为中军帅，栾贞子为下军帅，故最终依据先轸意见发令。

【子墨衰绖】⟨杨⟩⟨补⟩晋襄公把丧服染黑。戎服为黑色,晋襄公此时居丧,服白色丧服,不宜从戎,故有此举。衰绖见僖六—僖七·三。

【子】⟨正⟩⟨补⟩晋襄公。姬姓,名欢,谥襄。晋文公(庄二十八·二·一)庶子,逼姞(文六·四·二)所生。僖三十三年即位,在位七年。文六年卒。晋文公未葬,故晋襄公称"子",参见僖八—僖九·二。

【御戎】【为右】⟨补⟩见《知识准备》"车马"。此为晋襄公御、右。

【败秦师于殽】⟨杨⟩⟨补⟩秦师灭滑之后沿着殽函道(僖五·八·四)返国,途径殽山地区,而晋与姜戎截击之。根据蹇叔的说法(僖三十二—僖三十三·二),殽之战的大概地点在殽山的南陵和北陵之间。由于北陵的位置有北道说和南道说两种说法,所以殽之战的确切地点也有争议,一说在殽山北道的北陵附近,一说在殽山南道的南陵和北陵之间。

【晋于是始墨】⟨正⟩⟨补⟩晋从此开始以黑色[丧服]为常态。

○⟨补⟩姜戎后世之君戎子驹支对此次战役的描述见襄十四·一·二·二。

[二] 文嬴请三帅,曰:"彼实构吾二君,寡君秦穆公若得而食之,不厌,君晋襄公何辱讨焉? 使[三帅]归就戮于秦,以逞寡君之志,若何?"公晋襄公许之。

【文嬴】⟨正⟩⟨补⟩秦穆公之女,晋文公夫人,晋襄公嫡母。晋襄公生母为逼姞。【三帅】⟨正⟩百里孟明视、西乞术、白乙丙。

【构】⟨杨⟩挑拨离间。【二君】⟨补⟩晋襄公、秦穆公。

【厌】⟨杨⟩满足。

[三] 先轸朝,问秦囚。公晋襄公曰:"夫人文嬴请之,吾舍之矣。"先轸怒曰:"武夫力而拘诸(之于)原,妇人暂(渐)而免诸(之于)国。堕 huī 军实而长 zhǎng 寇雠,亡无日矣!"不顾而唾。

【暂】⟨杨⟩欺诈。

【堕】⟨正⟩毁。【军实】⟨杨⟩此处特指秦军俘虏。参见隐五·一。

【不顾而唾】[杨]不转头就[当着晋襄公的面往地上]吐唾沫，表示极度愤怒。依礼，在尊长面前不可吐唾沫及擤鼻涕。

○[补]**传世文献对读**：《论语·季氏》："孔子曰：'君子有九思：……忿思难……'"。先轸无节制地向晋襄公发泄忿恨，最终不得不以陷阵而死的方式来补救自己的罪过（参见僖三十三·五·一·二），即是"忿思难"的典型反面事例。

公使阳处父 fǔ 追之，及诸（于）河，则[孟明]在舟中矣。[阳处父]释左骖，以公命赠孟明 孟明视。孟明稽 qǐ 首曰："君 晋襄公之惠，不以累 léi 臣衅鼓，使归就戮于秦。寡君 秦穆公之以为戮，[臣]死且不朽。若从君惠而免之，三年将拜君赐。"

【河】[补]见闵二·五·三。

【释左……孟明】[正][补][阳处父]解开马车上左边的骖马，以国君的名义要赠送给孟明视。此举意在诱骗孟明视上岸，以便捉拿。

【稽首】[补]见僖五·二·二·一。

【不以累臣衅鼓】[正][杨][补]不把被拘系之臣杀死祭新鼓。累，拘系。衅，古代重要器物制成，要杀牲祭祀，以血涂之，称为"衅"。

【寡君……不朽】[杨][补]我国君主如果把[臣下]杀了，[臣下即使]死了也不会朽坏。"寡君之以为戮"即"寡君若以为戮"。所谓"死且不朽"，是当时的一种主流价值观，意思是臣下不逃避罪责，回国接受国君或家族族长依法惩处而死，则死后其鬼仍然能够得到家族宗庙世世代代的祭祀，这就是所谓的"不朽"。

○[补]下启文二年秦、晋彭衙之役（文元—文二·二·一）。

【四】秦伯 秦穆公素服、郊次，乡（向）师而哭，曰："孤违蹇叔，以辱二三子，孤之罪也。"[秦伯]不替孟明 孟明视，曰："孤之过也，大夫何罪？且吾不以一眚 shěng 掩大德。"

【素服、郊次】正 杨 身着凶服,出居国都郊外。据《周礼·大宗伯》及注,古代行凶礼以哀邦国之忧,有五种情况:死亡、凶札、祸灾、围败、寇乱。此处为行凶礼以哀围败。

【孤】补 称孤之例参见桓十二—桓十三·二·二。此处秦穆公以兵败为凶事而用凶礼,自我贬损称"孤"。

【替】杨 废。

【眚】正 过错。

○补 僖三十三年殽之战后,秦穆公迅速派出被囚禁的楚大夫斗克回到楚,谋求与楚结为同盟,一同遏制晋(参见文十四·十一·四)。从此之后,秦、楚形成了联姻同盟关系,这种关系一直延续到战国中期,在秦国变法图强后被打破。

○杨 补 **传世文献对读**:《尚书·秦誓》记载了殽之役后,秦穆公对群臣发表的一篇以反思悔过为主旨的讲话,可扫码阅读。

【五】"狄侵齐",因晋丧也。

○补 僖三十年狄人曾趁晋专注郑之机入侵齐,本年又故技重施。下启本年鲁文公吊齐有狄师(僖三十三·六)。

僖公三十三年·四

地理 鲁见僖地理示意图 1。鲁、邾、訾娄(近鲁)见僖地理示意图 4。

人物 鲁僖公(闵二·三·二)、东门襄仲(僖二十五—僖二十六·春秋)

春秋 公鲁僖公伐邾,取訾$_{zī}$娄。

【訾娄】杨 补 在今山东邹城西南。邾邑。参见《图集》26—27④3。

秋,公子遂东门襄仲帅师伐邾。

左传 "公伐邾,取訾娄",以报升陉之役。邾人不设备。秋,襄仲
东门襄仲复伐邾。

【升陉之役】正见僖二十二·六。
○正鲁亦趁晋丧而侵略周边小国。

僖公三十三年·五

地理晋见僖地理示意图 1。晋、白狄、箕、臼衰、冀见僖地理示意图 2。

人物晋襄公(僖三十三·三·一)、郤成子、白狄子、先轸(僖二十
七—僖二十八·二)、胥臣(僖二十三—僖二十四·一·一)、晋文公
(庄二十八·二·一)、虞舜、鲧、夏禹、管敬仲(庄八—庄九—庄十·
三)、齐桓公(庄八—庄九—庄十·春秋)、晋襄公(僖三十三·三·
一)、先且居

春秋晋人败狄于箕。

【狄】补晋西白狄,见下文《左传》。【箕】正杨补在今山西蒲县东
北。晋邑,曾为韩氏族人箕襄采邑。参见《图集》22—23⑤8。

左传[一·一]狄伐晋,及箕。八月戊子二十二日,晋侯晋襄公败狄于箕。
郤缺郤成子获白狄子。

【郤缺】补郤成子。姬姓,郤氏,又为冀氏,名缺,谥成。郤芮(僖
六·一)之子。居于冀。晋大夫,官至执政卿(继赵宣子)。僖三十三
年已任下军大夫,僖三十三年任散位卿,文七年可能已任下军佐(卿
职),文十二年已任上军帅(卿职),宣八年已任中军帅(卿职)。宣十
一年至宣十二年间告老或去世。

【白狄】正杨补此部狄人在春秋早中期位于在秦、晋之间,也就是

晋国以西,主要分布在今陕北高原,南及渭水,参见《图集》22—23④7至⑤7。僖三十三年,晋襄公率师在箕打败白狄,抓获白狄子。宣八年春,白狄与晋人讲和。同年夏,晋师、白狄讨伐秦国。成九年,秦人、白狄人讨伐晋国。襄四年至襄十一年期间,在晋国"和戎"政策的推动下,白狄逐渐迁徙至晋国东北。襄十八年,白狄到鲁国访问。襄二十八年,白狄到晋国朝见。襄二十八年后,《左传》叙述白狄史事,不再统称"白狄",而是直接指称族属为白狄的各个国家/部族,包括无终(襄四·八)、鲜虞(昭十二·七)、肥(昭十二·七)、鼓(昭十五·六·一),其中以鲜虞最为强大。肥国昭十二年被晋国所灭,鼓国昭二十二年被晋国所灭,鲜虞、无终虽被晋国攻伐而衰微,然终春秋之世得以存续,战国时分别建立了中山国和代国。除了上述明确为白狄的史事外,下列史事中的狄人主力也应该是白狄:僖七年,狄人讨伐晋国,在采桑被晋师击败。僖八年,狄人讨伐晋国。僖十六年,狄人入侵晋国,取狐厨、受铎,渡过汾水,打到昆都。成十二年,晋人在交刚打败狄人。

○补 **李家崖白狄墓葬(疑似)**:1983 年在陕西清涧李家崖文化古城周围发掘出一批东周墓葬,出土了一批具有明显北方文化特色的双耳罐和三足鬲,有学者认为这批墓葬即为东周时期晋西白狄遗存。

【一·二】先轸曰:"匹夫逞志于君晋襄公,而[君]无讨,敢不自讨乎?"免胄入狄师,死焉。狄人归其元,面如生。

【匹夫逞志于君】正 指僖三十二年先轸不顾而唾之事(见僖三十三·三·三)。

【胄】补 头盔。

【元】正 补 首,人头。

○补 先轸用"公开悔过＋战死谢罪"的方式洗刷了先前公开顶撞晋襄公之后围绕着他的"恃功逼主"传言,把自己最终定格为一个尽忠报国、以死谢罪、绝无谋逆之心的正面形象,也使得先氏能够在他去世后仍然保持在晋国的地位。晋军回国后,晋襄公即将先轸之子、当时担任下军帅的先且居提拔为中军帅。先轸选择了壮烈牺牲这种凡人所不敢为的方式来换取个人名誉的清白和家族利益的巩固,这正是他有大智大勇的明证。参见定三—定四·九"子必死之,初罪必尽说"。

○ 补 **古文字新证**:"元"字字形演变情况如僖字形图 2 所示。商代金文"元"字从人,头部以夸张的笔法加大,表示要强调的是人的头部。商以后字形演变情况在此不再详述。总之,从古文字学证据看,"首、人头"应为"元"之造字本义。

1 商.兀作父戊卣《金》	2 商.鐵 45.3《甲》	3 商.前 4.32.4《甲》	4 周中.師酉簋《金》	5 春晚.吴季子之子劍《金》
6 春戰.晉.侯馬 16:3	7 戰.齊.陳肪簋《金》	8 戰.楚.清壹.皇 3	9 秦.睡.編 5《張》	

僖字形图 2(《说文新证》,2014 年)

【二·一】初,臼季胥臣使,过冀,见冀缺郤成子耨 nòu,其妻馌 jié 之,敬,相待如宾。

【臼】 补 即臼衰,见僖二十三—僖二十四·九·三。

【冀】 杨 见僖二·三·二。

【耨】 正 杨 补 耘田除草。用于此种农事活动的农具亦称为"耨"。考古发现东周时期铜耨见僖器物图 10。

【馌】 正 杨 在田野送饭。

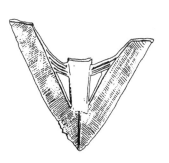

僖器物图 10.1　北京故宫博物院藏耨,春秋晚期至战国早期(《中国古代社会使用青铜农器问题的初步研究》,1960 年)

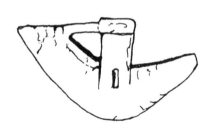 

僖器物图 10.2　江苏苏州东北出土
耨,春秋晚期至战国早期(《苏州城东北
发现东周铜器》,1980 年)

僖器物图 10.3　湖南省博物馆征
集耨,东周时期(《湖南商周农业考古
概述》,1985 年)

［臼季］与之邲成子归,言诸(于)文公晋文公曰:"敬,德之聚也。能敬
必有德。德以治民,君请用之! 臣闻之,'出门如宾,承事如
祭,仁之则也'。"

【出门……则也】正杨补出门好像会见宾客,承担事情好像参加
祭祀,这是仁德的准则。《论语·颜渊》:"仲弓问仁。子曰:'出门如
见大宾,使民如承大祭。己所不欲,勿施于人。在邦无怨,在家无
怨。'"孔子所言,正与胥臣之言相合。

公晋文公曰:"其父有罪,可乎?"

【其父有罪】正补指邲成子之父邲芮僖十年杀公子重耳(晋文公)
党羽,僖二十四年又试图杀死刚即位的晋文公。

［臼季］对曰:"舜虞舜之罪也殛鲧 gǔn,其举也兴禹夏禹。管敬仲,
桓齐桓公之贼也,实相 xiàng 以济。《康诰》曰:'父不慈,子不
祗 zhī,兄不友,弟不共(恭),不相及也。'《诗》曰:'采葑 fēng 采
菲,无以下体。'君取节焉可也。"

【舜之……兴禹】正杨补虞舜惩办罪人,诛杀了鲧;举拔人才,却
任用了［鲧的儿子］夏禹。殛,诛。【舜】补虞舜。有虞氏,号舜。瞽
瞍(昭八—昭九·二)之子,颛顼(文十八·三·二)之后。唐尧之臣,

后接受唐尧禅让,为上古帝王。参见《知识准备》"虞"。【鲧】补虞舜之臣,因治水不力,被虞舜流放至死。

【管敬……以济】杨补管敬仲本为试图贼害齐桓公之人,后来〔齐桓公〕使之为相而取得成功。相,济,成功。管敬仲与齐桓公(时为公子小白)为敌之事参见庄八—庄九—庄十·八及僖二十三—僖二十四·十·二。

【父不……及也】正杨补父亲不慈爱,儿子不诚敬,哥哥不友爱,弟弟不恭顺,〔刑罚只加于本人,〕不相互株连。祗,敬。孔疏认为,这句话是概述《尚书·康诰》"子弗祗服厥父事,大伤厥考心;于父不能字厥子,乃疾厥子。于弟弗念天显,乃弗克恭厥兄;兄亦不念鞠子哀,大不友于弟。惟吊兹不于我政人得罪,天惟与我民彝大泯乱。曰:乃其速由文王作罚,刑兹无赦"的大意,这段《康诰》原文可译为"做儿子的不恭敬服事他的父亲,大伤他父亲的心;做父亲的不慈爱他的儿子,反而憎恶他的儿子。做弟弟的不想想那明显的天伦之道,竟不敬重他的哥哥;做哥哥的也不想想幼小的弟弟未离于教养之境的可痛,反而很不友爱他。如果宽容这些罪恶行为而不由我们的官长判处罪刑的话,那么上天给予我们人民的常理常法就将陷于严重的紊乱和破坏。所以说,你要赶快按照文王的刑罚来严厉处罚这些恶不可赦的人"。孔疏认为,父不慈,子不祗,兄不友,弟不共,都各自用文王之法处以刑罚,而不会株连,所以说"不相及也"。杨注则认为,此句并不是概述上引《尚书·康诰》文字,而是《尚书·康诰》脱文。

【采葑采菲,无以下体】正杨补《毛诗·邶风·谷风》有此句,根据上下文可译为"采芜菁,采萝卜,不用它们的下体"。胥臣引此诗,是以地上茎叶比喻善,以地下根("下体")比喻恶,劝晋文公节取郤成子自身品德之善而忽略其家族背景之恶。以,用。此句本义应是弃妇对其丈夫的讽刺,指责丈夫用错误的态度对待她,就好像用错误的态度对待芜菁、萝卜,不用那不中看却可口的"下体"(比喻弃妇),却用那好看却不实用的茎叶(比喻丈夫移情别恋的对象)。【葑】正杨补芜菁(Brassica rapa),十字花科二年生蔬菜,肉质根肥大可食用。

【菲】 正 杨 补 萝卜（*Raphamus sativus*），十字花科蔬菜，肉质根肥大可食用。

【君取节焉可也】 正 杨 补 您节取[他的长处]就可以了。

文公_{晋文公}以[冀缺]为下军大夫。

【下军大夫】 补 晋外朝官，是下军中级指挥官，下军帅、佐助手。晋有上、中、下三军，相应有上军大夫（宣十二·一·四）、中军大夫（宣十二·一·四）、下军大夫。

[二·二] [晋师]反（返）自箕，襄公_{晋襄公}以三命命先且_{jū}居将中军；以再命命先茅之县赏胥臣，曰"举郤缺_{郤成子}，子之功也"；以一命命郤缺为卿，复与之冀，亦未有军行_{háng}。

【三命】 杨 补 诸侯国卿大夫最高品级的任命。国君任命卿大夫，有"一命""再命""三命"的区别，命数越多越尊贵，授予的车马服饰也越华丽。参见僖二十七—僖二十八·二十。

【先且居】 正 杨 补 姬姓，先氏，名且居，排行伯。先轸（僖二十七—僖二十八·二）之子。晋大夫，官至执政卿（继先轸）。僖三十一年前任上军帅（卿职），僖三十三年任中军帅（卿职）。文六年前卒。食采于霍、蒲城。

【先茅之县】 补 "先茅"应为地名而非人名，"先茅之县"与"瓜衍之县"（宣十五·五·一·一）相似。有学者认为，先茅即欑茅（僖二十五·二·三）。

【亦未有军行】 正 [郤成子虽登卿位，]却不担任军职。

僖公三十三年·六

地理 鲁、齐见僖地理示意图1。

人物 鲁僖公（闵二·三·二）

春秋 冬,十月,公鲁僖公如齐。

十有(又)二月,公鲁僖公至自齐。

乙巳十一日,公鲁僖公薨于小寝。

【小寝】 杨 参见庄三十二·四·春秋。

左传 冬,"公如齐",朝,且吊有狄师也。[公]反(返),"薨于小寝",[《春秋》书之,]即安也。

【朝】 补 见隐四·二·七·一。

【即安也】 正 补 《春秋》书"薨于小寝",是讥讽鲁僖公贪图安逸而没有移居到正寝。即,就,亲近。正寝参见庄三十二·四·春秋。

僖公三十三年·七

地理 鲁见僖地理示意图1。

春秋 [我]陨霜,不杀草。李、梅实。

【实】 补 结果。

○ 杨 补 本年周正冬十二月(夏正秋九月),陨霜应杀草而不杀,李、梅不应结实而结实,气候不正,故《春秋》书之。

> ○ 杨 补 **传世文献对读:**《韩非子·内储说上》记载鲁哀公与孔子谈论《春秋》笔法之事,所论《春秋》应为本段,不过"杀草"作"杀菽",可扫码阅读。

僖公三十三年·八

地理 晋、陈、郑、楚见僖地理示意图1。晋、陈、郑、许、楚见僖地理示意图5。

春秋 晋人、陈人、郑人伐许。

左传 晋、陈、郑伐许，讨其贰于楚也。

僖公三十三年·九

地理 楚、陈、蔡、郑、晋见僖地理示意图 1。楚、陈、蔡、郑、晋、郐、洧水见僖地理示意图 5。

人物 斗勃（僖二十七—僖二十八·十五）、公子瑕（僖三十一·六）、髡屯、文夫人、阳处父（僖三十二·一）、成大心（僖二十七—僖二十八·二十二·一）、太子商臣、楚成王（庄十四·三·二）

【一】楚令尹子上斗勃侵陈、蔡。陈、蔡成，［楚人］遂伐郑，将纳公子瑕。［楚师］门于桔 xié 柣 dié 之门，瑕公子瑕覆于周氏之汪，外仆髡 kūn 屯禽（擒）之以献［郑伯］。文夫人敛［瑕之尸］而葬之郐 kuài 城之下。

【令尹】补 见庄四·二·二。

【陈、蔡成】补 陈、蔡［与楚］讲和。实际上是陈、蔡服于楚。

【将纳公子瑕】正 补 僖三十一年公子瑕奔楚，今年楚试图送其归国即位。纳见隐四·二·四·一。

【门于桔柣之门】杨 补 攻打桔柣之门。桔柣之门见庄二十八·四·二。

【瑕覆于周氏之汪】正 补 公子瑕［的兵车］在周氏之汪倾覆。周氏之汪见桓十五·四·二。

【外仆】补 郑内朝官，职掌包括国君、使臣在外宿营起居的事务，兼掌祭祀除坛等杂务。

【文夫人】正 杨 苏女。郑文公（庄十九—庄二十一—庄二十一·十一·二）夫人，公子瑕（僖三十一·六）之母。

【敛】见隐元·五。【郐】正 杨 补 在河南新密曲梁乡古城寨已发现其遗址(有争议,详见下)。郑邑。本为周时国,妘姓,始封君为祝融之孙求言。隐元年前被郑桓公所灭(据清华简六《郑文公问太伯》)。参见《图集》17—18②4、24—25④4。

○ 补 **古城寨遗址和邻国地望**:遗址位于溱水东岸,城址平面呈东西向长方形,面积 175 600 平方米,传统观点认为此遗址是郐国故城遗址,《图集》即采用此观点。然而,考古试掘发现,此城有仰韶文化、龙山文化、二里头文化、二里岗文化、商文化和少量战国、汉、宋文化遗存,却基本没有西周文化遗存,因此有学者怀疑西周郐国故城不在古城寨。学者提出的其他可能遗址包括新郑东北 17 公里的苑陵故城,古城寨西北 8 公里的曲梁故城,以及新密大隗乡张庄遗址。本书示意图仍采用《图集》观点,而在此提醒读者注意。

【二·一】晋阳处父 fǔ 侵蔡,楚子上 斗勃 救之,与晋师夹泜 zhī 而军。

【泜】 正 杨 补 水名,今名沙河,源出河南鲁山西部石人山北侧,东南流经鲁山县、宝丰县、平顶山市、叶县、襄城县、舞阳县、漯河市、郾城县、西华县、商水县、周口市,于周口市川汇区西部孙咀桥南入颍河。春秋时泜水参见《图集》24—25⑤3 至⑤4,汇入的不是颍水而是汝水。晋、楚对峙之处,应在下游接近蔡的河段。

阳子 阳处父 患之,使谓子上曰:"吾闻之,'文不犯顺,武不违敌'。子若欲战,则吾退舍 shè,子济[泜]而陈,迟速唯命。不然,纾我。老师费财,亦无益也。"[晋师]乃驾以待。

【阳子患之】阳处父非常忧虑。泜水流域距离楚北方防御体系"方城"很近,阳处父知道晋师在此与楚师决战凶多吉少,因此忧虑。他最终决定设一个局来蒙骗楚人,一方面使得双方能迅速撤军避免决战,另一方面又让自己在回国后有"逼退楚军"的功绩可以上报。

【违】杨 避。

【纾我】正 补 缓我,即楚师退舍,晋师渡河而布阵。

【乃驾以待】杨 补 晋人于是套好战车,以等待[楚人进退]。

子上欲涉。大孙伯成大心曰:"不可。晋人无信,[我]半涉而[晋人]薄我,悔败何及? 不如纾之。"[楚师]乃退舍。

【半涉而薄我】杨 补 如果[我军]渡过一半的时候[晋人]迫击我军。薄,迫。

阳子宣言曰"楚师遁矣",遂归。楚师亦归。

○补 楚师以为自己后撤真能引来晋师渡河,没想到楚师后撤本身就是阳处父想要的"战果"。阳处父见到楚人中计,立刻把楚师退舍定性为"楚师遁矣",然后见好就收,率军撤退。然而,楚师仍然怀疑,晋师撤退是在引诱楚师撤退、过河,然后半渡击之。所以楚师眼睁睁地看着晋师撤退,却不敢渡河追击。最终,晋师已经走远,楚师失去作战的对象,也只有撤军回国。

【二·二】大(太)子商臣潛 zèn 子上,曰"[子上]受晋赂而辟(避)之,楚之耻也,罪莫大焉"。王楚成王杀子上。

【大子商臣】补 太子商臣。立为太子前为王子商臣,即位后为楚穆王。芈姓,熊氏,名商臣,谥穆。楚成王(庄十四·三·二)之子。文元年弑楚成王,文二年正式即位,在位十二年。文十三年卒。

○正 补 据文元·四·一,斗勃在本年前曾劝楚成王不要立王子商臣为太子。太子商臣因此厌恶斗勃,于是在本年进谗言加害斗勃。